�UVRES
DE MOLIÈRE.

TOME PREMIER.

IMPRIMERIE DE FIRMIN DIDOT,
IMPRIMEUR DU ROI, RUE JACOB, N° 24.

MOLIÈRE.

Imprimé par Chardon.

CHEZ Mme V^e TH. DÉSOER, LIBRAIRE,
RUE DES POITEVINS, N° 12.

1825.

OEUVRES
DE MOLIÈRE,

Nouvelle Édition,

OU L'ON A RÉTABLI LE TEXTE ORIGINAL,

AVEC LES VARIANTES,

AUGMENTÉE

D'UN DISCOURS PRÉLIMINAIRE ET D'UNE VIE DE MOLIÈRE,

PAR M. AUGER,
DE L'ACADÉMIE FRANÇAISE.

TOME PREMIER.

PARIS,
CHEZ Mme V^e TH. DÉSOER, LIBRAIRE,

RUE DES POITEVINS, N° 12.

1825.

L'ÉTOURDI,

OU

LES CONTRE-TEMPS,

COMÉDIE EN CINQ ACTES.

1653.

ACTEURS.

LÉLIE, fils de Pandolfe.
CÉLIE, esclave de Trufaldin.
MASCARILLE, valet de Lélie.
HIPPOLYTE, fille d'Anselme.
ANSELME, père d'Hippolyte.
TRUFALDIN, vieillard.
PANDOLFE, père de Lélie.
LÉANDRE, fils de famille.
ANDRÈS, cru Égyptien.
ERGASTE, ami de Mascarille.
UN COURRIER.
DEUX TROUPES DE MASQUES.

La scène est à Messine.

L'ÉTOURDI,

OU

LES CONTRE-TEMPS,

COMÉDIE.

ACTE PREMIER.

SCÈNE PREMIÈRE.

LÉLIE.

Hé bien! Léandre, hé bien! il faudra contester;
Nous verrons de nous deux qui pourra l'emporter;
Qui, dans nos soins communs pour ce jeune miracle,
Aux vœux de son rival portera plus d'obstacle:
Préparez vos efforts, et vous défendez bien,
Sûr que de mon côté je n'épargnerai rien.

SCÈNE II.

LÉLIE, MASCARILLE.

LÉLIE.

Ah! Mascarille!

MASCARILLE.

Quoi?

LÉLIE.

Voici bien des affaires ;
J'ai dans ma passion toutes choses contraires :
Léandre aime Célie ; et, par un trait fatal,
Malgré mon changement, est toujours mon rival. [1]

MASCARILLE.

Léandre aime Célie !

LÉLIE.

Il l'adore, te dis-je.

MASCARILLE.

Tant pis.

LÉLIE.

Hé, oui, tant pis ; c'est là ce qui m'afflige.
Toutefois j'aurois tort de me désespérer ;
Puisque j'ai ton secours, je puis me rassurer ; [2]
Je sais que ton esprit, en intrigues fertile,
N'a jamais rien trouvé qui lui fût difficile ;
Qu'on te peut appeler le roi des serviteurs ;
Et qu'en toute la terre...

MASCARILLE.

Hé ! trêve de douceurs.
Quand nous faisons besoin, nous autres misérables,
Nous sommes les chéris et les incomparables ;
Et dans un autre temps, dès le moindre courroux,
Nous sommes les coquins qu'il faut rouer de coups.

LÉLIE.

Ma foi ! tu me fais tort avec cette invective.
Mais enfin discourons un peu de ma captive : [3]
Dis si les plus cruels et plus durs sentimens
Ont rien d'impénétrable à des traits si charmans.
Pour moi, dans ses discours, comme dans son visage,
Je vois pour sa naissance un noble témoignage ;

VARIANTES. (1) *Est encor mon rival.* — (2) *Je dois me rassurer.* —
(3) *De l'aimable captive.*

ACTE I, SCÈNE II.

Et je crois que le ciel dedans un rang si bas
Cache son origine, et ne l'en tire pas.

MASCARILLE.

Vous êtes romanesque avecque vos chimères.
Mais que fera Pandolfe en toutes ces affaires?
C'est, monsieur, votre père, au moins à ce qu'il dit;
Vous savez que sa bile assez souvent s'aigrit,
Qu'il peste contre vous d'une belle manière,
Quand vos déportemens lui blessent la visière;
Il est avec Anselme en parole pour vous
Que de son Hippolyte on vous fera l'époux,
S'imaginant que c'est dans le seul mariage
Qu'il pourra rencontrer de quoi vous faire sage;
Et s'il vient à savoir que, rebutant son choix,
D'un objet inconnu vous recevez les lois,
Que de ce fol amour la fatale puissance
Vous soustrait au devoir de votre obéissance,
Dieu sait quelle tempête alors éclatera,
Et de quels beaux sermons on vous régalera.

LÉLIE.

Ah! trêve, je vous prie, à votre rhétorique!

MASCARILLE.

Mais vous, trêve plutôt à votre politique!
Elle n'est pas fort bonne, et vous devriez tâcher...

LÉLIE.

Sais-tu qu'on n'acquiert rien de bon à me fâcher,
Que chez moi les avis ont de tristes salaires,
Qu'un valet conseiller y fait mal ses affaires?

MASCARILLE.

(à part.)   (haut.)
Il se met en courroux. Tout ce que j'en ai dit
N'étoit rien que pour rire et vous sonder l'esprit.
D'un censeur de plaisirs ai-je fort l'encolure?
Et Mascarille est-il ennemi de nature?

Vous savez le contraire, et qu'il est très-certain
Qu'on ne peut me taxer que d'être trop humain.
Moquez-vous des sermons d'un vieux barbon de père :
Poussez votre bidet, vous dis-je, et laissez faire.
Ma foi! j'en suis d'avis, que ces penards chagrins
Nous viennent étourdir de leurs contes badins,
Et, vertueux par force, espèrent par envie
Oter aux jeunes gens les plaisirs de la vie.
Vous savez mon talent, je m'offre à vous servir.

LÉLIE.

Ah! c'est par ces discours que tu peux me ravir.
Au reste, mon amour, quand je l'ai fait paroître,
N'a point été mal vu des yeux qui l'ont fait naître;
Mais Léandre, à l'instant, vient de me déclarer
Qu'à me ravir Célie il se va préparer :
C'est pourquoi dépêchons, et cherche dans ta tête
Les moyens les plus prompts d'en faire ma conquête.
Trouve ruses, détours, fourbes, inventions,
Pour frustrer un rival (1) de ses prétentions.

MASCARILLE.

Laissez-moi quelque temps rêver à cette affaire.
(à part.)
Que pourrois-je inventer pour ce coup nécessaire?

LÉLIE.

Eh bien! le stratagême?

MASCARILLE.

    Ah! comme vous courez!
Ma cervelle toujours marche à pas mesurés.
J'ai trouvé votre fait : il faut... Non, je m'abuse.
Mais si vous alliez...

LÉLIE.

Où?

VARIANTE. (1) *Pour frustrer mon rival.*

ACTE I, SCÈNE II.

MASCARILLE.
C'est une foible ruse.
J'en songeois une...

LÉLIE.
Et quelle?

MASCARILLE.
Elle n'iroit pas bien.
Mais ne pourriez-vous pas?...

LÉLIE.
Quoi?

MASCARILLE.
Vous ne pourriez rien.
Parlez avec Anselme.

LÉLIE.
Et que lui puis-je dire?

MASCARILLE.
Il est vrai, c'est tomber d'un mal dedans un pire.
Il faut pourtant l'avoir. Allez chez Trufaldin.

LÉLIE.
Que faire?

MASCARILLE.
Je ne sais.

LÉLIE.
C'en est trop à la fin,
Et tu me mets à bout par ces contes frivoles.

MASCARILLE.
Monsieur, si vous aviez en main force pistoles,
Nous n'aurions pas besoin maintenant de rêver
A chercher les biais que nous devons trouver,
Et pourrions, par un prompt achat de cette esclave,
Empêcher qu'un rival vous prévienne et vous brave.
De ces Égyptiens qui la mirent ici,
Trufaldin, qui la garde, est en quelque souci;
Et trouvant son argent qu'ils lui font trop attendre,

Je sais bien qu'il seroit très-ravi de la vendre :
Car enfin en vrai ladre il a toujours vécu;
Il se feroit fesser pour moins d'un quart d'écu;
Et l'argent est le dieu que sur tout il révère :
Mais le mal, c'est...

LÉLIE.

Quoi? c'est...

MASCARILLE.

Que monsieur votre père
Est un autre vilain, qui ne vous laisse pas,
Comme vous voudriez bien ⁽¹⁾, manier ses ducats;
Qu'il n'est point de ressort qui, pour votre ressource,
Pût faire maintenant ouvrir la moindre bourse.
Mais tâchons de parler à Célie un moment,
Pour savoir là-dessus quel est son sentiment;
La fenêtre est ici. ⁽²⁾

LÉLIE.

Mais Trufaldin, pour elle,
Fait de nuit et de jour exacte sentinelle.
Prends garde.

MASCARILLE.

Dans ce coin demeurons en repos. ⁽³⁾
O bonheur! la voilà qui paroît à-propos. ⁽⁴⁾

SCÈNE III.

CÉLIE, LÉLIE, MASCARILLE.

LÉLIE.

Ah! que le ciel m'oblige, en offrant à ma vue
Les célestes attraits dont vous êtes pourvue!
Et, quelque mal cuisant que m'aient causé vos yeux,

VARIANTES. (1) *Comme vous voudriez.* — (2) *Sa fenêtre est ici.* — (3) *Demeurez en repos.* — (4) *Qui sort tout-à-propos.*

ACTE I, SCÈNE IV.

Que je prends de plaisir à les voir en ces lieux!

CÉLIE.

Mon cœur, qu'avec raison votre discours étonne,
N'entend pas que mes yeux fassent mal à personne;
Et, si dans quelque chose ils vous ont outragé,
Je puis vous assurer que c'est sans mon congé.

LÉLIE.

Ah! leurs coups sont trop beaux pour me faire une injure!
Je mets toute ma gloire à chérir ma blessure, [1]
Et...

MASCARILLE.

Vous le prenez là d'un ton un peu trop haut;
Ce style maintenant n'est pas ce qu'il nous faut.
Profitons mieux du temps, et sachons vîte d'elle
Ce que...

TRUFALDIN, *dans sa maison.*

Célie!

MASCARILLE, *à Lélie.*

Eh bien!

LÉLIE.

O rencontre cruelle!
Ce malheureux vieillard devoit-il nous troubler?

MASCARILLE.

Allez, retirez-vous; je saurai lui parler.

SCÈNE IV.

TRUFALDIN, CÉLIE, LÉLIE, *retiré dans un coin*, MASCARILLE.

TRUFALDIN, *à Célie.*

Que faites-vous dehors? et quel soin vous talonne,
Vous à qui je défends de parler à personne?

VARIANTE. (1) *A chérir leur blessure.*

CÉLIE.

Autrefois j'ai connu cet honnête garçon;
Et vous n'avez pas lieu d'en prendre aucun soupçon.

MASCARILLE.

Est-ce là le seigneur Trufaldin?

CÉLIE.

Oui, lui-même.

MASCARILLE.

Monsieur, je suis tout vôtre, et ma joie est extrême
De pouvoir saluer en toute humilité
Un homme dont le nom est par-tout si vanté.

TRUFALDIN.

Très-humble serviteur.

MASCARILLE.

J'incommode peut-être;
Mais je l'ai vue ailleurs, où m'ayant fait connoître
Les grands talens qu'elle a pour savoir l'avenir,
Je voulois sur un point [1] un peu l'entretenir.

TRUFALDIN.

Quoi! te mêlerois-tu d'un peu de diablerie?

CÉLIE.

Non, tout ce que je sais n'est que blanche magie.

MASCARILLE.

Voici donc ce que c'est. Le maître que je sers
Languit pour un objet qui le tient dans ses fers;
Il auroit bien voulu, du feu qui le dévore,
Pouvoir entretenir la beauté qu'il adore :
Mais un dragon, veillant sur ce rare trésor,
N'a pu, quoi qu'il ait fait, le lui permettre encor;
Et, ce qui plus le gêne et le rend misérable,
Il vient de découvrir un rival redoutable;
Si bien que, pour savoir si ses soins amoureux
Ont sujet d'espérer quelque succès heureux,

VARIANTE. (1) *Je voulois sur ce point.*

ACTE I, SCÈNE IV.

Je viens vous consulter, sûr que de votre bouche
Je puis apprendre au vrai le secret qui nous touche.

CÉLIE.

Sous quel astre ton maître a-t-il reçu le jour?

MASCARILLE.

Sous un astre à jamais ne changer son amour.

CÉLIE.

Sans me nommer l'objet pour qui son cœur soupire,
La science que j'ai m'en peut assez instruire.
Cette fille a du cœur, et, dans l'adversité,
Elle sait conserver une noble fierté;
Elle n'est pas d'humeur à trop faire connoître
Les secrets sentimens qu'en son cœur on fait naître:
Mais je les sais comme elle, et, d'un esprit plus doux,
Je vais en peu de mots vous les découvrir tous. (1)

MASCARILLE.

O merveilleux pouvoir de la vertu magique!

CÉLIE.

Si ton maître en ce point de constance se pique,
Et que la vertu seule anime son dessein,
Qu'il n'appréhende pas (2) de soupirer en vain;
Il a lieu d'espérer, et le fort qu'il veut prendre
N'est pas sourd aux traités, et voudra bien se rendre.

MASCARILLE.

C'est beaucoup; mais ce fort dépend d'un gouverneur
Difficile à gagner.

CÉLIE.

C'est là tout le malheur.

MASCARILLE, *à part, regardant Lélie.*

Au diable le fâcheux qui toujours nous éclaire!

CÉLIE.

Je vais vous enseigner ce que vous devez faire.

VARIANTES. (1) *Te les découvrir tous.* — (2) *Qu'il n'appréhende plus.*

LÉLIE, *les joignant.*

Cessez, ô Trufaldin, de vous inquiéter;
C'est par mon ordre seul qu'il vous vient visiter,
Et je vous l'envoyois, ce serviteur fidèle,
Vous offrir mon service, et vous parler pour elle,
Dont je vous veux dans peu payer la liberté,
Pourvu qu'entre nous deux le prix soit arrêté.

MASCARILLE.

La peste soit la bête!

TRUFALDIN.

Ho! ho! qui des deux croire?
Ce discours au premier est fort contradictoire.

MASCARILLE.

Monsieur, ce galant homme a le cerveau blessé;
Ne le savez-vous pas?

TRUFALDIN.

Je sais ce que je sai.
J'ai crainte ici dessous de quelque manigance.
(*à Célie.*)
Rentrez, et ne prenez jamais cette licence.
Et vous, filoux fieffés, ou je me trompe fort,
Mettez, pour me jouer, vos flûtes mieux d'accord.

SCÈNE V.

LÉLIE, MASCARILLE.

MASCARILLE.

C'est bien fait. Je voudrois qu'encor, sans flatterie,
Il nous eût d'un bâton chargés de compagnie.
A quoi bon se montrer, et, comme un étourdi,
Me venir démentir de tout ce que je di?

LÉLIE.

Je pensois faire bien.

MASCARILLE.

Oui, c'étoit fort l'entendre.
Mais quoi! cette action ne me doit point surprendre :
Vous êtes si fertile en pareils contre-temps,
Que vos écarts d'esprit n'étonnent plus les gens.

LÉLIE.

Ah! mon dieu! pour un rien me voilà bien coupable!
Le mal est-il si grand qu'il soit irréparable?
Enfin, si tu ne mets Célie entre mes mains,
Songe au moins de Léandre à rompre les desseins;
Qu'il ne puisse acheter avant moi cette belle.
De peur que ma présence encor soit criminelle,
Je te laisse.

MASCARILLE, *seul*.

Fort bien. A dire vrai, l'argent
Seroit dans notre affaire un sûr et fort agent;
Mais, ce ressort manquant, il faut user d'un autre.

SCÈNE VI.

ANSELME, MASCARILLE.

ANSELME.

Par mon chef, c'est un siècle étrange que le nôtre!
J'en suis confus. Jamais tant d'amour pour le bien,
Et jamais tant de peine à retirer le sien!
Les dettes aujourd'hui, quelque soin qu'on emploie,
Sont comme les enfans, que l'on conçoit en joie,
Et dont avecque peine on fait l'accouchement.
L'argent dans une bourse [1] entre agréablement :
Mais le terme venu que nous devons le rendre,
C'est lors que les douleurs commencent à nous prendre.
Baste; ce n'est pas peu que deux mille francs, dus

VARIANTE. (1) *L'argent dans notre bourse.*

Depuis deux ans entiers, me soient enfin rendus ;
Encore est-ce un bonheur.

MASCARILLE, *à part les quatre premiers vers.*

O dieu! la belle proie
A tirer en volant! Chut, il faut que je voie
Si je pourrois un peu de près le caresser.
Je sais bien les discours dont il le faut bercer...
Je viens de voir, Anselme...

ANSELME.

Et qui?

MASCARILLE.

Votre Nérine.

ANSELME.

Que dit-elle de moi, cette gente assassine?

MASCARILLE.

Pour vous elle est de flamme.

ANSELME.

Elle?

MASCARILLE.

Et vous aime tant,
Que c'est grande pitié.

ANSELME.

Que tu me rends content!

MASCARILLE.

Peu s'en faut que d'amour la pauvrette ne meure.
Anselme, mon mignon, crie-t-elle à toute heure,
Quand est-ce que l'hymen unira nos deux cœurs,
Et que tu daigneras éteindre mes ardeurs?

ANSELME.

Mais pourquoi jusqu'ici me les avoir celées?
Les filles, par ma foi, sont bien dissimulées!
Mascarille, en effet, qu'en dis-tu? quoique vieux,
J'ai de la mine encore assez pour plaire aux yeux.

MASCARILLE.

Oui, vraiment, ce visage est encor fort mettable ;

ACTE I, SCÈNE VI.

S'il n'est pas des plus beaux, il est des-agréable.
ANSELME.
Si bien donc?...
MASCARILLE *veut prendre la bourse.*
Si bien donc qu'elle est sotte de vous,
Ne vous regarde plus...
ANSELME.
Quoi?
MASCARILLE.
Que comme un époux;
Et vous veut...
ANSELME.
Et me veut?...
MASCARILLE.
Et vous veut, quoi qu'il tienne,
Prendre la bourse...
ANSELME.
La?...
MASCARILLE *prend la bourse et la laisse tomber.*
La bouche avec la sienne.
ANSELME.
Ah! je t'entends. Viens-çà : lorsque tu la verras,
Vante-lui mon mérite autant que tu pourras.
MASCARILLE.
Laissez-moi faire.
ANSELME.
Adieu.
MASCARILLE, *à part.*
Que le ciel te conduise! [1]
ANSELME, *revenant.*
Ah! vraiment, je faisois une étrange sottise,
Et tu pouvois pour toi m'accuser de froideur.
Je t'engage à servir mon amoureuse ardeur,

VARIANTE. (1) (haut.) *Que le ciel vous conduise!*

Je reçois par ta bouche une bonne nouvelle,
Sans du moindre présent récompenser ton zèle!
Tiens, tu te souviendras...

MASCARILLE.

Ah! non pas, s'il vous plaît.

ANSELME.

Laisse-moi...

MASCARILLE.

Point du tout. J'agis sans intérêt.

ANSELME.

Je le sais; mais pourtant...

MASCARILLE.

Non, Anselme, vous dis-je;
Je suis homme d'honneur, cela me désoblige.

ANSELME.

Adieu donc, Mascarille.

MASCARILLE, *à part*.

O longs discours!

ANSELME, *revenant*.

Je veux
Régaler par tes mains cet objet de mes vœux;
Et je vais te donner de quoi faire pour elle
L'achat de quelque bague, ou telle bagatelle
Que tu trouveras bon.

MASCARILLE.

Non, laissez votre argent:
Sans vous mettre en souci, je ferai le présent;
Et l'on m'a mis en main une bague à la mode,
Qu'après vous payerez, si cela l'accommode.

ANSELME.

Soit; donne-la pour moi: mais surtout fais si bien
Qu'elle garde toujours l'ardeur de me voir sien.

SCÈNE VII.

LÉLIE, ANSELME, MASCARILLE.

LÉLIE, *ramassant la bourse.*
A qui la bourse?
ANSELME.
Ah! dieux! elle m'étoit tombée!
Et j'aurois après cru qu'on me l'eût dérobée!
Je vous suis bien tenu de ce soin obligeant,
Qui m'épargne un grand trouble, et me rend mon argent.
Je vais m'en décharger au logis tout à l'heure.

SCÈNE VIII.

LÉLIE, MASCARILLE.

MASCARILLE.
C'est être officieux, et très-fort, ou je meure.
LÉLIE.
Ma foi! sans moi, l'argent étoit perdu pour lui.
MASCARILLE.
Certes, vous faites rage, et payez aujourd'hui
D'un jugement très-rare et d'un bonheur extrême;
Nous avancerons fort, continuez de même.
LÉLIE.
Qu'est-ce donc? Qu'ai-je fait?
MASCARILLE.
Le sot, en bon françois,
Puisque je puis le dire, et qu'enfin je le dois.
Il sait bien l'impuissance où son père le laisse;
Qu'un rival qu'il doit craindre, étrangement nous presse;
Cependant, quand je tente un coup pour l'obliger,
Dont je cours moi tout seul la honte et le danger...

LÉLIE.

Quoi! c'étoit?..

MASCARILLE.

Oui, bourreau, c'étoit pour la captive
Que j'attrapois l'argent dont votre soin nous prive.

LÉLIE.

S'il est ainsi, j'ai tort; mais qui l'eût deviné?

MASCARILLE.

Il falloit, en effet, être bien raffiné!

LÉLIE.

Tu me devois par signe avertir de l'affaire.

MASCARILLE.

Oui, je devois au dos avoir mon luminaire.
Au nom de Jupiter, laissez-nous en repos,
Et ne nous chantez plus d'impertinens propos.
Un autre après cela quitteroit tout peut-être;
Mais j'avois médité tantôt un coup de maître,
Dont tout présentement je veux voir les effets;
A la charge que si...

LÉLIE.

Non, je te le promets,
De ne me mêler plus de rien dire ou rien faire.

MASCARILLE.

Allez donc; votre vue excite ma colère.

LÉLIE.

Mais surtout hâte-toi, de peur qu'en ce dessein...

MASCARILLE.

Allez, encore un coup; j'y vais mettre la main.
(*Lélie sort.*)
Menons bien ce projet; la fourbe sera fine,
S'il faut qu'elle succède ainsi que j'imagine.
Allons voir... Bon, voici mon homme justement.

SCÈNE IX.

PANDOLFE, MASCARILLE.

PANDOLFE.

Mascarille.

MASCARILLE.

Monsieur.

PANDOLFE.

A parler franchement,
Je suis mal satisfait de mon fils.

MASCARILLE.

De mon maître ?
Vous n'êtes pas le seul qui se plaigne de l'être ;
Sa mauvaise conduite, insupportable en tout,
Met à chaque moment ma patience à bout.

PANDOLFE.

Je vous croyois pourtant assez d'intelligence
Ensemble.

MASCARILLE.

Moi ? Monsieur, perdez cette croyance ;
Toujours de son devoir je tâche à l'avertir,
Et l'on nous voit sans cesse avoir maille à partir :
A l'heure même encor nous avons eu querelle
Sur l'hymen d'Hippolyte, où je le vois rebelle,
Où, par l'indignité d'un refus criminel,
Je le vois offenser le respect paternel.

PANDOLFE.

Querelle ?

MASCARILLE.

Oui, querelle, et bien avant poussée.

PANDOLFE.

Je me trompois donc bien ; car j'avois la pensée
Qu'à tout ce qu'il faisoit tu donnois de l'appui.

MASCARILLE.

Moi? Voyez ce que c'est que du monde aujourd'hui,
Et comme l'innocence est toujours opprimée.
Si mon intégrité vous étoit confirmée,
Je suis auprès de lui gagé pour serviteur,
Vous me voudriez encor payer pour précepteur :
Oui, vous ne pourriez pas lui dire davantage
Que ce que je lui dis pour le faire être sage.
Monsieur, au nom de Dieu, lui fais-je assez souvent,
Cessez de vous laisser conduire au premier vent;
Réglez-vous; regardez l'honnête homme de père
Que vous avez du ciel, comme on le considère;
Cessez de lui vouloir donner la mort au cœur,
Et, comme lui, vivez en personne d'honneur.

PANDOLFE.

C'est parler comme il faut. Et que peut-il répondre?

MASCARILLE.

Répondre? Des chansons dont il me vient confondre.
Ce n'est pas qu'en effet, dans le fond de son cœur,
Il ne tienne de vous des semences d'honneur.
Mais sa raison n'est pas maintenant la maîtresse. (1)
Si je pouvois parler avecque hardiesse,
Vous le verriez dans peu soumis sans nul effort.

PANDOLFE.

Parle.

MASCARILLE.

C'est un secret qui m'importeroit fort
S'il étoit découvert; mais à votre prudence
Je le puis confier avec toute assurance.

PANDOLFE.

Tu dis bien.

MASCARILLE.

Sachez donc que vos vœux sont trahis

VARIANTE. (1) *Maintenant sa maîtresse.*

ACTE I, SCÈNE IX.

Par l'amour qu'une esclave imprime à votre fils.

PANDOLFE.

On m'en avoit parlé ; mais l'action me touche
De voir que je l'apprenne encore par ta bouche.

MASCARILLE.

Vous voyez si je suis le secret confident...

PANDOLFE.

Vraiment je suis ravi de cela.

MASCARILLE.

Cependant
A son devoir, sans bruit, desirez-vous le rendre ?
Il faut... J'ai toujours peur qu'on nous vienne surprendre :
Ce seroit fait de moi, s'il savoit ce discours.
Il faut, dis-je, pour rompre à toute chose cours,
Acheter sourdement l'esclave idolâtrée,
Et la faire passer en une autre contrée.
Anselme a grand accès auprès de Trufaldin ;
Qu'il aille l'acheter pour vous dès ce matin :
Après, si vous voulez en mes mains la remettre,
Je connois des marchands, et puis bien vous promettre
D'en retirer l'argent qu'elle pourra coûter,
Et, malgré votre fils, de la faire écarter ;
Car enfin, si l'on veut qu'à l'hymen il se range,
A cet amour naissant il faut donner le change ;
Et, de plus, quand bien même il seroit résolu
Qu'il auroit pris le joug que vous avez voulu,
Cet autre objet, pouvant réveiller son caprice,
Au mariage encor peut porter préjudice.

PANDOLFE.

C'est très-bien raisonner ; ce conseil me plaît fort...
Je vois Anselme ; va, je m'en vais faire effort
Pour avoir promptement cette esclave funeste,
Et la mettre en tes mains pour achever le reste.

L'ÉTOURDI.

MASCARILLE, *seul.*

Bon; allons avertir mon maître de ceci.
Vive la fourberie et les fourbes aussi!

SCÈNE X.

HIPPOLYTE, MASCARILLE.

HIPPOLYTE.

Oui, traître, c'est ainsi que tu me rends service!
Je viens de tout entendre et voir ton artifice :
A moins que de cela, l'eussé-je soupçonné?
Tu couches d'imposture [1], et tu m'en as donné.
Tu m'avois promis, lâche, et j'avois lieu d'attendre
Qu'on te verroit servir mes ardeurs pour Léandre;
Que du choix de Lélie, où l'on veut m'obliger,
Ton adresse et tes soins sauroient me dégager;
Que tu m'affranchirois du projet de mon père;
Et cependant ici tu fais tout le contraire!
Mais tu t'abuseras; je sais un sûr moyen
Pour rompre cet achat où tu pousses si bien;
Et je vais de ce pas...

MASCARILLE.

Ah! que vous êtes prompte!
La mouche tout d'un coup à la tête vous monte,
Et, sans considérer s'il a raison ou non,
Votre esprit contre moi fait le petit démon.
J'ai tort, et je devrois, sans finir mon ouvrage,
Vous faire dire vrai, puisqu'ainsi l'on m'outrage.

HIPPOLYTE.

Par quelle illusion penses-tu m'éblouir?
Traître, peux-tu nier ce que je viens d'ouïr?

VARIANTE. * *Tu payes d'imposture.*

ACTE I, SCÈNE X.

MASCARILLE.

Non. Mais il faut savoir que tout cet artifice
Ne va directement qu'à vous rendre service;
Que ce conseil adroit, qui semble être sans fard,
Jette dans le panneau l'un et l'autre vieillard;
Que mon soin par leurs mains ne veut avoir Célie,
Qu'à dessein de la mettre au pouvoir de Lélie;
Et faire que, l'effet de cette invention
Dans le dernier excès portant sa passion,
Anselme, rebuté de son prétendu gendre,
Puisse tourner son choix du côté de Léandre.

HIPPOLYTE.

Quoi! tout ce grand projet, qui m'a mise en courroux,
Tu l'as formé pour moi, Mascarille?

MASCARILLE.

Oui, pour vous.
Mais, puisqu'on reconnoît si mal mes bons offices,
Qu'il me faut de la sorte essuyer vos caprices,
Et que, pour récompense, on s'en vient, de hauteur,
Me traiter de faquin, de lâche, d'imposteur,
Je m'en vais réparer l'erreur que j'ai commise,
Et, dès ce même pas, rompre mon entreprise.

HIPPOLYTE, *l'arrêtant.*

Hé! ne me traite pas si rigoureusement,
Et pardonne aux transports d'un premier mouvement.

MASCARILLE.

Non, non, laissez-moi faire; il est en ma puissance
De détourner le coup qui si fort vous offense.
Vous ne vous plaindrez point de mes soins désormais;
Oui, vous aurez mon maître, et je vous le promets.

HIPPOLYTE.

Hé! mon pauvre garçon, que ta colère cesse.
J'ai mal jugé de toi, j'ai tort, je le confesse.
(*tirant sa bourse.*)

Mais je veux réparer ma faute avec ceci. (1)
Pourrois-tu te résoudre à me quitter ainsi ?
MASCARILLE.
Non, je ne le saurois, quelque effort que je fasse ;
Mais votre promptitude est de mauvaise grâce.
Apprenez qu'il n'est rien qui blesse un noble cœur,
Comme quand il peut voir qu'on le touche en l'honneur.
HIPPOLYTE.
Il est vrai, je t'ai dit de trop grosses injures :
Mais que ces deux louis guérissent tes blessures.
MASCARILLE.
Hé ! tout cela n'est rien ; je suis tendre à ces coups ;
Mais déja je commence à perdre mon courroux ;
Il faut de ses amis endurer quelque chose.
HIPPOLYTE.
Pourras-tu mettre à fin ce que je me propose,
Et crois-tu que l'effet de tes desseins hardis
Produise à mon amour le succès que tu dis ?
MASCARILLE.
N'ayez point pour ce fait l'esprit sur des épines.
J'ai des ressorts tout prêts pour diverses machines ;
Et, quand ce stratagême à nos vœux manqueroit,
Ce qu'il ne feroit pas, un autre le feroit.
HIPPOLYTE.
Crois qu'Hippolyte au moins ne sera pas ingrate.
MASCARILLE.
L'espérance du gain n'est pas ce qui me flatte.
HIPPOLYTE.
Ton maître te fait signe, et veut parler à toi :
Je te quitte ; mais songe à bien agir pour moi.

VARIANTE. (1) *Ma faute par ceci.*

SCÈNE XI.

LÉLIE, MASCARILLE.

LÉLIE.

Que diable fais-tu là? Tu me promets merveille;
Mais ta lenteur d'agir est pour moi sans pareille.
Sans que mon bon génie au-devant m'a poussé,
Déja tout mon bonheur eût été renversé.
C'étoit fait de mon bien, c'étoit fait de ma joie,
D'un regret éternel je devenois la proie;
Bref, si je ne me fusse en ce lieu rencontré,
Anselme avoit l'esclave, et j'en étois frustré;
Il l'emmenoit chez lui. Mais j'ai paré l'atteinte,
J'ai détourné le coup, et tant fait que, par crainte,
Le pauvre Trufaldin l'a retenue.

MASCARILLE.

      Et trois:
Quand nous serons à dix, nous ferons une croix.
C'étoit par mon adresse, ô cervelle incurable!
Qu'Anselme entreprenoit cet achat favorable;
Entre mes propres mains on la devoit livrer;
Et vos soins endiablés nous en viennent sevrer.
Et puis pour votre amour je m'emploîrois encore!
J'aimerois mieux cent fois être grosse pécore,
Devenir cruche, chou, lanterne, loup-garou,
Et que monsieur Satan vous vînt tordre le cou.

LÉLIE, *seul.*

Il nous le faut mener en quelque hôtellerie,
Et faire sur les pots décharger sa furie.

FIN DU PREMIER ACTE.

ACTE II.

SCÈNE PREMIÈRE.

LÉLIE, MASCARILLE.

MASCARILLE.

A vos desirs enfin il a fallu se rendre :
Malgré tous mes sermens, je n'ai pu m'en défendre,
Et pour vos intérêts, que je voulois laisser,
En de nouveaux périls viens de m'embarrasser.
Je suis ainsi facile; et si de Mascarille
Madame la nature avoit fait une fille,
Je vous laisse à penser ce que c'auroit été.
Toutefois n'allez pas, sur cette sûreté,
Donner de vos revers au projet que je tente,
Me faire une bévue, et rompre mon attente.
Auprès d'Anselme encor nous vous excuserons,
Pour en pouvoir tirer ce que nous desirons;
Mais si dorénavant votre imprudence éclate,
Adieu, vous dis, mes soins pour l'objet qui vous flatte.(1)

LÉLIE.

Non, je serai prudent, te dis-je, ne crains rien :
Tu verras seulement...

MASCARILLE.

    Souvenez-vous-en bien ;
J'ai commencé pour vous un hardi stratagême.
Votre père fait voir une paresse extrême

VARIANTE. (1) *Pour l'espoir qui vous flatte.*

ACTE II, SCÈNE II.

A rendre par sa mort tous vos desirs contens;
Je viens de le tuer (de parole, j'entends):
Je fais courir le bruit que d'une apoplexie
Le bon homme surpris a quitté cette vie.
Mais avant, pour pouvoir mieux feindre ce trépas,
J'ai fait que vers sa grange il a porté ses pas;
On est venu lui dire, et par mon artifice,
Que les ouvriers qui sont après son édifice,
Parmi les fondemens qu'ils en jettent encor,
Avoient fait par hasard rencontre d'un trésor;
Il a volé d'abord; et comme à la campagne
Tout son monde à présent, hors nous deux, l'accompagne,
Dans l'esprit d'un chacun je le tue aujourd'hui,
Et produis un fantôme enseveli pour lui.
Enfin je vous ai dit à quoi je vous engage.
Jouez bien votre rôle; et, pour mon personnage,
Si vous apercevez que j'y manque d'un mot,
Dites absolument que je ne suis qu'un sot.

SCÈNE II.

LÉLIE, *seul.*

Son esprit, il est vrai, trouve une étrange voie
Pour adresser mes vœux au comble de leur joie;
Mais quand d'un bel objet on est bien amoureux,
Que ne feroit-on pas pour devenir heureux?
Si l'amour est au crime une assez belle excuse,
Il en peut bien servir à la petite ruse
Que sa flamme aujourd'hui me force d'approuver,
Par la douceur du bien qui m'en doit arriver.
Juste ciel! qu'ils sont prompts! Je les vois en parole.
Allons nous préparer à jouer notre rôle.

SCÈNE III.

ANSELME, MASCARILLE.

MASCARILLE.
La nouvelle a sujet de vous surprendre fort.
ANSELME.
Être mort de la sorte !
MASCARILLE.
Il a, certes, grand tort :
Je lui sais mauvais gré d'une telle incartade.
ANSELME.
N'avoir pas seulement le temps d'être malade !
MASCARILLE.
Non, jamais homme n'eut si hâte de mourir.
ANSELME.
Et Lélie ?
MASCARILLE.
Il se bat, et ne peut rien souffrir ;
Il s'est fait en maints lieux contusion et bosse,
Et veut accompagner son papa dans la fosse :
Enfin, pour achever, l'excès de son transport
M'a fait en grande hâte ensevelir le mort,
De peur que cet objet, qui le rend hypocondre,
A faire un vilain coup ne me l'allât semondre.
ANSELME.
N'importe, tu devois attendre jusqu'au soir ;
Outre qu'encore un coup j'aurois voulu le voir,
Qui tôt ensevelit, bien souvent assassine ;
Et tel est cru défunt, qui n'en a que la mine.
MASCARILLE.
Je vous le garantis trépassé comme il faut.
Au reste, pour venir au discours de tantôt,
Lélie, et l'action lui sera salutaire,

D'un bel enterrement veut régaler son père,
Et consoler un peu ce défunt de son sort,
Par le plaisir de voir faire honneur à sa mort.
Il hérite beaucoup; mais, comme en ses affaires
Il se trouve assez neuf et ne voit encor guères,
Que son bien la plupart n'est point en ces quartiers,
Ou que ce qu'il y tient consiste en des papiers,
Il voudroit vous prier, ensuite de l'instance
D'excuser de tantôt son trop de violence,
De lui prêter au moins pour ce dernier devoir...

ANSELME.

Tu me l'as déja dit, et je m'en vais le voir.

MASCARILLE, *seul*.

Jusques ici, du moins, tout va le mieux du monde.
Tâchons à ce progrès que le reste réponde;
Et, de peur de trouver dans le port un écueil,
Conduisons le vaisseau de la main et de l'œil.

SCÈNE IV.

ANSELME, LÉLIE, MASCARILLE.

ANSELME.

Sortons; je ne saurois qu'avec douleur très-forte,
Le voir empaqueté de cette étrange sorte.
Las! en si peu de temps! il vivoit ce matin!

MASCARILLE.

En peu de temps parfois on fait bien du chemin.

LÉLIE, *pleurant*.

Ah!

ANSELME.

Mais quoi, cher Lélie! enfin il étoit homme.
On n'a point pour la mort de dispense de Rome.

LÉLIE.

Ah!

ANSELME.
Sans leur dire gare, elle abat les humains,
Et contre eux de tout temps a de mauvais desseins.
LÉLIE.
Ah!

ANSELME.
Ce fier animal, pour toutes les prières, (1)
Ne perdroit pas un coup (2) de ses dents meurtrières;
Tout le monde y passe.
LÉLIE.
Ah!
MASCARILLE.
Vous avez beau prêcher,
Ce deuil enraciné ne se peut arracher.
ANSELME.
Si, malgré ces raisons, votre ennui persévère,
Mon cher Lélie, au moins, faites qu'il se modère.
LÉLIE.
Ah!
MASCARILLE.
Il n'en fera rien, je connois son humeur.
ANSELME.
Au reste, sur l'avis de votre serviteur,
J'apporte ici l'argent qui vous est nécessaire
Pour faire célébrer les obsèques d'un père.
LÉLIE.
Ah! ah!
MASCARILLE.
Comme à ce mot s'augmente sa douleur!
Il ne peut, sans mourir, songer à ce malheur.
ANSELME.
Je sais que vous verrez aux papiers du bon homme,
Que je suis débiteur d'une plus grande somme;

VARIANTES. (1) *Pour toutes nos prières.* — (2) *N'en perdroit pas un coup.*

ACTE II, SCÈNE IV.

Mais, quand par ces raisons je ne vous devrois rien,
Vous pourriez librement disposer de mon bien.
Tenez, je suis tout vôtre, et le ferai paroître.

LÉLIE, *s'en allant.*

Ah !

MASCARILLE.

Le grand déplaisir que sent monsieur mon maître !

ANSELME.

Mascarille, je crois qu'il seroit à propos
Qu'il me fît de sa main un reçu de deux mots.

MASCARILLE.

Ah !

ANSELME.

Des événemens l'incertitude est grande.

MASCARILLE.

Ah !

ANSELME.

Faisons-lui signer le mot que je demande.

MASCARILLE.

Las ! en l'état qu'il est, comment vous contenter ?
Donnez-lui le loisir de se désattrister ;
Et, quand ses déplaisirs prendront quelque allégeance,
J'aurai soin d'en tirer d'abord votre assurance.
Adieu. Je sens mon cœur qui se gonfle d'ennui,
Et m'en vais tout mon saoul pleurer avecque lui.
Ha !*

ANSELME, *seul.*

Le monde est rempli de beaucoup de traverses ;
Chaque homme tous les jours en ressent de diverses ;
Et jamais ici bas...

VARIANTE. * *Hi !*

SCÈNE V.

PANDOLFE, ANSELME.

ANSELME.

Ah! bon dieu! je frémi!
Pandolfe qui revient! Fut-il bien endormi?
Comme depuis sa mort sa face est amaigrie!
Las! ne m'approchez pas de plus près, je vous prie!
J'ai trop de répugnance à coudoyer un mort.

PANDOLFE.

D'où peut donc provenir ce bizarre transport?

ANSELME.

Dites-moi de bien loin quel sujet vous amène.
Si pour me dire adieu vous prenez tant de peine,
C'est trop de courtoisie, et véritablement
Je me serois passé de votre compliment.
Si votre âme est en peine et cherche des prières,
Las! je vous en promets, et ne m'effrayez guères!
Foi d'homme épouvanté, je vais faire à l'instant
Prier tant Dieu pour vous que vous serez content.

  Disparoissez donc, je vous prie;
  Et que le ciel, par sa bonté,
  Comble de joie et de santé
  Votre défunte seigneurie!

PANDOLFE, *riant*.

Malgré tout mon dépit, il m'y faut prendre part.

ANSELME.

Las! pour un trépassé vous êtes bien gaillard!

PANDOLFE.

Est-ce jeu, dites-nous, ou bien si c'est folie,
Qui traite de défunt une personne en vie?

ANSELME.

Hélas! vous êtes mort, et je viens de vous voir.

ACTE II, SCÈNE V.

PANDOLFE.

Quoi! j'aurois trépassé sans m'en apercevoir?

ANSELME.

Sitôt que Mascarille en a dit la nouvelle,
J'en ai senti dans l'ame une douleur mortelle.

PANDOLFE.

Mais enfin, dormez-vous? Êtes-vous éveillé?
Me connoissez-vous pas?

ANSELME.

Vous êtes habillé
D'un corps aérien qui contrefait le vôtre,
Mais qui dans un moment peut devenir tout autre.
Je crains fort de vous voir comme un géant grandir,
Et tout votre visage affreusement laidir.
Pour Dieu! ne prenez point de vilaine figure;
J'ai prou de ma frayeur en cette conjoncture.

PANDOLFE.

En une autre saison, cette naïveté
Dont vous accompagnez votre crédulité,
Anselme, me seroit un charmant badinage,
Et j'en prolongerois le plaisir davantage :
Mais, avec cette mort, un trésor supposé,
Dont parmi les chemins on m'a désabusé,
Fomente dans mon ame un soupçon légitime.
Mascarille est un fourbe, et fourbe fourbissime,
Sur qui ne peuvent rien la crainte et le remords,
Et qui pour ses desseins a d'étranges ressorts.

ANSELME.

M'auroit-on joué pièce et fait supercherie?
Ah! vraiment, ma raison, vous seriez fort jolie!
Touchons un peu pour voir : en effet, c'est bien lui.
Malepeste du sot que je suis aujourd'hui!
De grace, n'allez pas divulguer un tel conte;
On en feroit jouer quelque farce à ma honte :

Mais, Pandolfe, aidez-moi vous-même à retirer
L'argent que j'ai donné pour vous faire enterrer.

PANDOLFE.

De l'argent, dites-vous? Ah! c'est donc l'enclouure! [1]
Voilà le nœud secret [2] de toute l'aventure!
A votre dam. Pour moi, sans m'en mettre en souci, [3]
Je vais faire informer de cette affaire ici [4]
Contre ce Mascarille; et si l'on peut le prendre,
Quoi qu'il puisse coûter, je le veux faire pendre.

ANSELME, *seul*.

Et moi, la bonne **dupe** à trop croire un vaurien,
Il faut donc qu'aujourd'hui je perde et sens et bien.
Il me sied bien, ma foi, de porter tête grise,
Et d'être encor si prompt à faire une sottise;
D'examiner si peu sur un premier rapport...
Mais je vois...

SCÈNE VI.

LÉLIE, ANSELME.

LÉLIE, *sans voir Anselme*.
Maintenant, avec ce passe-port,
Je puis à Trufaldin rendre aisément visite.

ANSELME.

A ce que je puis voir, votre douleur vous quitte?

LÉLIE.

Que dites-vous? Jamais elle ne quittera
Un cœur qui chèrement toujours la nourrira. [5]

ANSELME.

Je reviens sur mes pas vous dire avec franchise
Que tantôt avec vous j'ai fait une méprise;

VARIANTES. (1) *Ah! voilà l'enclouure.* — (2) *C'est là le nœud secret.* — (3) *Sans me mettre en souci.* — (4) *De cette affaire-ci.* — (5) *Toujours la gardera.*

Que parmi ces louis, quoiqu'ils semblent très-beaux,(1)
J'en ai, sans y penser, mêlé que je tiens faux;
Et j'apporte sur moi de quoi mettre en leur place.
De nos faux monnoyeurs l'insupportable audace
Pullule en cet État d'une telle façon,
Qu'on ne reçoit plus rien qui soit hors de soupçon.
Mon dieu! qu'on feroit bien de les faire tous pendre!

LÉLIE.

Vous me faites plaisir de les vouloir reprendre;
Mais je n'en ai point vu de faux, comme je croi.

ANSELME.

Je les connoîtrai bien, montrez, montrez-les moi.
Est-ce tout?

LÉLIE.

Oui.

ANSELME.

Tant mieux. Enfin je vous raccroche,
Mon argent bien aimé, rentrez dedans ma poche;
Et vous, mon brave escroc, vous ne tenez plus rien.
Vous tuez donc des gens (2) qui se portent fort bien?
Et qu'auriez-vous donc fait sur moi, chétif beau-père?
Ma foi! je m'engendrois d'une belle manière,
Et j'allois prendre en vous un beau-fils fort discret!
Allez, allez mourir de honte et de regret.

LÉLIE, *seul*.

Il faut dire, j'en tiens. Quelle surprise extrême!
D'où peut-il avoir su sitôt le stratagème?

VARIANTES. (1) *Quoiqu'ils paroissent beaux.* — (2) *Vous tuez donc les gens.*

SCÈNE VII.

LÉLIE, MASCARILLE.

MASCARILLE.

Quoi! vous étiez sorti? Je vous cherchois partout.
Hé bien! en sommes-nous enfin venus à bout?
Je le donne en six coups au fourbe le plus brave.
Çà, donnez-moi que j'aille acheter notre esclave;
Votre rival après sera bien étonné.

LÉLIE.

Ah! mon pauvre garçon, la chance a bien tourné!
Pourrois-tu de mon sort deviner l'injustice?

MASCARILLE.

Quoi? Que seroit-ce?

LÉLIE.

Anselme, instruit de l'artifice,
M'a repris maintenant tout ce qu'il nous prêtoit,
Sous couleur de changer de l'or que l'on doutoit.

MASCARILLE.

Vous vous moquez peut-être.

LÉLIE.

Il est trop véritable.

MASCARILLE.

Tout de bon?

LÉLIE.

Tout de bon; j'en suis inconsolable,
Tu te vas emporter d'un courroux sans égal.

MASCARILLE.

Moi, monsieur! Quelque sot: la colère fait mal,
Et je veux me choyer, quoi qu'enfin il arrive.
Que Célie, après tout, soit ou libre ou captive,
Que Léandre l'achète, ou qu'elle reste là,
Pour moi, je m'en soucie autant que de cela.

ACTE II, SCÈNE VII.

LÉLIE.

Ah, n'aye point pour moi si grande indifférence,
Et sois plus indulgent à ce peu d'imprudence !
Sans ce dernier malheur, ne m'avoûras-tu pas
Que j'avois fait merveille, et qu'en ce feint trépas
J'éludois un chacun d'un deuil si vraisemblable,
Que les plus clairvoyans l'auroient cru véritable ?

MASCARILLE.

Vous avez en effet sujet de vous louer.

LÉLIE.

Hé bien ! je suis coupable, et je veux l'avouer ;
Mais si jamais mon bien te fut considérable,
Répare ce malheur, et me sois secourable.

MASCARILLE.

Je vous baise les mains ; je n'ai pas le loisir.

LÉLIE.

Mascarille, mon fils.

MASCARILLE.

Point.

LÉLIE.

Fais-moi ce plaisir.

MASCARILLE.

Non, je n'en ferai rien.

LÉLIE.

Si tu m'es inflexible,
Je m'en vais me tuer.

MASCARILLE.

Soit ; il vous est loisible.

LÉLIE.

Je ne te puis fléchir ?

MASCARILLE.

Non.

LÉLIE.

Vois-tu le fer prêt ?

MASCARILLE.

Oui.

LÉLIE.

Je vais le pousser.

MASCARILLE.

Faites ce qu'il vous plaît.

LÉLIE.

Tu n'auras pas regret de m'arracher la vie?

MASCARILLE.

Non.

LÉLIE.

Adieu, Mascarille.

MASCARILLE.

Adieu, monsieur Lélie.

LÉLIE.

Quoi!...

MASCARILLE.

Tuez-vous donc vîte. Ah! que de longs devis!

LÉLIE.

Tu voudrois bien, ma foi, pour avoir mes habits,
Que je fisse le sot, et que je me tuasse.

MASCARILLE.

Savois-je pas qu'enfin ce n'étoit que grimace;
Et, quoi que ces esprits jurent d'effectuer,
Qu'on n'est point aujourd'hui si prompt à se tuer?

SCÈNE VIII.

TRUFALDIN, LÉANDRE, LÉLIE, MASCARILLE.

(*Trufaldin parle bas à Léandre, dans le fond du théâtre.*)

LÉLIE.

Que vois-je? mon rival et Trufaldin ensemble!
Il achète Célie; ah! de frayeur je tremble!

ACTE II, SCÈNE VIII.

MASCARILLE.

Il ne faut point douter qu'il fera ce qu'il peut,
Et, s'il a de l'argent, qu'il pourra ce qu'il veut.
Pour moi, j'en suis ravi. Voilà la récompense
De vos brusques erreurs, de votre impatience.

LÉLIE.

Que dois-je faire? dis; veuille me conseiller.

MASCARILLE.

Je ne sais.

LÉLIE.

Laisse-moi, je vais le quereller.

MASCARILLE.

Qu'en arrivera-t-il?

LÉLIE.

Que veux-tu que je fasse
Pour empêcher ce coup?

MASCARILLE.

Allez, je vous fais grace:
Je jette encore un œil pitoyable sur vous.
Laissez-moi l'observer; par des moyens plus doux
Je vais, comme je crois, savoir ce qu'il projette.

(*Lélie sort.*)

TRUFALDIN, *à Léandre.*

Quand on viendra tantôt, c'est une affaire faite.

(*Trufaldin sort.*)

MASCARILLE, *à part, en s'en allant.*

Il faut que je l'attrappe, et que de ses desseins
Je sois le confident, pour mieux les rendre vains.

LÉANDRE, *seul.*

Graces au ciel! voilà mon bonheur hors d'atteinte;
J'ai su me l'assurer, et je n'ai plus de crainte.
Quoi que désormais puisse entreprendre un rival,
Il n'est plus en pouvoir de me faire du mal.

SCÈNE IX.

LÉANDRE, MASCARILLE.

MASCARILLE *dit ces deux vers dans la maison, et entre sur le théâtre.*

Ahi! ahi! à l'aide! au meurtre! au secours! on m'assomme!
Ah! ah! ah! ah! ah! ah! O traître! ô bourreau d'homme!

LÉANDRE.

D'où procède cela? Qu'est-ce? que te fait-on?

MASCARILLE.

On vient de me donner deux cents coups de bâton.

LÉANDRE.

Qui?

MASCARILLE.

Lélie.

LÉANDRE.

Et pourquoi?

MASCARILLE.

Pour une bagatelle
Il me chasse, et me bat d'une façon cruelle.

LÉANDRE.

Ah! vraiment, il a tort!

MASCARILLE.

Mais, ou je ne pourrai,
Ou je jure bien fort que je m'en vengerai.
Oui, je te ferai voir, batteur que Dieu confonde,
Que ce n'est pas pour rien qu'il faut rouer le monde.
Que je suis un valet, mais fort homme d'honneur,
Et qu'après m'avoir eu quatre ans pour serviteur,
Il ne me falloit pas payer en coups de gaules,
Et me faire un affront si sensible aux épaules :
Je te le dis encor, je saurai m'en venger;
Une esclave te plaît, tu voulois m'engager

ACTE II, SCÈNE IX.

A la mettre en tes mains, et je veux faire en sorte
Qu'un autre te l'enlève, ou le diable m'emporte.

LÉANDRE.

Écoute, Mascarille, et quitte ce transport.
Tu m'as plu de tout temps, et je souhaitois fort
Qu'un garçon comme toi, plein d'esprit et fidèle,
A mon service un jour pût attacher son zèle :
Enfin, si le parti te semble bon pour toi,
Si tu veux me servir, je t'arrête avec moi.

MASCARILLE.

Oui, monsieur, d'autant mieux que le destin propice
M'offre à me bien venger, en vous rendant service ;
Et que, dans mes efforts pour vos contentemens,
Je puis à mon brutal trouver des châtimens :
De Célie, en un mot, par mon adresse extrême...

LÉANDRE.

Mon amour s'est rendu cet office lui-même.
Enflammé d'un objet qui n'a point de défaut,
Je viens de l'acheter moins encor qu'il ne vaut.

MASCARILLE.

Quoi ! Célie est à vous ?

LÉANDRE.

Tu la verrois paroître,
Si de mes actions j'étois tout-à-fait maître ;
Mais quoi ! mon père l'est : comme il a volonté,
Ainsi que je l'apprends d'un paquet apporté,
De me déterminer à l'hymen d'Hippolyte,
J'empêche qu'un rapport de tout ceci l'irrite.
Donc avec Trufaldin, car je sors de chez lui,
J'ai voulu tout exprès agir au nom d'autrui,
Et l'achat fait, ma bague est la marque choisie
Sur laquelle au premier il doit livrer Célie.
Je songe auparavant à chercher les moyens
D'ôter aux yeux de tous ce qui charme les miens ;

A trouver promptement un endroit favorable
Où puisse être en secret cette captive aimable.
MASCARILLE.
Hors de la ville un peu, je puis avec raison
D'un vieux parent que j'ai vous offrir la maison;
Là, vous pourrez la mettre avec toute assurance,
Et de cette action nul n'aura connoissance.
LÉANDRE.
Oui, ma foi, tu me fais un plaisir souhaité.
Tiens donc, et va pour moi prendre cette beauté.
Dès que par Trufaldin ma bague sera vue,
Aussitôt en tes mains elle sera rendue,
Et dans cette maison tu me la conduiras,
Quand... Mais chut, Hippolyte est ici sur nos pas.

SCÈNE X.
HIPPOLYTE, LÉANDRE, MASCARILLE.

HIPPOLYTE.
Je dois vous annoncer, Léandre, une nouvelle;
Mais la trouverez-vous agréable ou cruelle?
LÉANDRE.
Pour en pouvoir juger et répondre soudain,
Il faudroit la savoir.
HIPPOLYTE.
        Donnez-moi donc la main,
Jusqu'au temple; en marchant, je pourrai vous l'apprendre.
LÉANDRE, *à Mascarille.*
Va, va-t'en me servir sans davantage attendre.

SCÈNE XI.
MASCARILLE, *seul.*

Oui, je te vais servir d'un plat de ma façon.

Fut-il jamais au monde un plus heureux garçon?
Oh! que dans un moment Lélie aura de joie!
Sa maîtresse en nos mains tomber par cette voie!
Recevoir tout son bien d'où l'on attend le mal, (1)
Et devenir heureux par la main d'un rival!
Après ce rare exploit, je veux que l'on s'apprête
A me peindre en héros, un laurier sur la tête,
Et qu'au bas du portrait on mette en lettres d'or :
Vivat Mascarillus fourbum imperator!

SCÈNE XII.

TRUFALDIN, MASCARILLE.

MASCARILLE.

Holà!

TRUFALDIN.

Que voulez-vous?

MASCARILLE.

Cette bague connue
Vous dira le sujet qui cause ma venue.

TRUFALDIN.

Oui, je reconnois bien la bague que voilà.
Je vais querir l'esclave; arrêtez un peu là.

SCÈNE XIII.

TRUFALDIN, UN COURRIER, MASCARILLE.

LE COURRIER, *à Trufaldin.*

Seigneur, obligez-moi de m'enseigner un homme...

TRUFALDIN.

Et qui?

VARIANTE. (1) *D'où l'on attend son mal.*

LE COURRIER.
Je crois que c'est Trufaldin qu'il se nomme.
TRUFALDIN.
Et que lui voulez-vous? Vous le voyez ici.
LE COURRIER.
Lui rendre seulement la lettre que voici.

TRUFALDIN *lit.*

Le ciel, dont la bonté prend souci de ma vie,
Vient de me faire ouïr, par un bruit assez doux,
Que ma fille, à quatre ans, par des voleurs ravie,
Sous le nom de Célie est esclave chez vous.

Si vous sûtes jamais ce que c'est qu'être père,
Et vous trouvez sensible aux tendresses du sang,
Conservez-moi chez vous cette fille si chère,
Comme si de la vôtre elle tenoit le rang.

Pour l'aller retirer je pars d'ici moi-même,
Et vous vais de vos soins récompenser si bien,
Que par votre bonheur, que je veux rendre extrême,
Vous bénirez le jour où vous causez le mien.

De Madrid.   DOM PEDRO DE GUSMAN,
                        Marquis de Montalcane.

(*Il continue.*)
Quoiqu'à leur nation bien peu de foi soit due,
Ils me l'avoient bien dit, ceux qui me l'ont vendue,
Que je verrois dans peu quelqu'un la retirer,
Et que je n'aurois pas sujet d'en murmurer,
Et cependant j'allois, par mon impatience, [1]
Perdre aujourd'hui les fruits d'une haute espérance.

(*au Courrier.*)
Un seul moment plus tard tous vos pas étoient vains,

VARIANTE. (1) *Dans mon impatience.*

ACTE II, SCÈNE XIV. 45

J'allois mettre en l'instant (1) cette fille en ses mains :
Mais suffit ; j'en aurai tout le soin qu'on desire.
(*le Courrier sort.*)

(*à Mascarille.*)
Vous-même vous voyez ce que je viens de lire.
Vous direz à celui qui vous a fait venir,
Que je ne lui saurois ma parole tenir,
Qu'il vienne retirer son argent.

MASCARILLE.
Mais l'outrage
Que vous lui faites...

TRUFALDIN.
Va, sans causer davantage.

MASCARILLE, *seul.*
Ah! le fâcheux paquet que nous venons d'avoir!
Le sort a bien donné la baie à mon espoir;
Et bien à la malheure est-il venu d'Espagne
Ce courrier que la foudre ou la grêle accompagne. (2)
Jamais, certes, jamais plus beau commencement
N'eut en si peu de temps plus triste événement.

SCÈNE XIV.

LÉLIE, *riant,* MASCARILLE.

MASCARILLE.
Quel beau transport de joie à présent vous inspire?

LÉLIE.
Laisse-m'en rire encore avant que te le dire.

MASCARILLE.
Çà, rions donc bien fort, nous en avons sujet.

LÉLIE.
Ah! je ne serai plus de tes plaintes l'objet.

VARIANTES. (1) *J'allois mettre à l'instant.* — (2) *Et la grêle accompagne.*

Tu ne me diras plus, toi qui toujours me cries,
Que je gâte en brouillon toutes tes fourberies :
J'ai bien joué moi-même un tour des plus adroits.
Il est vrai, je suis prompt, et m'emporte parfois :
Mais pourtant, quand je veux, j'ai l'imaginative
Aussi bonne, en effet, que personne qui vive,
Et toi-même avoueras que ce que j'ai fait, part
D'une pointe d'esprit où peu de monde a part.

MASCARILLE.

Sachons donc ce qu'a fait cette imaginative.

LÉLIE.

Tantôt, l'esprit ému d'une frayeur bien vive
D'avoir vu Trufaldin avecque mon rival,
Je songeois à trouver un remède à ce mal,
Lorsque, me ramassant tout entier en moi-même,
J'ai conçu, digéré, produit un stratagême
Devant qui tous les tiens, dont tu fais tant de cas,
Doivent, sans contredit, mettre pavillon bas.

MASCARILLE.

Mais qu'est-ce ?

LÉLIE.

Ah ! s'il te plaît, donne-toi patience !
J'ai donc feint une lettre avecque diligence,
Comme d'un grand seigneur écrite à Trufaldin,
Qui mande qu'ayant su, par un heureux destin,
Qu'une esclave qu'il tient sous le nom de Célie,
Est sa fille, autrefois par des voleurs ravie,
Il veut la venir prendre, et le conjure au moins
De la garder toujours, de lui rendre des soins ;
Qu'à ce sujet il part d'Espagne, et doit pour elle
Par de si grands présens reconnoître son zèle,
Qu'il n'aura point regret de causer son bonheur.

MASCARILLE.

Fort bien.

LÉLIE.

Écoute donc, voici bien le meilleur.
La lettre que je dis a donc été remise;
Mais, sais-tu bien comment? En saison si bien prise,
Que le porteur m'a dit que, sans ce trait falot,
Un homme l'emmenoit, qui s'est trouvé fort sot.

MASCARILLE.

Vous avez fait ce coup sans vous donner au diable?

LÉLIE.

Oui. D'un tour si subtil m'aurois-tu cru capable?
Loue au moins mon adresse, et la dextérité
Dont je romps d'un rival le dessein concerté.

MASCARILLE.

A vous pouvoir louer selon votre mérite,
Je manque d'éloquence, et ma force est petite.
Oui, pour bien étaler cet effort relevé,
Ce bel exploit de guerre à nos yeux achevé,
Ce grand et rare effet d'une imaginative,
Qui ne cède en vigueur à personne qui vive,
Ma langue est impuissante, et je voudrois avoir
Celles de tous les gens du plus exquis savoir,
Pour vous dire en beaux vers, ou bien en docte prose,
Que vous serez toujours, quoi que l'on se propose,
Tout ce que vous avez été durant vos jours;
C'est-à-dire, un esprit chaussé tout à rebours,
Une raison malade et toujours en débauche,
Un envers du bon sens, un jugement à gauche,
Un brouillon, une bête, un brusque, un étourdi,
Que sais-je? un... cent fois plus encor que je ne di.
C'est faire en abrégé votre panégyrique.

LÉLIE.

Apprends-moi le sujet qui contre moi te pique?
Ai-je fait quelque chose? Éclaircis-moi ce point.

MASCARILLE.
Non, vous n'avez rien fait; mais ne me suivez point.
LÉLIE.
Je te suivrai partout pour savoir ce mystère.
MASCARILLE.
Oui? Sus donc, préparez vos jambes à bien faire;
Car je vais vous fournir de quoi les exercer.
LÉLIE, *seul*.
Il m'échappe. O malheur qui ne se peut forcer!
Aux discours qu'il m'a faits que saurois-je comprendre,
Et quel mauvais office aurois-je pu me rendre.

FIN DU SECOND ACTE.

ACTE III.

SCÈNE PREMIÈRE.

MASCARILLE, seul.

Taisez-vous, ma bonté, cessez votre entretien;
Vous êtes une sotte, et je n'en ferai rien.
Oui, vous avez raison, mon courroux, je l'avoue;
Relier tant de fois ce qu'un brouillon dénoue,
C'est trop de patience; et je dois en sortir,
Après de si beaux coups qu'il a su divertir.
Mais aussi raisonnons un peu sans violence.
Si je suis maintenant ma juste impatience,
On dira que je cède à la difficulté;
Que je me trouve à bout de ma subtilité :
Et que deviendra lors cette publique estime,
Qui te vante partout pour un fourbe sublime,
Et que tu t'es acquise en tant d'occasions,
A ne t'être jamais vu court d'inventions?
L'honneur, ô Mascarille, est une belle chose!
A tes nobles travaux ne fais aucune pause,
Et quoi qu'un maître ait fait pour te faire enrager,
Achève pour ta gloire et non pour l'obliger.
Mais quoi! Que feras-tu, que de l'eau toute claire?
Traversé sans repos par ce démon contraire,
Tu vois qu'à chaque instant il te fait déchanter,
Et que c'est battre l'eau de prétendre arrêter
Ce torrent effréné, qui de tes artifices
Renverse en un moment les plus beaux édifices.

Hé bien! pour toute grace, encore un coup du moins.
Au hasard du succès, sacrifions des soins;
Et s'il poursuit encore à rompre notre chance,
J'y consens, ôtons-lui toute notre assistance.
Cependant notre affaire encor n'iroit pas mal,
Si par là nous pouvions perdre notre rival,
Et que Léandre enfin, lassé de sa poursuite,
Nous laissât jour entier pour ce que je médite.
Oui, je roule en ma tête un trait ingénieux,
Dont je promettrois bien un succès glorieux,
Si je puis n'avoir plus cet obstacle à combattre.
Bon, voyons si son feu se rend opiniâtre.

SCÈNE II.

LÉANDRE, MASCARILLE.

MASCARILLE.

Monsieur, j'ai perdu temps, votre homme se dédit.

LÉANDRE.

De la chose lui-même il m'a fait un récit; [1]
Mais c'est bien plus; j'ai su que tout ce beau mystère,
D'un rapt d'Égyptiens, d'un grand seigneur pour père,
Qui doit partir d'Espagne, et venir en ces lieux,
N'est qu'un pur stratagême, un trait facétieux,
Une histoire à plaisir, un conte dont Lélie
A voulu détourner notre achat de Célie.

MASCARILLE.

Voyez un peu la fourbe!

LÉANDRE.

Et pourtant Trufaldin
Est si bien imprimé de ce conte badin,
Mord si bien à l'appât de cette foible ruse,

VARIANTE. (1) *Il m'a fait le récit.*

ACTE III, SCÈNE II.

Qu'il ne veut point souffrir que l'on le désabuse.

MASCARILLE.

C'est pourquoi désormais il la gardera bien,
Et je ne vois pas lieu d'y prétendre plus rien.

LÉANDRE.

Si d'abord à mes yeux elle parut aimable,
Je viens de la trouver tout-à-fait adorable;
Et je suis en suspens, si, pour me l'acquérir,
Aux extrêmes moyens je ne dois point courir,
Par le don de ma foi rompre sa destinée,
Et changer ses liens en ceux de l'hyménée.

MASCARILLE.

Vous pourriez l'épouser?

LÉANDRE.

Je ne sais : mais enfin,
Si quelque obscurité se trouve en son destin,
Sa grace et sa vertu sont de douces amorces,
Qui, pour tirer les cœurs, ont d'incroyables forces.

MASCARILLE.

Sa vertu, dites-vous?

LÉANDRE.

Quoi? que murmures-tu?
Achève, explique-toi sur ce mot de vertu.

MASCARILLE.

Monsieur, votre visage en un moment s'altère,
Et je ferai bien mieux peut-être de me taire.

LÉANDRE.

Non, non, parle.

MASCARILLE.

Hé bien donc, très-charitablement
Je vous veux retirer de votre aveuglement.
Cette fille...

LÉANDRE.

Poursuis.

MASCARILLE.
                N'est rien moins qu'inhumaine,
Dans le particulier elle oblige sans peine,
Et son cœur, croyez-moi, n'est point roche après tout
A quiconque la sait prendre par le bon bout;
Elle fait la sucrée, et veut passer pour prude;
Mais je puis en parler avecque certitude.
Vous savez que je suis quelque peu d'un métier ⁽¹⁾
A me devoir connoître en un pareil gibier.

LÉANDRE.
Célie...

MASCARILLE.
            Oui, sa pudeur n'est que franche grimace,
Qu'une ombre de vertu qui garde mal sa place,
Et qui s'évanouit, comme l'on peut savoir,
Aux rayons du soleil qu'une bourse fait voir.

LÉANDRE.
Las! que dis-tu? Croirai-je un discours de la sorte!

MASCARILLE.
Monsieur, les volontés sont libres; que m'importe?
Non, ne me croyez pas, suivez votre dessein,
Prenez cette matoise, et lui donnez la main;
Toute la ville en corps reconnoîtra ce zèle,
Et vous épouserez le bien public en elle.

LÉANDRE.
Quelle surprise étrange!

MASCARILLE, *à part.*
                Il a pris l'hameçon.
Courage, s'il s'y peut enferrer tout de bon, [2]
Nous nous ôtons du pied une fâcheuse épine.

LÉANDRE.
Oui, d'un coup étonnant ce discours m'assassine.

VARIANTES. (1) *Quelque peu du métier.* — (2) *S'il se peut enferrer tout de bon.*

MASCARILLE.

Quoi! vous pourriez...

LÉANDRE.

Va-t'en jusqu'à la poste, et voi
Je ne sais quel paquet qui doit venir pour moi.
(seul, après avoir rêvé.)
Qui ne s'y fût trompé! Jamais l'air d'un visage,
Si ce qu'il dit est vrai, n'imposa davantage.

SCÈNE III.

LÉLIE, LÉANDRE.

LÉLIE.

Du chagrin qui vous tient, quel peut être l'objet?

LÉANDRE.

Moi?

LÉLIE.

Vous-même.

LÉANDRE.

Pourtant je n'en ai point sujet.

LÉLIE.

Je vois bien ce que c'est, Célie en est la cause.

LÉANDRE.

Mon esprit ne court pas après si peu de chose.

LÉLIE.

Pour elle vous aviez pourtant de grands desseins.
Mais il faut dire ainsi, lorsqu'ils se trouvent vains.

LÉANDRE.

Si j'étois assez sot pour chérir ses caresses,
Je me moquerois bien de toutes vos finesses.

LÉLIE.

Quelles finesses donc?

LÉANDRE.

Mon dieu! nous savons tout.

LÉLIE.

Quoi?

LÉANDRE.

Votre procédé de l'un à l'autre bout.

LÉLIE.

C'est de l'hébreu pour moi, je n'y puis rien comprendre.

LÉANDRE.

Feignez, si vous voulez, de ne me pas entendre;
Mais, croyez-moi, cessez de craindre pour un bien
Où je serois fâché de vous disputer rien.
J'aime fort la beauté qui n'est point profanée,
Et ne veux point brûler pour une abandonnée.

LÉLIE.

Tout beau, tout beau, Léandre!

LÉANDRE.

Ah! que vous êtes bon!
Allez, vous dis-je encor, servez-la sans soupçon,
Vous pourrez vous nommer homme à bonnes fortunes.
Il est vrai, sa beauté n'est pas des plus communes;
Mais en revanche aussi le reste est fort commun.

LÉLIE.

Léandre, arrêtons là [1] ce discours importun.
Contre moi tant d'efforts qu'il vous plaira pour elle;
Mais, surtout, retenez cette atteinte mortelle.
Sachez que je m'impute à trop de lâcheté
D'entendre mal parler de ma divinité;
Et que j'aurai toujours bien moins de répugnance
A souffrir votre amour, qu'un discours qui l'offense.

LÉANDRE.

Ce que j'avance ici, me vient de bonne part.

LÉLIE.

Quiconque vous l'a dit est un lâche, un pendard.
On ne peut imposer de tache à cette fille,

VARIANTE. (1) *Léandre, arrêtez-là.*

Je connois bien son cœur.
LÉANDRE.
Mais enfin, Mascarille
D'un semblable procès est juge compétent;
C'est lui qui la condamne.
LÉLIE.
Oui!
LÉANDRE.
Lui-même.
LÉLIE.
Il prétend
D'une fille d'honneur insolemment médire,
Et que peut-être encor je n'en ferai que rire!
Gage qu'il se dédit.
LÉANDRE.
Et moi gage que non.
LÉLIE.
Parbleu! je le ferois mourir sous le bâton,
S'il m'avoit soutenu des faussetés pareilles.
LÉANDRE.
Moi, je lui couperois sur-le-champ les oreilles,
S'il n'étoit pas garant de tout ce qu'il m'a dit.

SCÈNE IV.

LÉLIE, LÉANDRE, MASCARILLE.

LÉLIE.
Ah! bon, bon, le voilà. Venez çà, chien maudit.
MASCARILLE.
Quoi?
LÉLIE.
Langue de serpent, fertile en impostures,
Vous osez sur Célie attacher vos morsures,
Et lui calomnier la plus rare vertu

Qui puisse faire éclat sous un sort abattu?
MASCARILLE, *bas à Lélie.*
Doucement, ce discours est de mon industrie.
LÉLIE.
Non, non, point de clin-d'œil et point de raillerie,
Je suis aveugle à tout, sourd à quoi que ce soit;
Fût-ce mon propre frère, il me la payeroit;
Et sur ce que j'adore oser porter le blâme,
C'est me faire une plaie au plus tendre de l'âme.
Tous ces signes sont vains. Quels discours as-tu faits?
MASCARILLE.
Mon dieu! ne cherchons point querelle, ou je m'en vais.
LÉLIE.
Tu n'échapperas pas.
MASCARILLE.
Ahi!
LÉLIE.
Parle donc, confesse.
MASCARILLE, *bas à Lélie.*
Laissez-moi, je vous dis que c'est un tour d'adresse.
LÉLIE.
Dépêche, qu'as-tu dit? Vuide entre nous ce point.
MASCARILLE, *bas à Lélie.*
J'ai dit ce que j'ai dit: ne vous emportez point.
LÉLIE, *mettant l'épée à la main.*
Ah! je vous ferai bien parler d'une autre sorte!
LÉANDRE, *l'arrêtant.*
Halte un peu, retenez l'ardeur qui vous emporte.
MASCARILLE, *à part.*
Fut-il jamais au monde un esprit moins sensé?
LÉLIE.
Laissez-moi contenter mon courage offensé.
LÉANDRE.
C'est trop que de vouloir le battre en ma présence.

ACTE III, SCÈNE IV.

LÉLIE.

Quoi! châtier mes gens n'est pas en ma puissance?

LÉANDRE.

Comment, vos gens?

MASCARILLE, *à part*.

Encore! Il va tout découvrir.

LÉLIE.

Quand j'aurois volonté de le battre à mourir,
Hé bien! c'est mon valet.

LÉANDRE.

C'est maintenant le nôtre.

LÉLIE.

Le trait est admirable! Et comment donc le vôtre?
Sans doute... (1)

MASCARILLE, *bas à Lélie*.

Doucement.

LÉLIE.

Hem! que veux-tu conter?

MASCARILLE, *à part*.

Ah! le double bourreau, qui me va tout gâter,
Et qui ne comprend rien, quelque signe qu'on donne!

LÉLIE.

Vous rêvez bien, Léandre, et me la baillez bonne.
Il n'est pas mon valet?

VARIANTE. * *Le trait est admirable! Et comment donc le vôtre?*

LÉANDRE.

Sans doute.

Dans les éditions de 1663, de 1673, et même de 1682, *sans doute...* fait, comme dans celle-ci, partie de la phrase de Lélie. Dans l'édition de 1734, et dans les suivantes, il en est détaché pour être mis dans la bouche de Léandre. On ne peut nier que cette dernière leçon ne soit préférable pour le sens, et celle que j'admets n'est peut-être qu'une faute de la première édition, répétée par celles qui sont venues après, jusqu'en 1734; mais mon respect pour le texte de Molière ne me permet pas de le corriger d'après une simple conjecture. Comme je donne les deux leçons, le lecteur pourra choisir lui-même.

LÉANDRE.

Pour quelque mal commis,
Hors de votre service il n'a pas été mis?
LÉLIE.
Je ne sais ce que c'est.
LÉANDRE.

Et plein de violence,
Vous n'avez pas chargé son dos avec outrance?
LÉLIE.
Point du tout. Moi, l'avoir chassé, roué de coups?
Vous vous moquez de moi, Léandre, ou lui de vous.
MASCARILLE, *à part.*
Pousse, pousse, bourreau; tu fais bien tes affaires.
LÉANDRE, *à Mascarille.*
Donc les coups de bâton ne sont qu'imaginaires!
MASCARILLE.
Il ne sait ce qu'il dit, sa mémoire...
LÉANDRE.

Non, non,
Tous ces signes pour toi ne disent rien de bon.
Oui, d'un tour délicat mon esprit te soupçonne,
Mais pour l'invention, va, je te le pardonne.
C'est bien assez pour moi qu'il m'a désabusé, (1)
De voir par quels motifs tu m'avois imposé,
Et que m'étant commis à ton zèle hypocrite,
A si bon compte encor je m'en sois trouvé quitte.
Ceci doit s'appeler *un avis au lecteur.*
Adieu, Lélie, adieu, très-humble serviteur.

VARIANTE. (1) *Qu'il m'ait désabusé.*

SCÈNE V.

LÉLIE, MASCARILLE.

MASCARILLE.

Courage, mon garçon, tout heur nous accompagne :
Mettons flamberge au vent et bravoure en campagne,
Faisons l'*Olibrius*, *l'occiseur d'innocens*.

LÉLIE.

Il t'avoit accusé de discours médisans
Contre...

MASCARILLE.

Et vous ne pouviez souffrir mon artifice,
Lui laisser son erreur, qui vous rendoit service,
Et par qui son amour s'en étoit presque allé ?
Non, il a l'esprit franc, et point dissimulé.
Enfin, chez son rival je m'ancre avec adresse,
Cette fourbe en mes mains va mettre sa maîtresse,
Il me la fait manquer avec de faux rapports ;
Je veux de son rival alentir les transports, (1)
Mon brave incontinent vient qui le désabuse ;
J'ai beau lui faire signe, et montrer que c'est ruse ;
Point d'affaire : il poursuit sa pointe jusqu'au bout,
Et n'est point satisfait qu'il n'ait découvert tout.
Grand et sublime effort d'une imaginative

VARIANTE. (1) *Il me la fait manquer; avec de faux rapports,*
Je veux de son rival alentir les transports, etc.

Cette variante ne diffère du texte que par un point et une virgule autrement placés ; mais cette différence dans la ponctuation en produit une dans le sens. L'éditeur de 1734, imité par Bret, a cru devoir placer le point et la virgule après, *il me la fait manquer,* parce que l'hémistiche suivant, *avec de faux rapports,* lui a paru se mieux rapporter à Mascarille qui, en effet, a noirci la réputation de Célie par des imputations mensongères ; mais il se rapporte fort bien aussi à Lélie qui a fait manquer le stratagème de Mascarille, avec sa fable du père qui réclame sa fille. Enfin l'édition originale porte la ponctuation que nous avons suivie.

Qui ne le cède point à personne qui vive!
C'est une rare pièce, et digne, sur ma foi,
Qu'on en fasse présent au cabinet d'un roi.

LÉLIE.

Je ne m'étonne pas si je romps tes attentes;
A moins d'être informé des choses que tu tentes,
J'en ferois encor cent de la sorte. (1)

MASCARILLE.

Tant pis.

LÉLIE.

Au moins pour t'emporter à de justes dépits,
Fais-moi dans tes desseins entrer de quelque chose;
Mais que de leurs ressorts la porte me soit close,
C'est ce qui fait toujours que je suis pris sans vert.

MASCARILLE.

Je crois que vous seriez un maître d'arme expert;
Vous savez à merveille, en toutes aventures,
Prendre les contre-temps et rompre les mesures. (1)

LÉLIE.

Puisque la chose est faite, il n'y faut plus penser.
Mon rival, en tout cas, ne peut me traverser,
Et pourvu que tes soins en qui je me repose...

MASCARILLE.

Laissons là ce discours, et parlons d'autre chose.
Je ne m'appaise pas, non, si facilement,
Je suis trop en colère. Il faut premièrement
Me rendre un bon office, et nous verrons ensuite
Si je dois de vos feux reprendre la conduite. (2)

LÉLIE.

S'il ne tient qu'à cela, je n'y résiste pas.

VARIANTES. (1) *Ah! voilà tout le mal!-c'est cela qui nous perd.*
Ma foi! mon cher patron, je vous le dis encore,
Vous ne serez jamais qu'une pauvre pécore.

(2) *Embrasser la conduite.*

ACTE III, SCÈNE V.

As-tu besoin, dis-moi, de mon sang, de mes bras?(1)

MASCARILLE.

De quelle vision sa cervelle est frappée!
Vous êtes de l'humeur de ces amis d'épée,
Que l'on trouve toujours plus prompts à dégaîner,
Qu'à tirer un teston, s'il falloit le donner.

LÉLIE.

Que puis-je donc pour toi?

MASCARILLE.

C'est que de votre père
Il faut absolument appaiser la colère.

LÉLIE.

Nous avons fait la paix.

MASCARILLE.

Oui; mais non pas pour nous.
Je l'ai fait ce matin mort pour l'amour de vous;
La vision le choque, et de pareilles feintes
Aux vieillards comme lui sont de dures atteintes,
Qui, sur l'état prochain de leur condition,
Leur font faire à regret triste réflexion.
Le bon homme, tout vieux, chérit fort la lumière,
Et ne veut point de jeu dessus cette matière;
Il craint le pronostic, et, contre moi fâché,
On m'a dit qu'en justice il m'avoit recherché.
J'ai peur, si le logis du roi fait ma demeure,
De m'y trouver si bien dès le premier quart-d'heure,
Que j'aye peine aussi d'en sortir par après.
Contre moi dès long-temps on a force décrets;
Car enfin la vertu n'est jamais sans envie,
Et dans ce maudit siècle est toujours poursuivie.
Allez donc le fléchir.

LÉLIE.

Oui, nous le fléchirons:

VARIANTE. — (1) *De mon bras.*

Mais aussi tu promets...

MASCARILLE.

Ah! mon dieu! nous verrons!
(*Lélie sort.*)
Ma foi, prenons haleine après tant de fatigues.
Cessons pour quelque temps le cours de nos intrigues,
Et de nous tourmenter de même qu'un lutin.
Léandre, pour nous nuire, est hors de garde enfin,
Et Célie arrêtée avecque l'artifice...

SCÈNE VI.

ERGASTE, MASCARILLE.

ERGASTE.

Je te cherchois partout pour te rendre un service,
Pour te donner avis d'un secret important.

MASCARILLE.

Quoi donc?

ERGASTE.

N'avons-nous point ici quelque écoutant?

MASCARILLE.

Non.

ERGASTE.

Nous sommes amis autant qu'on le peut être,
Je sais bien tes desseins [1] et l'amour de ton maître;
Songez à vous tantôt. Léandre fait parti
Pour enlever Célie; et j'en suis averti [2]
Qu'il a mis ordre à tout, et qu'il se persuade
D'entrer chez Trufaldin par une mascarade,
Ayant su qu'en ce temps, assez souvent le soir
Des femmes du quartier en masque l'alloient voir.

MASCARILLE.

Oui? Suffit; il n'est pas au comble de sa joie,

VARIANTES. (1) *Je sais tous tes desseins.* — (2) *Et je suis averti.*

Je pourrai bien tantôt lui souffler cette proie ;
Et contre cet assaut je sais un coup fourré,
Par qui je veux qu'il soit de lui-même enferré.
Il ne sait pas les dons dont mon âme est pourvue.
Adieu, nous boirons pinte à la première vue.

SCÈNE VII.

MASCARILLE, *seul*.

Il faut, il faut tirer à nous ce que d'heureux
Pourroit avoir en soi ce projet amoureux,
Et, par une surprise adroite et non commune,
Sans courir le danger, en tenter la fortune.
Si je vais me masquer pour devancer ses pas,
Léandre assurément ne nous bravera pas,
Et là, premier que lui, si nous faisons la prise,
Il aura fait pour nous les frais de l'entreprise ;
Puisque, par son dessein déja presque éventé,
Le soupçon tombera toujours de son côté,
Et que nous, à couvert de toutes ses poursuites,
De ce coup hasardeux ne craindrons point de suites.
C'est ne se point commettre à faire de l'éclat,
Et tirer les marrons de la patte du chat.
Allons donc nous masquer avec quelques bons frères ;
Pour prévenir nos gens, il ne faut tarder guères.
Je sais où gît le lièvre, et me puis, sans travail,
Fournir en un moment d'hommes et d'attirail.
Croyez que je mets bien mon adresse en usage :
Si j'ai reçu du ciel les fourbes en partage, (1)
Je ne suis point au rang de ces esprits mal nés,
Qui cachent les talens que Dieu leur a donnés.

VARIANTE. (1) *Des fourbes en partage*.

SCÈNE VIII.

LÉLIE, ERGASTE.

LÉLIE.

Il prétend l'enlever avec sa mascarade?

ERGASTE.

Il n'est rien plus certain. Quelqu'un de sa brigade
M'ayant de ce dessein instruit, sans m'arrêter,
A Mascarille lors [1] j'ai couru tout conter,
Qui s'en va, m'a-t-il dit, rompre cette partie
Par une invention dessus le champ bâtie;
Et, comme je vous ai rencontré par hasard,
J'ai cru que je devois de tout vous faire part.

LÉLIE.

Tu m'obliges par trop avec cette nouvelle:
Va, je reconnoîtrai ce service fidèle.

SCÈNE IX.

LÉLIE, *seul*.

Mon drôle assurément leur jouera quelque trait;
Mais je veux de ma part seconder son projet.
Il ne sera pas dit qu'en un fait qui me touche,
Je ne me sois non plus remué qu'une souche.
Voici l'heure, ils seront surpris à mon aspect.
Foin! Que n'ai-je avec moi pris mon porte-respect?
Mais vienne qui voudra contre notre personne,
J'ai deux bons pistolets, et mon épée est bonne.
Hola! Quelqu'un, un mot.

VARIANTE. (1) *A Mascarille alors.*

SCÈNE X.

TRUFALDIN, *à sa fenêtre*, LÉLIE.

TRUFALDIN.
Qu'est-ce? Qui me vient voir?
LÉLIE.
Fermez soigneusement votre porte ce soir.
TRUFALDIN.
Pourquoi?
LÉLIE.
Certaines gens font une mascarade
Pour vous venir donner une fâcheuse aubade;
Ils veulent enlever votre Célie.
TRUFALDIN.
O dieux!
LÉLIE.
Et sans doute bientôt ils viennent en ces lieux. [1]
Demeurez; vous pourrez voir tout de la fenêtre.
Hé bien! qu'avois-je dit? Les voyez-vous paroître?
Chut, je veux à vos yeux leur en faire l'affront.
Nous allons voir beau jeu, si la corde ne rompt.

SCÈNE XI.

LÉLIE, TRUFALDIN, MASCARILLE,
et sa suite, masqués.

TRUFALDIN.
Oh! les plaisans robins, qui pensent me surprendre!
LÉLIE.
Masques, où courez-vous? Le pourroit-on apprendre?

VARIANTE. (1) *Ils viendront en ces lieux.*

Trufaldin, ouvrez-leur pour jouer un momon.
(*à Mascarille, déguisé en femme.*)
Bon dieu! qu'elle est jolie, et qu'elle a l'air mignon!
Eh quoi! vous murmurez? Mais, sans vous faire outrage,
Peut-on lever le masque, et voir votre visage?

TRUFALDIN.

Allez, fourbes méchans [1]; retirez-vous d'ici,
Canaille. Et vous, seigneur, bon soir et grand merci.

SCÈNE XII.

LÉLIE, MASCARILLE.

LÉLIE, *après avoir démasqué Mascarille.*
Mascarille, est-ce toi?

MASCARILLE.

    Nenni-dà, c'est quelque autre.

LÉLIE.

Hélas! quelle surprise! et quel sort est le nôtre!
L'aurois-je deviné, n'étant point averti
Des secrètes raisons qui l'avoient travesti? [2]
Malheureux que je suis, d'avoir dessous ce masque
Été, sans y penser, te faire cette frasque!
Il me prendroit envie, en ce juste courroux, [3]
De me battre moi-même, et me donner cent coups.

MASCARILLE.

Adieu, sublime esprit, rare imaginative.

LÉLIE.

Las! si de ton secours ta colère me prive,
A quel saint me vouerai-je?

MASCARILLE.

    Au grand diable d'enfer.

VARIANTES. (1) *Allez, fourbes, méchans.* — (2) *Qui t'avoient travesti.*
— (3) *En mon juste courroux.*

LÉLIE.

Ah! si ton cœur pour moi n'est de bronze ou de fer,
Qu'encore un coup du moins mon imprudence ait grace!
S'il faut pour l'obtenir que tes genoux j'embrasse,
Vois-moi...

MASCARILLE.

Tarare! Allons, camarades, allons;
J'entends venir des gens qui sont sur nos talons.

SCÈNE XIII.

LÉANDRE, *et sa suite, masqués;* TRUFALDIN,
à sa fenêtre.

LÉANDRE.

Sans bruit; ne faisons rien que de la bonne sorte.

TRUFALDIN.

Quoi! masques toute nuit assiégeront ma porte!
Méssieurs, ne gagnez point de rhumes à plaisir;
Tout cerveau qui le fait, est certes de loisir.
Il est un peu trop tard pour enlever Célie;
Dispensez-l'en ce soir, elle vous en supplie;
La belle est dans le lit, et ne peut vous parler;
J'en suis fâché pour vous. Mais pour vous régaler
Du souci qui, pour elle, ici vous inquiète,
Elle vous fait présent de cette cassolette.

LÉANDRE.

Fi! cela sent mauvais, et je suis tout gâté.
Nous sommes découverts; tirons de ce côté.

FIN DU TROISIÈME ACTE.

ACTE IV.

SCÈNE PREMIÈRE.

LÉLIE, *déguisé en Arménien*, MASCARILLE.

MASCARILLE.
Vous voilà fagoté d'une plaisante sorte!
LÉLIE.
Tu ranimes par-là mon espérance morte.
MASCARILLE.
Toujours de ma colère on me voit revenir;
J'ai beau jurer, pester, je ne m'en puis tenir.
LÉLIE.
Aussi crois, si jamais je suis dans la puissance,
Que tu seras content de ma reconnoissance,
Et que, quand je n'aurois qu'un seul morceau de pain...
MASCARILLE.
Baste; songez à vous dans ce nouveau dessein.
Au moins, si l'on vous voit commettre une sottise,
Vous n'imputerez plus l'erreur à la surprise;
Votre rôle en ce jeu par cœur doit être su.
LÉLIE.
Mais comment Trufaldin chez lui t'a-t-il reçu?
MASCARILLE.
D'un zèle simulé j'ai bridé le bon sire;
Avec empressement je suis venu lui dire,
S'il ne songeoit à lui, que l'on le surprendroit;
Que l'on couchoit en joue, et de plus d'un endroit,

Celle dont il a vu qu'une lettre en avance
Avoit si faussement divulgué la naissance ;
Qu'on avoit bien voulu m'y mêler quelque peu ;
Mais que j'avois tiré mon épingle du jeu,
Et que, touché d'ardeur pour ce qui le regarde,
Je venois l'avertir de se donner de garde.
De là, moralisant, j'ai fait de grands discours
Sur les fourbes qu'on voit ici-bas tous les jours ;
Que, pour moi, las du monde et de sa vie infâme,
Je voulois travailler au salut de mon ame,
A m'éloigner du trouble, et pouvoir longuement
Près de quelque honnête homme être paisiblement ;
Que, s'il le trouvoit bon, je n'aurois d'autre envie
Que de passer chez lui le reste de ma vie ;
Et que même à tel point il m'avoit su ravir,
Que, sans lui demander gages pour le servir,
Je mettrois en ses mains, que je tenois certaines,
Quelque bien de mon père, et le fruit de mes peines,
Dont, avenant que Dieu de ce monde m'ôtât,
J'entendois tout de bon que lui seul héritât.
C'étoit le vrai moyen d'acquérir sa tendresse.
Et comme, pour résoudre avec votre maîtresse
Des biais qu'on doit prendre à terminer vos vœux,
Je voulois en secret vous aboucher tous deux,
Lui-même a su m'ouvrir une voie assez belle
De pouvoir hautement vous loger avec elle.
Venant m'entretenir d'un fils privé du jour,
Dont cette nuit en songe il a vu le retour :
A ce propos, voici l'histoire qu'il m'a dite,
Et sur qui j'ai tantôt (1) notre fourbe construite.

LÉLIE.

C'est assez, je sais tout : tu me l'as dit deux fois.

VARIANTE. (1) *Et sur quoi j'ai tantôt.*

MASCARILLE.

Oui, oui; mais quand j'aurois passé jusques à trois,
Peut-être encor qu'avec toute sa suffisance,
Votre esprit manquera dans quelque circonstance.

LÉLIE.

Mais à tant différer je me fais de l'effort.

MASCARILLE.

Ah! de peur de tomber, ne courons pas si fort!
Voyez-vous? vous avez la caboche un peu dure.
Rendez-vous affermi dessus cette aventure.
Autrefois Trufaldin de Naples est sorti,
Et s'appeloit alors Zanobio Ruberti.
Un parti qui causa quelque émeute civile,
Dont il fut seulement soupçonné dans sa ville
(De fait il n'est pas homme à troubler un état),
L'obligea d'en sortir une nuit sans éclat.
Une fille fort jeune, et sa femme laissées,
A quelque temps de là se trouvant trépassées,
Il en eut la nouvelle; et, dans ce grand ennui,
Voulant dans quelque ville emmener avec lui,
Outre ses biens, l'espoir qui restoit de sa race,
Un sien fils, écolier, qui se nommoit Horace,
Il écrit à Bologne, où, pour mieux être instruit,
Un certain maître Albert, jeune l'avoit conduit;
Mais pour se joindre tous, le rendez-vous qu'il donne
Durant deux ans entiers ne lui fit voir personne:
Si bien que, les jugeant morts après ce temps-là,
Il vint en cette ville, et prit le nom qu'il a,
Sans que de cet Albert, ni de ce fils Horace
Douze ans aient découvert jamais la moindre trace.
Voilà l'histoire en gros, redite seulement
Afin de vous servir ici de fondement.
Maintenant vous serez un marchand d'Arménie,
Qui les aurez vus sains l'un et l'autre en Turquie.

ACTE IV, SCÈNE I.

Si j'ai, plutôt qu'aucun, un tel moyen trouvé,
Pour les ressusciter sur ce qu'il a rêvé,
C'est qu'en fait d'aventure, il est très-ordinaire
De voir gens pris sur mer par quelque Turc corsaire,
Puis être à leur famille à point nommé rendus,
Après quinze ou vingt ans qu'on les a crus perdus.
Pour moi, j'ai vu déja cent contes de la sorte.
Sans nous alambiquer, servons-nous-en; qu'importe?
Vous leur aurez ouï leur disgrace conter,
Et leur aurez fourni de quoi se racheter;
Mais que, parti plutôt pour chose nécessaire,
Horace vous chargea de voir ici son père,
Dont il a su le sort, et chez qui vous devez
Attendre quelques jours qu'ils seroient arrivés. (1)
Je vous ai fait tantôt des leçons étendues.

LÉLIE.

Ces répétitions ne sont que superflues;
Dès l'abord mon esprit a compris tout le fait.

MASCARILLE.

Je m'en vais là-dedans donner le premier trait.

LÉLIE.

Écoute, Mascarille; un seul point me chagrine.
S'il alloit de son fils me demander la mine?

MASCARILLE.

Belle difficulté! Devez-vous pas savoir
Qu'il étoit fort petit alors qu'il l'a pu voir?
Et puis, outre cela, le temps et l'esclavage
Pourroient-ils pas avoir changé tout son visage?

LÉLIE.

Il est vrai. Mais, dis-moi, s'il connoît qu'il m'a vu,
Que faire?

MASCARILLE.

De mémoire êtes-vous dépourvu?

VARIANTE. (1) *Qu'ils y soient arrivés.*

Nous avons dit tantôt qu'outre que votre image
N'avoit dans son esprit pu faire qu'un passage,
Pour ne vous avoir vu que durant un moment,
Et le poil et l'habit déguisoient grandement.

LÉLIE.

Fort bien. Mais, à propos, cet endroit de Turquie?...

MASCARILLE.

Tout, vous dis-je, est égal, Turquie ou Barbarie.

LÉLIE.

Mais le nom de la ville où j'aurai pu les voir?

MASCARILLE.

Tunis. Il me tiendra, je crois, jusques au soir.
La répétition, dit-il, est inutile,
Et j'ai déja nommé douze fois cette ville.

LÉLIE.

Va, va-t'en commencer; il ne me faut plus rien.

MASCARILLE.

Au moins soyez prudent, et vous conduisez bien:
Ne donnez point ici de l'imaginative.

LÉLIE.

Laisse-moi gouverner. Que ton ame est craintive!

MASCARILLE.

Horace dans Bologne écolier, Trufaldin
Zanobio Ruberti dans Naples citadin,
Le précepteur Albert...

LÉLIE.

Ah! c'est me faire honte
Que de me tant prêcher! Suis-je un sot, à ton compte?

MASCARILLE.

Non, pas du tout; mais bien quelque chose approchant.

SCÈNE II.

LÉLIE, *seul.*

Quand il m'est inutile, il fait le chien couchant;
Mais, parce qu'il sent bien le secours qu'il me donne,
Sa familiarité jusque-là s'abandonne.
Je vais être de près éclairé des beaux yeux
Dont la force m'impose un joug si précieux;
Je m'en vais sans obstacle, avec des traits de flamme,
Peindre à cette beauté les tourmens de mon ame;
Je saurai quel arrêt je dois... Mais les voici.

SCÈNE III.

TRUFALDIN, LÉLIE, MASCARILLE.

TRUFALDIN.
Sois béni, juste ciel, de mon sort adouci!
MASCARILLE.
C'est à vous de rêver et de faire des songes,
Puisqu'en vous il est faux que songes sont mensonges.
TRUFALDIN, *à Lélie.*
Quelle grace, quels biens vous rendrai-je, seigneur,
Vous, que je dois nommer l'ange de mon bonheur?
LÉLIE.
Ce sont soins superflus, et je vous en dispense.
TRUFALDIN, *à Mascarille.*
J'ai, je ne sais pas où, vu quelque ressemblance
De cet Arménien.
MASCARILLE.
C'est ce que je disois;
Mais on voit des rapports admirables parfois.

TRUFALDIN.
Vous avez vu ce fils où mon espoir se fonde?
LÉLIE.
Oui, seigneur Trufaldin, le plus gaillard du monde.
TRUFALDIN.
Il vous a dit sa vie, et parlé fort de moi?
LÉLIE.
Plus de dix mille fois.
MASCARILLE.
          Quelque peu moins, je croi.
LÉLIE.
Il vous a dépeint tel que je vous vois paroître,
Le visage, le port...
TRUFALDIN.
          Cela pourroit-il être,
Si, lorsqu'il m'a pu voir, il n'avoit que sept ans,
Et si son précepteur même, depuis ce temps,
Auroit peine à pouvoir connoître mon visage?
MASCARILLE.
Le sang, bien autrement, conserve cette image;
Par des traits si profonds ce portrait est tracé,
Que mon père...
TRUFALDIN.
          Suffit. Où l'avez-vous laissé?
LÉLIE.
En Turquie, à Turin.
TRUFALDIN.
          Turin? Mais cette ville
Est, je pense, en Piémont.
MASCARILLE, *à part.*
          O cerveau mal habile!
(*à Trufaldin.*)
Vous ne l'entendez pas, il veut dire Tunis;
Et c'est en effet là qu'il laissa votre fils;

ACTE IV, SCÈNE III.

Mais les Arméniens ont tous une habitude, (1)
Certain vice de langue à nous autres fort rude ;
C'est que dans tous les mots ils changent *nis* en *rin*,
Et pour dire Tunis, ils prononcent Turin.

TRUFALDIN.

Il falloit, pour l'entendre, avoir cette lumière.
Quel moyen vous dit-il de rencontrer son père ?

MASCARILLE.

(*à part.*)   (*à Trufaldin, après s'être escrimé.*)
Voyez s'il répondra ! Je repassois un peu
Quelque leçon d'escrime ; autrefois en ce jeu
Il n'étoit point d'adresse à mon adresse égale,
Et j'ai battu le fer en mainte et mainte salle.

TRUFALDIN, *à Mascarille.*

Ce n'est pas maintenant ce que je veux savoir.
(*à Lélie.*)
Quel autre nom dit-il que je devois avoir ?

MASCARILLE.

Ah ! seigneur Zanobio Ruberti, quelle joie
Est celle maintenant que le ciel vous envoie !

LÉLIE.

C'est là votre vrai nom, et l'autre est emprunté.

TRUFALDIN.

Mais où vous a-t-il dit qu'il reçut la clarté ?

MASCARILLE.

Naples est un séjour qui paroît agréable ;
Mais pour vous ce doit être un lieu fort haïssable.

TRUFALDIN.

Ne peux-tu, sans parler, souffrir notre discours ?

LÉLIE.

Dans Naples son destin a commencé son cours.

TRUFALDIN.

Où l'envoyai-je jeune, et sous quelle conduite ?

VARIANTE. (1) *Ont tous, par habitude.*

MASCARILLE.

Ce pauvre maître Albert a beaucoup de mérite
D'avoir depuis Bologne accompagné ce fils,
Qu'à sa discrétion vos soins avoient commis.

TRUFALDIN.

Ah!

MASCARILLE, *à part.*

Nous sommes perdus si cet entretien dure.

TRUFALDIN.

Je voudrois bien savoir de vous leur aventure,
Sur quel vaisseau le sort qui m'a su travailler...

MASCARILLE.

Je ne sais ce que c'est, je ne fais que bâiller.
Mais, seigneur Trufaldin, songez-vous que peut-être
Ce monsieur l'étranger a besoin de repaître,
Et qu'il est tard aussi?

LÉLIE.

Pour moi, point de repas.

MASCARILLE.

Ah! vous avez plus faim que vous ne pensez pas.

TRUFALDIN.

Entrez donc.

LÉLIE.

Après vous.

MASCARILLE, *à Trufaldin.*

Monsieur, en Arménie,
Les maîtres du logis sont sans cérémonie.
(*à Lélie, après que Trufaldin est entré dans sa maison.*)
Pauvre esprit! Pas deux mots!

LÉLIE.

D'abord il m'a surpris:
Mais n'appréhende plus, je reprends mes esprits,
Et m'en vais débiter avecque hardiesse...

MASCARILLE.

Voici notre rival, qui ne sait pas la pièce.
(*Ils entrent dans la maison de Trufaldin.*)

SCÈNE IV.

ANSELME, LÉANDRE.

ANSELME.

Arrêtez-vous, Léandre, et souffrez un discours
Qui cherche le repos et l'honneur de vos jours.
Je ne vous parle point en père de ma fille,
En homme intéressé pour ma propre famille,
Mais comme votre père ému pour votre bien,
Sans vouloir vous flatter et vous déguiser rien;
Bref, comme je voudrois, d'une ame franche et pure,
Que l'on fît à mon sang en pareille aventure.
Savez-vous de quel œil chacun voit cet amour
Qui dedans une nuit vient d'éclater au jour?
A combien de discours et de traits de risée
Votre entreprise d'hier est partout exposée?
Quel jugement on fait du choix capricieux
Qui pour femme, dit-on, vous désigne en ces lieux
Un rebut de l'Égypte, une fille coureuse,
De qui le noble emploi n'est qu'un métier de gueuse?
J'en ai rougi pour vous encor plus que pour moi
Qui me trouve compris dans l'éclat que je voi :
Moi, dis-je, dont la fille, à vos ardeurs promise,
Ne peut, sans quelque affront, souffrir qu'on la méprise.
Ah! Léandre, sortez de cet abaissement;
Ouvrez un peu les yeux sur votre aveuglement.
Si notre esprit n'est pas sage à toutes les heures,
Les plus courtes erreurs sont toujours les meilleures.
Quand on ne prend en dot que la seule beauté,
Le remords est bien près de la solennité,
Et la plus belle femme a très-peu de défense
Contre cette tiédeur qui suit la jouissance.

Je vous le dis encor, ces bouillans mouvemens,
Ces ardeurs de jeunesse et ces emportemens
Nous font trouver d'abord quelques nuits agréables;
Mais ces félicités ne sont guères durables,
Et, notre passion alentissant son cours,
Après ces bonnes nuits, donnent de mauvais jours :
De là viennent les soins, les soucis, les misères,
Les fils déshérités par le courroux des pères.

LÉANDRE.

Dans tout votre discours je n'ai rien écouté
Que mon esprit déja ne m'ait représenté.
Je sais combien je dois à cet honneur insigne
Que vous me voulez faire, et dont je suis indigne;
Et vois, malgré l'effort dont je suis combattu,
Ce que vaut votre fille et quelle est sa vertu :
Aussi veux-je tâcher...

ANSELME.

On ouvre cette porte :
Retirons-nous plus loin, de crainte qu'il n'en sorte
Quelque secret poison dont vous seriez surpris.

SCENE V.

LÉLIE, MASCARILLE.

MASCARILLE.

Bientôt de notre fourbe on verra le débris,
Si vous continuez des sottises si grandes.

LÉLIE.

Dois-je éternellement ouïr tes réprimandes?
De quoi te peux-tu plaindre? Ai-je pas réussi
En tout ce que j'ai dit depuis?

MASCARILLE.

Couci, couci.
Témoin les Turcs par vous appelés hérétiques,

ACTE IV, SCÈNE V.

Et que vous assurez, par sermens authentiques,
Adorer pour leurs dieux la lune et le soleil.
Passe. Ce qui me donne un dépit non pareil,
C'est qu'ici votre amour étrangement s'oublie;
Près de Célie, il est ainsi que la bouillie,
Qui par un trop grand feu s'enfle, croît jusqu'aux bords,
Et de tous les côtés se répand au dehors.

LÉLIE.

Pourroit-on se forcer à plus de retenue?
Je ne l'ai presque point encore entretenue.

MASCARILLE.

Oui; mais ce n'est pas tout que de ne parler pas;
Par vos gestes, durant un moment de repas,
Vous avez aux soupçons donné plus de matière,
Que d'autres ne feroient dans une année entière.

LÉLIE.

Et comment donc?

MASCARILLE.

Comment? Chacun a pu le voir.
A table, où Trufaldin l'oblige de se seoir,
Vous n'avez toujours fait qu'avoir les yeux sur elle.
Rouge, tout interdit, jouant de la prunelle,
Sans prendre jamais garde à ce qu'on vous servoit;
Vous n'aviez point de soif qu'alors qu'elle buvoit;
Et dans ses propres mains vous saisissant du verre,
Sans le vouloir rincer, sans rien jeter à terre,
Vous buviez sur son reste, et montriez d'affecter
Le côté qu'à sa bouche elle avoit su porter;
Sur les morceaux touchés de sa main délicate,
Ou mordus de ses dents, vous étendiez la patte
Plus brusquement qu'un chat dessus une souris,
Et les avaliez tout ainsi que des pois gris. (1)
Puis, outre tout cela, vous faisiez sous la table

VARIANTE. (1) *Et les avaliez tous ainsi que des pois gris.*

Un bruit, un triquetrac de pieds insupportable,
Dont Trufaldin, heurté de deux coups trop pressans,
A puni par deux fois deux chiens très-innocens,
Qui, s'ils eussent osé, vous eussent fait querelle.
Et puis après cela votre conduite est belle?
Pour moi, j'en ai souffert la gêne sur mon corps.
Malgré le froid, je sue encor de mes efforts.
Attaché dessus vous comme un joueur de boule
Après le mouvement de la sienne qui roule,
Je pensois retenir toutes vos actions,
En faisant de mon corps mille contorsions.

LÉLIE.

Mon dieu! qu'il t'est aisé de condamner des choses
Dont tu ne ressens point les agréables causes!
Je veux bien néanmoins, pour te plaire une fois,
Faire force à l'amour qui m'impose des lois.
Désormais...

SCÈNE VI.

TRUFALDIN, LÉLIE, MASCARILLE.

MASCARILLE.

Nous parlions des fortunes d'Horace.

TRUFALDIN.

(*à Lélie.*)

C'est bien fait. Cependant me ferez-vous la grace
Que je puisse lui dire un seul mot en secret?

LÉLIE.

Il faudroit autrement être fort indiscret.

(*Lélie entre dans la maison de Trufaldin.*)

SCÈNE VII.

TRUFALDIN, MASCARILLE.

TRUFALDIN.
Écoute : sais-tu bien ce que je viens de faire?
MASCARILLE.
Non; mais, si vous voulez, je ne tarderai guère,
Sans doute, à le savoir.
TRUFALDIN.
D'un chêne grand et fort,
Dont près de deux cents ans ont fait déja le sort,
Je viens de détacher une branche admirable,
Choisie expressément de grosseur raisonnable,
Dont j'ai fait sur-le-champ, avec beaucoup d'ardeur,
(*Il montre son bras.*)
Un bâton à peu près... oui, de cette grandeur,
Moins gros par l'un des bouts, mais, plus que trente gaules,
Propre, comme je pense, à rosser les épaules;
Car il est bien en main, verd, noueux et massif.
MASCARILLE.
Mais pour qui, je vous prie, un tel préparatif?
TRUFALDIN.
Pour toi premièrement; puis pour ce bon apôtre
Qui veut m'en donner d'une, et m'en jouer d'une autre,
Pour cet Arménien, ce marchand déguisé,
Introduit sous l'appât d'un conte supposé.
MASCARILLE.
Quoi! vous ne croyez pas?...
TRUFALDIN.
Ne cherche point d'excuse:
Lui-même heureusement a découvert sa ruse;
Et disant à Célie ⁽¹⁾, en lui serrant la main,

VARIANTE. (1) *En disant à Célie.*

Que pour elle il venoit sous ce prétexte vain,
Il n'a pas aperçu Jeannette, ma fillole,
Laquelle a tout ouï, parole pour parole;
Et je ne doute point, quoiqu'il n'en ait rien dit,
Que tu ne sois de tout le complice maudit.

MASCARILLE.

Ah! vous me faites tort. S'il faut qu'on vous affronte,
Croyez qu'il m'a trompé le premier à ce conte.

TRUFALDIN.

Veux-tu me faire voir que tu dis vérité?
Qu'à le chasser mon bras soit du tien assisté;
Donnons-en à ce fourbe et du long et du large,
Et de tout crime après mon esprit te décharge.

MASCARILLE.

Oui-dà, très-volontiers, je l'éspousterai bien,
Et par-là vous verrez que je n'y trempe en rien.
    (*à part.*)
Ah! vous serez rossé, monsieur de l'Arménie,
Qui toujours gâtez tout!

SCÈNE VIII.

LÉLIE, TRUFALDIN, MASCARILLE.

TRUFALDIN, *à Lélie, après avoir heurté à sa porte.*
            Un mot, je vous supplie.
Donc, monsieur l'imposteur, vous osez aujourd'hui
Duper un honnête homme et vous jouer de lui?

MASCARILLE.

Feindre avoir vu son fils en une autre contrée,
Pour vous donner chez lui plus aisément entrée! [1]
    TRUFALDIN *bat Lélie.*
Vuidons, vuidons sur l'heure.

VARIANTE. (1) *Plus librement entrée.*

LÉLIE, *à Mascarille qui le bat aussi.*
Ah! coquin!
MASCARILLE.
C'est ainsi
Que les fourbes...
LÉLIE.
Bourreau!
MASCARILLE.
Sont ajustés ici.
Gardez-moi bien cela.
LÉLIE.
Quoi donc! je serois homme...
MASCARILLE, *le battant toujours en le chassant.*
Tirez, tirez, vous dis-je, ou bien je vous assomme.
TRUFALDIN.
Voilà qui me plaît fort; rentre, je suis content.
(*Mascarille suit Trufaldin qui rentre dans sa maison.*)
LÉLIE, *revenant.*
A moi, par un valet, cet affront éclatant!
L'auroit-on pu prévoir l'action de ce traître,
Qui vient insolemment de maltraiter son maître?
MASCARILLE, *à la fenêtre de Trufaldin.*
Peut-on vous demander comme va votre dos? [1]
LÉLIE.
Quoi! tu m'oses encor tenir un tel propos!
MASCARILLE.
Voilà, voilà que c'est de ne voir pas Jeannette,
Et d'avoir en tout temps une langue indiscrette.
Mais, pour cette fois-ci, je n'ai point de courroux,
Je cesse d'éclater, de pester contre vous;
Quoique de l'action l'imprudence soit haute,
Ma main sur votre échine a lavé votre faute.
LÉLIE.
Ah! je me vengerai de ce trait déloyal!

VARIANTE. (1) *Comment va votre dos.*

MASCARILLE.

Vous vous êtes causé vous-même tout le mal.

LÉLIE.

Moi?

MASCARILLE.

Si vous n'étiez pas une cervelle folle,
Quand vous avez parlé naguère à votre idole,
Vous auriez aperçu Jeannette sur vos pas,
Dont l'oreille subtile a découvert le cas.

LÉLIE.

On auroit pu surprendre un mot dit à Célie?

MASCARILLE.

Et d'où doncques viendroit cette prompte sortie?
Oui, vous n'êtes dehors que par votre caquet.
Je ne sais si souvent vous jouez au piquet :
Mais au moins faites-vous des écarts admirables.

LÉLIE.

O le plus malheureux de tous les misérables!
Mais encore, pourquoi me voir chassé par toi?

MASCARILLE.

Je ne fis jamais mieux que d'en prendre l'emploi;
Par-là, j'empêche au moins que de cet artifice
Je ne sois soupçonné d'être auteur ou complice.

LÉLIE.

Tu devois donc, pour toi, frapper plus doucement.

MASCARILLE.

Quelque sot. Trufaldin lorgnoit exactement :
Et puis, je vous dirai, sous ce prétexte utile
Je n'étois point fâché d'évaporer ma bile.
Enfin, la chose est faite; et, si j'ai votre foi
Qu'on ne vous verra point vouloir venger sur moi,
Soit ou directement, ou par quelque autre voie,
Les coups sur votre rable assenés avec joie,
Je vous promets, aidé par le poste où je suis,

De contenter vos vœux avant qu'il soit deux nuits.
LÉLIE.
Quoique ton traitement ait eu trop de rudesse,
Qu'est-ce que dessus moi ne peut cette promesse?
MASCARILLE.
Vous le promettez donc?
LÉLIE.
Oui, je te le promets.
MASCARILLE.
Ce n'est pas encor tout. Promettez que jamais
Vous ne vous mêlerez dans quoi que j'entreprenne.
LÉLIE.
Soit.
MASCARILLE.
Si vous y manquez, votre fièvre quartaine!
LÉLIE.
Mais tiens-moi donc parole, et songe à mon repos.
MASCARILLE.
Allez quitter l'habit, et graisser votre dos.
LÉLIE, *seul*.
Faut-il que le malheur qui me suit à la trace,
Me fasse voir toujours disgrace sur disgrace!
MASCARILLE, *sortant de chez Trufaldin*.
Quoi! vous n'êtes pas loin! Sortez vîte d'ici;
Mais, surtout, gardez-vous de prendre aucun souci:
Puisque je fais pour vous [1], que cela vous suffise;
N'aidez point mon projet de la moindre entreprise;
Demeurez en repos.
LÉLIE, *en sortant*.
Oui, va, je m'y tiendrai.
MASCARILLE, *seul*.
Il faut voir maintenant quel biais je prendrai.

VARIANTE. (1) *Puisque je suis pour vous.*

SCÈNE IX.

ERGASTE, MASCARILLE.

ERGASTE.

Mascarille, je viens te dire une nouvelle
Qui donne à tes desseins une atteinte cruelle.
A l'heure que je parle, un jeune Égyptien,
Qui n'est pas noir pourtant et sent assez son bien,
Arrive, accompagné d'une vieille fort hâve,
Et vient chez Trufaldin racheter cette esclave
Que vous vouliez; pour elle il paroît fort zélé.

MASCARILLE.

Sans doute c'est l'amant dont Célie a parlé.
Fut-il jamais destin plus brouillé que le nôtre!
Sortant d'un embarras, nous entrons dans un autre.
En vain nous apprenons que Léandre est au point
De quitter la partie, et ne nous troubler point;
Que son père, arrivé contre toute espérance,
Du côté d'Hippolyte emporte la balance,
Qu'il a tout fait changer par son autorité,
Et va dès aujourd'hui conclure le traité;
Lorsqu'un rival s'éloigne, un autre plus funeste
S'en vient nous enlever tout l'espoir qui nous reste!
Toutefois, par un trait merveilleux de mon art,
Je crois que je pourrai retarder leur départ,
Et me donner le temps qui sera nécessaire
Pour tâcher de finir cette fameuse affaire.
Il s'est fait un grand vol; par qui? l'on n'en sait rien:
Eux autres rarement passent pour gens de bien;
Je veux adroitement, sur un soupçon frivole,
Faire pour quelques jours emprisonner ce drôle. [1]

VARIANTE. (1) *Emprisonner le drôle.*

Je sais des officiers de justice, altérés,
Qui sont pour de tels coups de vrais délibérés ;
Dessus l'avide espoir de quelque paraguante,
Il n'est rien que leur art aveuglément ne tente ;
Et du plus innocent, toujours à leur profit
La bourse est criminelle, et paye son délit.

FIN DU QUATRIÈME ACTE.

ACTE V.

SCÈNE PREMIÈRE.

MASCARILLE, ERGASTE.

MASCARILLE.

Ah! chien! ah! double chien! mâtine de cervelle!
Ta persécution sera-t-elle éternelle?
ERGASTE.
Par les soins vigilans de l'exempt Balafré,
Ton affaire alloit bien, le drôle étoit coffré,
Si ton maître au moment ne fût venu lui-même,
En vrai désespéré, rompre ton stratagême :
Je ne saurois souffrir, a-t-il dit hautement,
Qu'un honnête homme soit traîné honteusement;
J'en réponds sur sa mine, et je le cautionne.
Et, comme on résistoit à lâcher sa personne,
D'abord il a chargé si bien sur les recors,
Qui sont gens d'ordinaire à craindre pour leur corps,
Qu'à l'heure que je parle ils sont encore en fuite,
Et pensent tous avoir un Lélie à leur suite.
MASCARILLE.
Le traître ne sait pas que cet Égyptien
Est déja là-dedans pour lui ravir son bien.
ERGASTE.
Adieu. Certaine affaire à te quitter m'oblige.

SCÈNE II.

MASCARILLE, *seul*.

Oui, je suis stupéfait de ce dernier prodige.
On diroit, et pour moi j'en suis persuadé,
Que ce démon brouillon dont il est possédé,
Se plaise à me braver, et me l'aille conduire
Partout où sa présence est capable de nuire.
Pourtant je veux poursuivre, et, malgré tous ces coups,
Voir qui l'emportera de ce diable ou de nous.
Célie est quelque peu de notre intelligence,
Et ne voit son départ qu'avecque répugnance.
Je tâche à profiter de cette occasion.
Mais ils viennent; songeons à l'exécution.
Cette maison meublée est en ma bienséance,
Je puis en disposer avec grande licence :
Si le sort nous en dit, tout sera bien réglé,
Nul que moi ne s'y tient, et j'en garde la clé.
O dieu! qu'en peu de temps on a vu d'aventures,
Et qu'un fourbe est contraint de prendre de figures!

SCÈNE III.

CÉLIE, ANDRÈS.

ANDRÈS.

Vous le savez, Célie, il n'est rien que mon cœur
N'ait fait pour vous prouver l'excès de son ardeur.
Chez les Vénitiens, dès un assez jeune âge,
La guerre en quelque estime avoit mis mon courage,
Et j'y pouvois un jour, sans trop croire de moi,
Prétendre, en les servant, un honorable emploi;
Lorsqu'on me vit pour vous oublier toute chose,

Et que le prompt effet d'une métamorphose,
Qui suivit de mon cœur le soudain changement,
Parmi vos compagnons sut ranger votre amant,
Sans que mille accidens, ni votre indifférence,
Aient pu me détacher de ma persévérance.
Depuis, par un hasard, d'avec vous séparé
Pour beaucoup plus de temps que je n'eusse auguré,
Je n'ai, pour vous rejoindre, épargné temps ni peine;
Enfin, ayant trouvé la vieille Égyptienne,
Et plein d'impatience apprenant votre sort,
Que pour certain argent qui leur importoit fort,
Et qui de tous vos gens détourna le naufrage,
Vous aviez en ces lieux été mise en ôtage,
J'accours vîte y briser ces chaînes d'intérêt,
Et recevoir de vous les ordres qu'il vous plaît :
Cependant on vous voit une morne tristesse
Alors que dans vos yeux doit briller l'allégresse.
Si pour vous la retraite avoit quelques appas,
Venise, du butin fait parmi les combats,
Me garde pour tous deux de quoi pouvoir y vivre;
Que si, comme devant, il vous faut encor suivre,
J'y consens, et mon cœur n'ambitionnera
Que d'être auprès de vous tout ce qu'il vous plaira.

CÉLIE.

Votre zèle pour moi visiblement éclate :
Pour en paroître triste, il faudroit être ingrate;
Et mon visage aussi, par son émotion,
N'explique point mon cœur en cette occasion.
Une douleur de tête y peint sa violence;
Et, si j'avois sur vous quelque peu de puissance,
Notre voyage, au moins pour trois ou quatre jours,
Attendroit que ce mal eût pris un autre cours.

ANDRÈS.

Autant que vous voudrez, faites qu'il se diffère.

ACTE V, SCÈNE IV.

Toutes mes volontés ne buttent qu'à vous plaire.
Cherchons une maison à vous mettre en repos.
L'écriteau que voici s'offre tout-à-propos.

SCÈNE IV.

CÉLIE, ANDRÈS, MASCARILLE, *déguisé en Suisse.*

ANDRÈS.
Seigneur Suisse, êtes-vous de ce logis le maître?
MASCARILLE.
Moi pour serfir à fous.
ANDRÈS.
Pourrons-nous y bien être?
MASCARILLE.
Oui; moi pour d'étrancher chafons champre carni.
Ma che non point locher te chans de méchant vi.
ANDRÈS.
Je crois votre maison franche de tout ombrage.
MASCARILLE.
Fous noufeau dans sti fil, moi foir à la fissage.
ANDRÈS.
Oui.
MASCARILLE.
La màtame est-il mariage al monsieur?
ANDRÈS.
Quoi?
MASCARILLE.
S'il être son fame, ou s'il être son sœur?
ANDRÈS.
Non.
MASCARILLE.
Mon foi, pien choli; fenir pour marchantisse,

Ou pien pour temantèr à la palais choustice?
La procès il faut rien, il coûter tant t'archant!
La procurair larron, l'afocat pien méchant.

ANDRÈS.

Ce n'est pas pour cela.

MASCARILLE.

Fous tonc mener sti file
Pour fenir pourmener et recarter la file?

ANDRÈS.

(à Célie.)

Il n'importe. Je suis à vous dans un moment.
Je vais faire venir la vieille promptement;
Contremander aussi notre voiture prête.

MASCARILLE.

Li ne porte pas pien.

ANDRÈS.

Elle a mal à la tête.

MASCARILLE.

Moi chafoir te pon fin, et te fromage pon.
Entre fous, entre fous tans mon petit maisson.

(*Célie, Andrès et Mascarille entrent dans la maison.*)

SCÈNE V.

LÉLIE, *seul*.

Quel que soit le transport d'une ame impatiente,
Ma parole m'engage à rester en attente,
A laisser faire un autre, et voir, sans rien oser,
Comme de mes destins le ciel veut disposer.

SCÈNE VI.

ANDRÈS, LÉLIE.

LÉLIE, *à Andrès qui sort de la maison.*
Demandiez-vous quelqu'un (1) dedans cette demeure?
ANDRÈS.
C'est un logis garni que j'ai pris tout-à-l'heure.
LÉLIE.
A mon père pourtant la maison appartient,
Et mon valet la nuit pour la garder s'y tient.
ANDRÈS.
Je ne sais; l'écriteau marque au moins qu'on la loue,
Lisez.
LÉLIE.
Certes, ceci me surprend, je l'avoue.
Qui diantre l'auroit mis? et par quel intérêt?...
Ah! ma foi, je devine à peu près ce que c'est!
Cela ne peut venir que de ce que j'augure.
ANDRÈS.
Peut-on vous demander quelle est cette aventure?
LÉLIE.
Je voudrois à tout autre en faire un grand secret;
Mais pour vous il n'importe, et vous serez discret.
Sans doute l'écriteau que vous voyez paroître,
Comme je conjecture, au moins ne sauroit être
Que quelque invention du valet que je di,
Que quelque nœud subtil qu'il doit avoir ourdi
Pour mettre en mon pouvoir certaine Égyptienne,
Dont j'ai l'ame piquée, et qu'il faut que j'obtienne;
Je l'ai déja manquée, et même plusieurs coups.
ANDRÈS.
Vous l'appelez?

VARIANTE. (1) *Demandez-vous quelqu'un.*

LÉLIE

Célie.

ANDRÈS.

Hé! que ne disiez-vous?
Vous n'aviez qu'à parler, je vous aurois sans doute
Épargné tous les soins que ce projet vous coûte.

LÉLIE.

Quoi! vous la connoissez?

ANDRÈS.

C'est moi, qui maintenant
Viens de la racheter.

LÉLIE.

O discours surprenant!

ANDRÈS.

Sa santé, de partir ne nous pouvant permettre,
Au logis que voilà je venois de la mettre;
Et je suis très-ravi, dans cette occasion,
Que vous m'ayez instruit de votre intention.

LÉLIE.

Quoi! j'obtiendrois de vous le bonheur que j'espère?
Vous pourriez...

ANDRÈS, *allant frapper à la porte.*

Tout-à-l'heure on va vous satisfaire.

LÉLIE.

Que pourrai-je vous dire? Et quel remercîment...

ANDRÈS.

Non, ne m'en faites point, je n'en veux nullement.

SCÈNE VII.

LÉLIE, ANDRÈS, MASCARILLE.

MASCARILLE, *à part.*

Hé bien! ne voilà pas mon enragé de maître!
Il nous va faire encor quelque nouveau bissêtre.

LÉLIE.

Sous ce grotesque habit qui l'auroit reconnu?
Approche, Mascarille, et sois le bien-venu.

MASCARILLE.

Moi souis ein chant t'honneur, moi non point Maquerille;
Chai point fentre chamais le fame ni le fille.

LÉLIE.

Le plaisant baragouin! il est bon, sur ma foi!

MASCARILLE.

Allez fous pourmener, sans toi rire te moi.

LÉLIE.

Va, va, lève le masque, et reconnois ton maître.

MASCARILLE.

Partié, tiable, mon foi chamais toi chai connoître.

LÉLIE.

Tout est accommodé, ne te déguise point.

MASCARILLE.

Si toi point t'en aller, che paille ein coup te poing.

LÉLIE.

Ton jargon allemand est superflu, te dis-je,
Car nous sommes d'accord, et sa bonté m'oblige.
J'ai tout ce que mes vœux lui pouvoient demander, [1]
Et tu n'as pas sujet de rien appréhender.

MASCARILLE.

Si vous êtes d'accord par un bonheur extrême,
Je me dessuisse donc, et redeviens moi-même.

ANDRÈS.

Ce valet vous servoit avec beaucoup de feu:
Mais je reviens à vous, demeurez quelque peu.

VARIANTE. (1) *Lui peuvent demander.*

SCÈNE VIII.

LÉLIE, MASCARILLE.

LÉLIE.

Hé bien! que diras-tu?

MASCARILLE.

Que j'ai l'ame ravie
De voir d'un beau succès notre peine suivie.

LÉLIE.

Tu feignois à sortir de ton déguisement,
Et ne pouvois me croire en cet événement.

MASCARILLE.

Comme je vous connois, j'étois dans l'épouvante,
Et trouve l'aventure aussi fort surprenante.

LÉLIE.

Mais confesse qu'enfin c'est avoir fait beaucoup.
Au moins j'ai réparé mes fautes à ce coup,
Et j'aurai cet honneur d'avoir fini l'ouvrage.

MASCARILLE.

Soit; vous aurez été bien plus heureux que sage.

SCÈNE IX.

CÉLIE, ANDRÈS, LÉLIE, MASCARILLE.

ANDRÈS.

N'est-ce pas là l'objet dont vous m'avez parlé?

LÉLIE.

Ah! quel bonheur au mien pourroit être égalé!

ANDRÈS.

Il est vrai, d'un bienfait je vous suis redevable;
Si je ne l'avouois, je serois condamnable:
Mais enfin ce bienfait auroit trop de rigueur,

ACTE V, SCÈNE XI.

S'il falloit le payer aux dépens de mon cœur.
Jugez, dans le transport où sa beauté me jette,
Si je dois à ce prix vous acquitter ma dette;
Vous êtes généreux, vous ne le voudriez pas :
Adieu. Pour quelques jours retournons sur nos pas.

SCÈNE X.

LÉLIE, MASCARILLE.

MASCARILLE, *après avoir chanté*.
Je ris [1], et toutefois je n'en ai guère envie.
Vous voilà bien d'accord, il vous donne Célie;
Hem, vous m'entendez bien.

LÉLIE.

C'est trop, je ne veux plus
Te demander pour moi de secours superflus.
Je suis un chien, un traître, un bourreau détestable,
Indigne d'aucun soin, de rien faire incapable.
Va, cesse tes efforts pour un malencontreux
Qui ne sauroit souffrir que l'on le rende heureux.
Après tant de malheurs, après mon imprudence,
Le trépas me doit seul prêter son assistance.

SCÈNE XI.

MASCARILLE, *seul*.

Voilà le vrai moyen d'achever son destin;
Il ne lui manque plus que de mourir enfin
Pour le couronnement de toutes ses sottises.
Mais en vain son dépit pour ses fautes commises
Lui fait licencier mes soins et mon appui,
Je veux, quoi qu'il en soit, le servir malgré lui,

VARIANTE. (1) *Je chante.*

Et dessus son lutin obtenir la victoire.
Plus l'obstacle est puissant, plus on reçoit de gloire;
Et les difficultés dont on est combattu,
Sont les dames d'atour qui parent la vertu.

SCÈNE XII.

CÉLIE, MASCARILLE.

CÉLIE, *à Mascarille qui lui a parlé bas.*
Quoi que tu veuilles dire, et que l'on se propose,
De ce retardement j'attends fort peu de chose.
Ce qu'on voit de succès peut bien persuader
Qu'ils ne sont pas encor fort près de s'accorder.
Et je t'ai déja dit qu'un cœur comme le nôtre
Ne voudroit pas pour l'un faire injustice à l'autre;
Et que très-fortement, par de différens nœuds,
Je me trouve attachée au parti de tous deux.
Si Lélie a pour lui l'amour et sa puissance,
Andrès pour son partage a la reconnaissance,
Qui ne souffrira point que mes pensers secrets
Consultent jamais rien contre ses intérêts;
Oui, s'il ne peut avoir plus de place en mon ame,
Si le don de mon cœur ne couronne sa flamme,
Au moins dois-je ce prix [1] à ce qu'il fait pour moi
De n'en choisir point d'autre, au mépris de sa foi,
Et de faire à mes vœux autant de violence,
Que j'en fais aux desirs qu'il met en évidence.
Sur ces difficultés qu'oppose mon devoir,
Juge ce que tu peux te permettre d'espoir.

MASCARILLE.
Ce sont, à dire vrai, de très-fâcheux obstacles;
Et je ne sais point l'art de faire des miracles;
Mais je vais employer [2] mes efforts plus puissans,

VARIANTES. (1) *Au moins dois-je le prix.* — (2) *Mais je veux employer.*

Remuer terre et ciel, m'y prendre de tout sens
Pour tâcher de trouver un biais salutaire,
Et vous dirai bientôt ce qui se pourra faire.

SCÈNE XIII.

HIPPOLYTE, CÉLIE.

HIPPOLYTE.

Depuis votre séjour, les dames de ces lieux
Se plaignent justement des larcins de vos yeux,
Si vous leur dérobez leurs conquêtes plus belles,
Et de tous leurs amans faites des infidèles :
Il n'est guère de cœurs qui puissent échapper
Aux traits dont à l'abord vous savez les frapper ;
Et mille libertés, à vos chaînes offertes,
Semblent vous enrichir chaque jour de nos pertes.
Quant à moi, toutefois je ne me plaindrois pas
Du pouvoir absolu de vos rares appas,
Si, lorsque mes amans sont devenus les vôtres,
Un seul m'eût consolé de la perte des autres ;
Mais qu'inhumainement vous me les ôtiez tous,
C'est un dur procédé dont je me plains à vous.

CÉLIE.

Voilà d'un air galant faire une raillerie ;
Mais épargnez un peu celle qui vous en prie.
Vos yeux, vos propres yeux se connoissent trop bien,
Pour pouvoir de ma part redouter jamais rien ;
Ils sont fort assurés du pouvoir de leurs charmes,
Et ne prendront jamais de pareilles alarmes.

HIPPOLYTE.

Pourtant en ce discours je n'ai rien avancé
Qui dans tous les esprits ne soit déja passé ;
Et, sans parler du reste, on sait bien que Célie
A causé des desirs à Léandre et Lélie.

CÉLIE.

Je crois qu'étant tombés dans cet aveuglement,
Vous vous consoleriez de leur perte aisément,
Et trouveriez pour vous l'amant peu souhaitable
Qui d'un si mauvais choix se trouveroit capable.

HIPPOLYTE.

Au contraire, j'agis d'un air tout différent,
Et trouve en vos beautés un mérite si grand,
J'y vois tant de raisons capables de défendre
L'inconstance de ceux qui s'en laissent surprendre, [1]
Que je ne puis blâmer [2] la nouveauté des feux
Dont envers moi Léandre a parjuré ses vœux,
Et le vais voir tantôt, sans haine et sans colère,
Ramené sous mes lois par le pouvoir d'un père.

SCÈNE XIV.

CÉLIE, HIPPOLYTE, MASCARILLE.

MASCARILLE.

Grande, grande nouvelle, et succès surprenant
Que ma bouche vous vient annoncer maintenant!

CÉLIE.

Qu'est-ce donc?

MASCARILLE.

Écoutez, voici sans flatterie...

CÉLIE.

Quoi?

MASCARILLE.

La fin d'une vraie et pure comédie.
La vieille Égyptienne à l'heure même...

CÉLIE.

Hé bien?

VARIANTES. (1) *Qui s'y laissent surprendre.* — (2) *Que je ne peux blámer.*

ACTE V, SCÈNE XIV.

MASCARILLE.

Passoit dedans la place et ne songeoit à rien,
Alors qu'une autre vieille assez défigurée,
L'ayant de près au nez long-temps considérée,
Par un bruit enroué de mots injurieux
A donné le signal d'un combat furieux,
Qui pour armes, pourtant, mousquets, dagues ou flèches,
Ne faisoit voir en l'air que quatre griffes sèches,
Dont ces deux combattans s'efforçoient d'arracher
Ce peu que sur leurs os les ans laissent de chair.
On n'entend que ces mots, chienne, louve, bagasse.
D'abord leurs scoffions [1] ont volé par la place,
Et, laissant voir à nu deux têtes sans cheveux,
Ont rendu le combat risiblement affreux.
Andrès et Trufaldin, à l'éclat du murmure,
Ainsi que force monde, accourus d'aventure,
Ont à les décharpir eu de la peine assez,
Tant leurs esprits étoient par la fureur poussés.
Cependant que chacune, après cette tempête,
Songe à cacher aux yeux la honte de sa tête,
Et que l'on veut savoir qui causoit cette humeur;
Celle qui la première avoit fait la rumeur,
Malgré la passion dont elle étoit émue,
Ayant sur Trufaldin tenu long-temps la vue :
C'est vous, si quelque erreur n'abuse ici mes yeux,
Qu'on m'a dit qui viviez [2] inconnu dans ces lieux,
A-t-elle dit tout haut; ô rencontre opportune !
Oui, seigneur Zanobio Ruberti, la fortune
Me fait vous reconnoître, et dans le même instant
Que pour votre intérêt je me tourmentois tant.
Lorsque Naples vous vit quitter votre famille,
J'avois, vous le savez, en mes mains votre fille,

VARIANTES. (1) *D'abord leurs escoffions.* — (2) *Qu'on m'a dit qui vivez.*

Dont j'élevois l'enfance, et qui, par mille traits,
Faisoit voir, dès quatre ans, sa grace et ses attraits.
Celle que vous voyez, cette infâme sorcière,
Dedans notre maison se rendant familière,
Me vola ce trésor. Hélas! de ce malheur
Votre femme, je crois, conçut tant de douleur,
Que cela servit fort pour avancer sa vie!
Si bien qu'entre mes mains cette fille ravie
Me faisant redouter un reproche fâcheux,
Je vous fis annoncer la mort de toutes deux :
Mais il faut maintenant, puisque je l'ai connue,
Qu'elle fasse savoir ce qu'elle est devenue.
Au nom de Zanobio Ruberti, que sa voix,
Pendant tout ce récit, répétoit plusieurs fois,
Andrès, ayant changé quelque temps de visage,
A Trufaldin surpris a tenu ce langage :
Quoi donc! le ciel me fait trouver heureusement
Celui que jusqu'ici j'ai cherché vainement,
Et que j'avois pu voir, sans pourtant reconnoître
La source de mon sang et l'auteur de mon être!
Oui, mon père, je suis Horace votre fils.
D'Albert, qui me gardoit, les jours étant finis,
Me sentant naître au cœur d'autres inquiétudes,
Je sortis de Bologne, et, quittant mes études,
Portai durant six ans mes pas en divers lieux,
Selon que me poussoit un desir curieux :
Pourtant, après ce temps, une secrette envie
Me pressa de revoir les miens et ma patrie;
Mais dans Naples, hélas! je ne vous trouvai plus,
Et n'y sus votre sort que par des bruits confus :
Si bien qu'à votre quête ayant perdu mes peines,
Venise pour un temps borna mes courses vaines;
Et j'ai vécu depuis, sans que de ma maison
J'eusse d'autres clartés que d'en savoir le nom.

ACTE V, SCÈNE XIV.

Je vous laisse à juger si, pendant ces affaires,
Trufaldin ressentoit des transports ordinaires.
Enfin, pour retrancher ce que plus à loisir
Vous aurez le moyen de vous faire éclaircir
Par la confession de votre Égyptienne,
Trufaldin maintenant vous reconnoît pour sienne;
Andrès est votre frère; et comme de sa sœur
Il ne peut plus songer à se voir possesseur,
Une obligation qu'il prétend reconnoître,
A fait qu'il vous obtient pour épouse à mon maître,
Dont le père, témoin de tout l'événement,
Donne à cet hyménée un plein consentement,
Et, pour mettre une joie entière en sa famille,
Pour le nouvel Horace a proposé sa fille.
Voyez que d'incidens à la fois enfantés.

CÉLIE.

Je demeure immobile à tant de nouveautés.

MASCARILLE.

Tous viennent sur mes pas, hors les deux championnes,
Qui du combat encor remettent leurs personnes.
Léandre est de la troupe, et votre père aussi.
Moi, je vais avertir mon maître de ceci,
Et que, lorsqu'à ses vœux on croit le plus d'obstacle,
Le ciel en sa faveur produit comme un miracle.

(*Mascarille sort.*)

HIPPOLYTE.

Un tel ravissement rend mes esprits confus,
Que pour mon propre sort je n'en aurois pas plus.
Mais les voici venir.

SCÈNE XV.

TRUFALDIN, ANSELME, PANDOLFE, CÉLIE, HIPPOLYTE, LÉANDRE, ANDRÈS.

TRUFALDIN.
Ah! ma fille!
CÉLIE.
Ah! mon père!
TRUFALDIN.
Sais-tu déja comment le ciel nous est prospère?
CÉLIE.
Je viens d'entendre ici ce succès merveilleux. ⁽¹⁾
HIPPOLYTE, *à Léandre.*
En vain vous parleriez pour excuser vos feux,
Si j'ai devant les yeux ce que vous pouvez dire.
LÉANDRE.
Un généreux pardon est ce que je desire :
Mais j'atteste les cieux, qu'en ce retour soudain
Mon père fait bien moins que mon propre dessein.
ANDRÈS, *à Célie.*
Qui l'auroit jamais cru, que cette ardeur si pure
Pût être condamnée un jour par la nature!
Toutefois tant d'honneur la sut toujours régir,
Qu'en y changeant fort peu, je puis la retenir.
CÉLIE.
Pour moi, je me blâmois, et croyois faire faute,
Quand je n'avois pour vous qu'une estime très-haute :
Je ne pouvois savoir quel obstacle puissant
M'arrêtoit sur un pas si doux et si glissant,
Et détournoit mon cœur de l'aveu d'une flamme
Que mes sens s'efforçoient d'introduire en mon ame.

VARIANTE. (1) *J'en viens d'entendre ici le succès merveilleux.*

TRUFALDIN, *à Célie.*

Mais en te recouvrant [1], que diras-tu de moi,
Si je songe aussitôt à me priver de toi,
Et t'engage à son fils sous les lois d'hyménée?

CÉLIE.

Que de vous maintenant dépend ma destinée.

SCÈNE XVI.

TRUFALDIN, ANSELME, PANDOLFE, CÉLIE, HIPPOLYTE, LÉLIE, LÉANDRE, ANDRÈS, MASCARILLE.

MASCARILLE, *à Lélie.*

Voyons si votre diable aura bien le pouvoir
De détruire à ce coup un si solide espoir;
Et si, contre l'excès du bien qui nous arrive,
Vous armerez encor votre imaginative.
Par un coup imprévu des destins les plus doux,
Vos vœux sont couronnés, et Célie est à vous.

LÉLIE.

Croirai-je que du ciel la puissance absolue?...

TRUFALDIN.

Oui, mon gendre, il est vrai.

PANDOLFE.

    La chose est résolue.

ANDRÈS, *à Lélie.*

Je m'acquitte par-là de ce que je vous dois.

LÉLIE, *à Mascarille.*

Il faut que je t'embrasse et mille et mille fois,
Dans cette joie...

MASCARILLE.

Ahi! ahi! doucement, je vous prie.

VARIANTE. (1) *Mais en te retrouvant.*

Il m'a presque étouffé. Je crains fort pour Célie,
Si vous la caressez avec tant de transport;
De vos embrassemens on se passeroit fort.

TRUFALDIN, à Lélie.

Vous savez le bonheur que le ciel me renvoie;
Mais puisqu'un même jour nous met tous dans la joie,
Ne nous séparons point qu'il ne soit terminé;
Et que son père aussi nous soit vîte amené.

MASCARILLE.

Vous voilà tous pourvus. N'est-il point quelque fille
Qui pût accommoder le pauvre Mascarille?
A voir chacun se joindre à sa chacune ici,
J'ai des démangeaisons de mariage aussi.

ANSELME.

J'ai ton fait.

MASCARILLE.

   Allons donc; et que les cieux prospères
Nous donnent des enfans dont nous soyons les pères!

FIN DE L'ÉTOURDI.

LE DÉPIT AMOUREUX,

COMÉDIE EN CINQ ACTES.

1654.

ACTEURS.

ÉRASTE, amant de Lucile.
ALBERT, père de Lucile et d'Ascagne.
GROS-RENÉ, valet d'Éraste.
VALÈRE, fils de Polidore.
LUCILE, fille d'Albert.
MARINETTE, suivante de Lucile.
POLIDORE, père de Valère.
FROSINE, confidente d'Ascagne.
ASCAGNE, fille d'Albert, déguisée en homme.
MASCARILLE, valet de Valère.
MÉTAPHRASTE, pédant.
LA RAPIÈRE, bretteur.

LE DÉPIT AMOUREUX,
COMÉDIE.

ACTE PREMIER.

SCÈNE PREMIÈRE.
ÉRASTE, GROS-RENÉ.

ÉRASTE.
Veux-tu que je te die ? une atteinte secrette
Ne laisse point mon ame en une bonne assiette ;
Oui, quoi qu'à mon amour tu puisses repartir,
Il craint d'être la dupe, à ne te point mentir ;
Qu'en faveur d'un rival ta foi ne se corrompe,
Ou du moins qu'avec moi toi-même on ne te trompe.

GROS-RENÉ.
Pour moi, me soupçonner de quelque mauvais tour,
Je dirai, n'en déplaise à monsieur votre amour,
Que c'est injustement blesser ma prud'homie,
Et se connoître mal en physionomie.
Les gens de mon minois ne sont point accusés
D'être, graces à Dieu, ni fourbes, ni rusés.
Cet honneur qu'on nous fait, je ne le démens guères,
Et suis homme fort rond de toutes les manières.
Pour que l'on me trompât, cela se pourroit bien,
Le doute est mieux fondé ; pourtant je n'en crois rien.

Je ne vois point encore, ou je suis une bête,
Sur quoi vous avez pu prendre martel en tête.
Lucile, à mon avis, vous montre assez d'amour;
Elle vous voit, vous parle à toute heure du jour;
Et Valère, après tout, qui cause votre crainte,
Semble n'être à présent souffert que par contrainte.

ÉRASTE.

Souvent d'un faux espoir un amant est nourri :
Le mieux reçu toujours n'est pas le plus chéri;
Et tout ce que d'ardeur font paroître les femmes,
Parfois n'est qu'un beau voile à couvrir d'autres flammes.
Valère enfin, pour être un amant rebuté,
Montre depuis un temps trop de tranquillité;
Et ce qu'à ces faveurs, dont tu crois l'apparence,
Il témoigne de joie ou bien d'indifférence,
M'empoisonne à tous coups leurs plus charmans appas,
Me donne ce chagrin que tu ne comprends pas,
Tient mon bonheur en doute, et me rend difficile
Une entière croyance aux propos de Lucile.
Je voudrois, pour trouver un tel destin plus doux, [1]
Y voir entrer un peu de son transport jaloux,
Et, sur ses déplaisirs et son impatience,
Mon ame prendroit lors une pleine assurance.
Toi-même penses-tu qu'on puisse, comme il fait,
Voir chérir un rival d'un esprit satisfait?
Et, si tu n'en crois rien, dis-moi, je t'en conjure,
Si j'ai lieu de rêver dessus cette aventure.

GROS-RENÉ.

Peut-être que son cœur a changé de desirs,
Connoissant qu'il poussoit d'inutiles soupirs.

ÉRASTE.

Lorsque par les rebuts une ame est détachée,

VARIANTE. (1) *Un tel destin bien doux.*

ACTE I, SCÈNE I.

Elle veut fuir l'objet dont elle fut touchée,
Et ne rompt point sa chaîne avec si peu d'éclat
Qu'elle puisse rester en un paisible état.
De ce qu'on a chéri, la fatale présence
Ne nous laisse jamais dedans l'indifférence ;
Et, si de cette vue on n'accroît son dédain,
Notre amour est bien près de nous rentrer au sein :
Enfin, crois-moi, si bien qu'on éteigne une flamme,
Un peu de jalousie occupe encore une ame ;
Et l'on ne sauroit voir, sans en être piqué,
Posséder par un autre un cœur qu'on a manqué.

GROS-RENÉ.

Pour moi, je ne sais point tant de philosophie :
Ce que voyent mes yeux franchement je m'y fie ;
Et ne suis point de moi si mortel ennemi,
Que je m'aille affliger sans sujet ni demi.
Pourquoi subtiliser, et faire le capable
A chercher des raisons pour être misérable ?
Sur des soupçons en l'air je m'irois alarmer !
Laissons venir la fête avant que la chômer.
Le chagrin me paroît une incommode chose ;
Je n'en prends point pour moi sans bonne et juste cause,
Et mêmes à mes yeux cent sujets d'en avoir
S'offrent le plus souvent, que je ne veux pas voir.
Avec vous en amour je cours même fortune,
Celle que vous aurez me doit être commune ;
La maîtresse ne peut abuser votre foi,
A moins que la suivante en fasse autant pour moi :
Mais j'en fuis la pensée avec un soin extrême.
Je veux croire les gens, quand on me dit, Je t'aime ;
Et ne vais point chercher, pour m'estimer heureux.
Si Mascarille ou non s'arrache les cheveux.
Que tantôt Marinette endure qu'à son aise
Jodelet par plaisir la caresse et la baise,

Et que ce beau rival en rie ainsi qu'un fou;
A son exemple aussi j'en rirai tout mon soûl,
Et l'on verra qui rit avec meilleure grace.

ÉRASTE.

Voilà de tes discours.

GROS-RENÉ.

Mais je la vois qui passe.

SCÈNE II.

ÉRASTE, MARINETTE, GROS-RENÉ.

GROS-RENÉ.

St, Marinette?

MARINETTE.

Ho! ho! Que fais-tu là?

GROS-RENÉ.

Ma foi,
Demande, nous étions tout à l'heure sur toi.

MARINETTE.

Vous êtes aussi là, monsieur! Depuis une heure,
Vous m'avez fait trotter comme un Basque, je meure. [1]

ÉRASTE.

Comment?

MARINETTE.

Pour vous chercher j'ai fait dix mille pas,
Et vous promets, ma foi...

ÉRASTE.

Quoi?

MARINETTE.

Que vous n'êtes pas
Au temple, au Cours, chez vous, ni dans la grande place.

GROS-RENÉ.

Il falloit en jurer.

VARIANTE. (1) *Comme un Basque, ou je meure...*

ÉRASTE.
Apprends-moi donc, de grace,
Qui te fait me chercher?
MARINETTE.
Quelqu'un, en vérité,
Qui pour vous n'a pas trop mauvaise volonté;
Ma maîtresse, en un mot.
ÉRASTE.
Ah! chère Marinette,
Ton discours de son cœur est-il bien l'interprète?
Ne me déguise point un mystère fatal;
Je ne t'en voudrois pas pour cela plus de mal :
Au nom des dieux, dis-moi si ta belle maîtresse
N'abuse point mes veux d'une fausse tendresse.
MARINETTE.
Hé! hé! d'où vous vient donc ce plaisant mouvement?
Elle ne fait pas voir assez son sentiment!
Quel garant est-ce encor que votre amour demande?
Que lui faut-il?
GROS-RENÉ.
A moins que Valère se pende,
Bagatelle, son cœur ne s'assurera point.
MARINETTE.
Comment?
GROS-RENÉ.
Il est jaloux jusques en un tel point.
MARINETTE.
De Valère? Ah! vraiment la pensée est bien belle!
Elle peut seulement naître en votre cervelle.
Je vous croyois du sens, et jusqu'à ce moment
J'avois de votre esprit quelque bon sentiment;
Mais, à ce que je vois, je m'étois fort trompée.
Ta tête de ce mal est-elle aussi frappée?

GROS-RENÉ.

Moi, jaloux? Dieu m'en garde, et d'être assez badin
Pour m'aller emmaigrir avec un tel chagrin!
Outre que de ton cœur ta foi me cautionne,
L'opinion que j'ai de moi-même est trop bonne
Pour croire auprès de moi que quelqu'autre te plût.
Où diantre pourrois-tu trouver qui me valût?

MARINETTE.

En effet, tu dis bien; voilà comme il faut être.
Jamais de ces soupçons qu'un jaloux fait paroître.
Tout le fruit qu'on en cueille est de se mettre mal,
Et d'avancer par là les desseins d'un rival.
Au mérite souvent de qui l'éclat vous blesse,
Vos chagrins font ouvrir les yeux d'une maîtresse,
Et j'en sais tel, qui doit son destin le plus doux
Aux soins trop inquiets de son rival jaloux.
Enfin, quoi qu'il en soit, témoigner de l'ombrage,
C'est jouer en amour un mauvais personnage,
Et se rendre, après tout, misérable à crédit.
Cela, seigneur Éraste, en passant vous soit dit.

ÉRASTE.

Hé bien! n'en parlons plus. Que venois-tu m'apprendre?

MARINETTE.

Vous mériteriez bien que l'on vous fît attendre,
Qu'afin de vous punir je vous tinsse caché
Le grand secret pour quoi je vous ai tant cherché.
Tenez, voyez ce mot, et sortez hors de doute;
Lisez-le donc tout haut, personne ici n'écoute.

ÉRASTE *lit*.

Vous m'avez dit que votre amour
Étoit capable de tout faire;
Il se couronnera lui-même dans ce jour,
S'il peut avoir l'aveu d'un père.
Faites parler les droits qu'on a dessus mon cœur,

ACTE I, SCÈNE II.

Je vous en donne la licence;
Et, si c'est en votre faveur,
Je vous réponds de mon obéissance.

Ah! quel bonheur! O toi! qui me l'as apporté,
Je te dois regarder comme une déité!

GROS-RENÉ.

Je vous le disois bien : contre votre croyance,
Je ne me trompe guère aux choses que je pense.

ÉRASTE *relit.*

Faites parler les droits qu'on a dessus mon cœur,
Je vous en donne la licence;
Et, si c'est en votre faveur,
Je vous réponds de mon obéissance.

MARINETTE.

Si je lui rapportois vos foiblesses d'esprit,
Elle désavoûroit bientôt un tel écrit.

ÉRASTE.

Ah! cache-lui, de grace, une peur passagère,
Où mon ame a cru voir quelque peu de lumière;
Ou, si tu la lui dis, ajoute que ma mort
Est prête d'expier l'erreur de ce transport;
Que je vais à ses pieds, si j'ai pu lui déplaire,
Sacrifier ma vie à sa juste colère.

MARINETTE.

Ne parlons point de mort, ce n'en est pas le temps.

ÉRASTE.

Au reste, je te dois beaucoup, et je prétends
Reconnoître dans peu, de la bonne manière,
Les soins d'une si noble et si belle courrière.

MARINETTE.

A propos; savez-vous où je vous ai cherché
Tantôt encore?

ÉRASTE.

Hé bien?

MARINETTE.

Tout proche du marché.
Où vous savez.

ÉRASTE.

Où donc?

MARINETTE.

Là... dans cette boutique
Où, dès le mois passé, votre cœur magnifique
Me promit, de sa grace, une bague.

ÉRASTE.

Ah! j'entends.

GROS-RENÉ.

La matoise!

ÉRASTE.

Il est vrai, j'ai tardé trop long-temps
A m'acquitter vers toi d'une telle promesse :
Mais...

MARINETTE.

Ce que j'en ai dit, n'est pas que je vous presse.

GROS-RENÉ.

Ho! que non!

ÉRASTE *lui donne sa bague.*

Celle-ci peut-être aura de quoi
Te plaire; accepte-la pour celle que je doi.

MARINETTE.

Monsieur, vous vous moquez, j'aurois honte à la prendre.

GROS-RENÉ.

Pauvre honteuse! prends sans davantage attendre;
Refuser ce qu'on donne est bon à faire aux fous.

MARINETTE.

Ce sera pour garder quelque chose de vous.

ÉRASTE.

Quand puis-je rendre grace à cet ange adorable?

MARINETTE.

Travaillez à vous rendre un père favorable.

ÉRASTE.

Mais s'il me rebutoit, dois-je?...

MARINETTE.

Alors comme alors ;
Pour vous on emploîra toutes sortes d'efforts.
D'une façon ou d'autre il faut qu'elle soit vôtre :
Faites votre pouvoir et nous ferons le nôtre.

ÉRASTE.

Adieu, nous en saurons le succès dans ce jour.
(*Éraste relit la lettre tout bas.*)

MARINETTE, *à Gros-René.*

Et nous, que dirons-nous aussi de notre amour?
Tu ne m'en parles point.

GROS-RENÉ.

Un hymen qu'on souhaite,
Entre gens comme nous, est chose bientôt faite.
Je te veux ; me veux-tu de même?

MARINETTE.

Avec plaisir.

GROS-RENÉ.

Touche, il suffit.

MARINETTE.

Adieu, Gros-René, mon desir.

GROS-RENÉ.

Adieu, mon astre.

MARINETTE.

Adieu, beau tison de ma flamme.

GROS-RENÉ.

Adieu, chère comète, arc-en-ciel de mon ame.
(*Marinette sort.*)

Le bon Dieu soit loué, nos affaires vont bien ;
Albert n'est pas un homme à vous refuser rien.

ÉRASTE.

Valère vient à nous.

GROS-RENÉ.

Je plains le pauvre hère,
Sachant ce qui se passe.

SCÈNE III.

VALÈRE, ÉRASTE, GROS-RENÉ.

ÉRASTE.

Hé bien! seigneur Valère?

VALÈRE.

Hé bien! seigneur Éraste?

ÉRASTE.

En quel état l'amour?

VALÈRE.

En quel état vos feux?

ÉRASTE.

Plus forts de jour en jour.

VALÈRE.

Et mon amour plus fort.

ÉRASTE.

Pour Lucile?

VALÈRE.

Pour elle.

ÉRASTE.

Certes, je l'avouerai, vous êtes le modèle
D'une rare constance.

VALÈRE.

Et votre fermeté
Doit être un rare exemple à la postérité.

ÉRASTE.

Pour moi, je suis peu fait à cet amour austère,
Qui dans les seuls regards trouve à se satisfaire;
Et je ne forme point d'assez beaux sentimens
Pour souffrir constamment les mauvais traitemens :

ACTE I, SCÈNE III.

Enfin quand j'aime bien, j'aime fort que l'on m'aime.
VALÈRE.
Il est très-naturel, et j'en suis bien de même.
Le plus parfait objet dont je serois charmé,
N'auroit pas mes tributs, n'en étant point aimé.
ÉRASTE.
Lucile cependant...
VALÈRE.
Lucile, dans son ame,
Rend tout ce que je veux qu'elle rende à ma flamme.
ÉRASTE.
Vous êtes donc facile à contenter?
VALÈRE.
Pas tant
Que vous pourriez penser.
ÉRASTE.
Je puis croire pourtant,
Sans trop de vanité, que je suis en sa grace.
VALÈRE.
Moi, je sais que j'y tiens une assez bonne place.
ÉRASTE.
Ne vous abusez point, croyez-moi.
VALÈRE.
Croyez-moi,
Ne laissez point duper vos yeux à trop de foi.
ÉRASTE.
Si j'osois vous montrer une preuve assurée
Que son cœur... Non, votre ame en seroit altérée.
VALÈRE.
Si je vous osois, moi, découvrir en secret...
Mais je vous fâcherois, et veux être discret.
ÉRASTE.
Vraiment, vous me poussez, et, contre mon envie,
Votre présomption veut que je l'humilie.
Lisez.

VALÈRE, *après avoir lu.*

Ces mots sont doux.

ÉRASTE.

Vous connoissez la main?

VALÈRE.

Oui, de Lucile.

ÉRASTE.

Hé bien? cet espoir si certain...

VALÈRE, *riant et s'en allant.*

Adieu, seigneur Éraste.

GROS-RENÉ.

Il est fou, le bon sire.
Où vient-il donc pour lui de voir le mot pour rire?

ÉRASTE.

Certes, il me surprend, et j'ignore, entre nous,
Quel diable de mystère est caché là-dessous.

GROS-RENÉ.

Son valet vient, je pense.

ÉRASTE.

Oui, je le vois paroître.
Feignons, pour le jeter sur l'amour de son maître.

SCÈNE IV.

ÉRASTE, MASCARILLE, GROS-RENÉ.

MASCARILLE, *à part.*

Non, je ne trouve point d'état plus malheureux
Que d'avoir un patron jeune et fort amoureux.

GROS-RENÉ.

Bonjour.

MASCARILLE.

Bonjour.

GROS-RENÉ.

Où tend Mascarille à cette heure?

ACTE I, SCÈNE IV.

Que fait-il? revient-il? va-t-il? ou s'il demeure?

MASCARILLE.

Non, je ne reviens pas, car je n'ai pas été;
Je ne vais pas aussi, car je suis arrêté;
Et ne demeure point, car, tout de ce pas même,
Je prétends m'en aller.

ÉRASTE.

La rigueur est extrême;
Doucement, Mascarille.

MASCARILLE.

Ah! monsieur, serviteur.

ÉRASTE.

Vous nous fuyez bien vîte! hé quoi! vous fais-je peur?

MASCARILLE.

Je ne crois pas cela de votre courtoisie.

ÉRASTE.

Touche; nous n'avons plus sujet de jalousie,
Nous devenons amis, et mes feux que j'éteins,
Laissent la place libre à vos heureux desseins.

MASCARILLE.

Plût à Dieu!

ÉRASTE.

Gros-René sait qu'ailleurs je me jette.

GROS-RENÉ.

Sans doute; et je te cède aussi la Marinette.

MASCARILLE.

Passons sur ce point là; notre rivalité
N'est pas pour en venir à grande extrémité :
Mais est-ce un coup bien sûr que votre seigneurie
Soit désenamourée, ou si c'est raillerie?

ÉRASTE.

J'ai su qu'en ses amours ton maître étoit trop bien,
Et je serois un fou de prétendre plus rien
Aux étroites faveurs qu'il a de cette belle.

MASCARILLE.

Certes, vous me plaisez avec cette nouvelle.
Outre qu'en nos projets je vous craignois un peu,
Vous tirez sagement votre épingle du jeu.
Oui, vous avez bien fait de quitter une place
Où l'on vous caressoit pour la seule grimace ;
Et mille fois, sachant tout ce qui se passoit,
J'ai plaint le faux espoir dont on vous repaissoit.
On offense un brave homme alors que l'on l'abuse ;
Mais d'où diantre, après tout, avez-vous su la ruse ?
Car cet engagement mutuel de leur foi
N'eut pour témoins, la nuit, que deux autres et moi,
Et l'on croit jusqu'ici la chaîne fort secrette,
Qui rend de nos amans la flamme satisfaite.

ÉRASTE.

Hé ! que dis-tu ?

MASCARILLE.

Je dis que je suis interdit,
Et ne sais pas, monsieur, qui peut vous avoir dit
Que, sous ce faux semblant, qui trompe tout le monde
En vous trompant aussi, leur ardeur sans seconde
D'un secret mariage a serré le lien.

ÉRASTE.

Vous en avez menti.

MASCARILLE.

Monsieur, je le veux bien.

ÉRASTE.

Vous êtes un coquin.

MASCARILLE.

D'accord.

ÉRASTE.

Et cette audace
Mériteroit cent coups de bâton sur la place.

MASCARILLE.

Vous avez tout pouvoir.

ACTE I, SCÈNE IV.

ÉRASTE.

Ah! Gros-René!

GROS-RENÉ.

Monsieur.

ÉRASTE.

Je démens un discours dont je n'ai que trop peur.
(*à Mascarille.*)
Tu penses fuir.

MASCARILLE.

Nenni.

ÉRASTE.

Quoi! Lucile est la femme?...

MASCARILLE.

Non, monsieur, je raillois.

ÉRASTE.

Ah! vous railliez, infâme!

MASCARILLE.

Non, je ne raillois point.

ÉRASTE.

Il est donc vrai?

MASCARILLE.

Non pas.
Je ne dis pas cela.

ÉRASTE.

Que dis-tu donc?

MASCARILLE.

Hélas!
Je ne dis rien, de peur de mal parler.

ÉRASTE.

Assure
Ou si c'est chose vraie, ou si c'est imposture.

MASCARILLE.

C'est ce qu'il vous plaira : je ne suis pas ici
Pour vous rien contester.

ÉRASTE, *tirant son épée.*

Veux-tu dire? Voici,
Sans marchander, de quoi te délier la langue.

MASCARILLE.

Elle ira faire encor quelque sotte harangue.
Hé! de grace, plutôt, si vous le trouvez bon,
Donnez-moi vîtement quelques coups de bâton,
Et me laissez tirer mes chausses sans murmure.

ÉRASTE.

Tu mourras, ou je veux que la vérité pure
S'exprime par ta bouche.

MASCARILLE.

Hélas! je la dirai:
Mais peut-être, monsieur, que je vous fâcherai.

ÉRASTE.

Parle : mais prends bien garde à ce que tu vas faire.
A ma juste fureur rien ne te peut soustraire,
Si tu mens d'un seul mot en ce que tu diras.

MASCARILLE.

J'y consens, rompez-moi les jambes et les bras,
Faites-moi pis encor, tuez-moi, si j'impose,
En tout ce que j'ai dit ici, la moindre chose.

ÉRASTE.

Ce mariage est vrai?

MASCARILLE.

Ma langue, en cet endroit,
A fait un pas de clerc, dont elle s'aperçoit :
Mais enfin cette affaire est comme vous la dites,
Et c'est après cinq jours de nocturnes visites,
Tandis que vous serviez à mieux couvrir leur jeu,
Que depuis avant-hier ils sont joints de ce nœud;
Et Lucile depuis fait encor moins paroître
La violente amour qu'elle porte à mon maître,

Et veut absolument que tout ce qu'il verra,
Et qu'en votre faveur son cœur témoignera,
Il l'impute à l'effet d'une haute prudence,
Qui veut de leurs secrets ôter la connoissance.
Si, malgré mes sermens, vous doutez de ma foi,
Gros-René peut venir une nuit avec moi,
Et je lui ferai voir, étant en sentinelle,
Que nous avons dans l'ombre un libre accès chez elle.

ÉRASTE.

Ote-toi de mes yeux, maraud.

MASCARILLE.

Et de grand cœur.
C'est ce que je demande.

SCÈNE V.

ÉRASTE, GROS-RENÉ.

ÉRASTE.

Hé bien ?

GROS-RENÉ.

Hé bien ! monsieur ?
Nous en tenons tous deux, si l'autre est véritable.

ÉRASTE.

Las ! il ne l'est que trop, le bourreau détestable !
Je vois trop d'apparence à tout ce qu'il a dit;
Et ce qu'a fait Valère, en voyant cet écrit,
Marque bien leur concert, et que c'est une baie
Qui sert, sans doute, aux feux dont l'ingrate le paie.

SCÈNE VI.

ÉRASTE, MARINETTE, GROS-RENÉ.

MARINETTE.

Je viens vous avertir que tantôt sur le soir

Ma maîtresse au jardin vous permet de la voir.
ÉRASTE.
Oses-tu me parler? ame double et traîtresse!
Va, sors de ma présence; et dis à ta maîtresse
Qu'avecque ses écrits elle me laisse en paix,
Et que voilà l'état, infâme! que j'en fais.
(*Il déchire la lettre et sort.*)

MARINETTE.
Gros-René, dis-moi donc quelle mouche le pique.
GROS-RENÉ.
M'oses-tu bien encor parler? femelle inique,
Crocodile trompeur, de qui le cœur félon
Est pire qu'un satrape, ou bien qu'un Lestrigon!
Va, va rendre réponse à ta bonne maîtresse,
Et dis-lui bien et beau, que, malgré sa souplesse,
Nous ne sommes plus sots, ni mon maître ni moi,
Et désormais qu'elle aille au diable avecque toi.
MARINETTE, *seule.*
Ma pauvre Marinette, es-tu bien éveillée?
De quel démon est donc leur ame travaillée?
Quoi! faire un tel accueil à nos soins obligeans!
Oh! que ceci chez nous va surprendre les gens!

FIN DU PREMIER ACTE.

ACTE II.

SCÈNE PREMIÈRE.
ASCAGNE, FROSINE.

FROSINE.

Ascagne, je suis fille à secret, Dieu merci.

ASCAGNE.

Mais, pour un tel discours, sommes-nous bien ici ?
Prenons garde qu'aucun ne nous vienne surprendre,
Ou que de quelque endroit on ne nous puisse entendre.

FROSINE.

Nous serions au logis beaucoup moins sûrement :
Ici de tous côtés on découvre aisément ;
Et nous pouvons parler avec toute assurance.

ASCAGNE.

Hélas ! que j'ai de peine à rompre mon silence !

FROSINE.

Ouais ! ceci doit donc être un important secret ?

ASCAGNE.

Trop, puisque je le dis [1] à vous-même à regret,
Et que, si je pouvois le cacher davantage,
Vous ne le sauriez point.

FROSINE.

    Ah ! c'est me faire outrage !
Feindre à s'ouvrir à moi, dont vous avez connu
Dans tous vos intérêts l'esprit si retenu !

VARIANTE. (1) *Trop, puisque je le fic.*

Moi, nourrie avec vous, et qui tiens sous silence
Des choses qui vous sont de si grande importance,
Qui sais...

ASCAGNE.

Oui, vous savez la secrète raison
Qui cache aux yeux de tous mon sexe et ma maison;
Vous savez que dans celle où passa mon bas âge
Je suis pour y pouvoir retenir l'héritage
Que relâchoit ailleurs le jeune Ascagne mort,
Dont mon déguisement fait revivre le sort;
Et c'est aussi pourquoi ma bouche se dispense
A vous ouvrir mon cœur avec plus d'assurance.
Mais avant que passer, Frosine, à ce discours,
Éclaircissez un doute où je tombe toujours.
Se pourroit-il qu'Albert ne sût rien du mystère
Qui masque ainsi mon sexe, et l'a rendu mon père?

FROSINE.

En bonne foi, ce point sur quoi vous me pressez,
Est une affaire aussi qui m'embarrasse assez :
Le fond de cette intrigue est pour moi lettre close;
Et ma mère ne put m'éclaircir mieux la chose.
Quand il mourut ce fils, l'objet de tant d'amour,
Au destin de qui, même avant qu'il vînt au jour,
Le testament d'un oncle abondant en richesses,
D'un soin particulier avoit fait des largesses;
Et que sa mère fit un secret de sa mort,
De son époux absent redoutant le transport,
S'il voyoit chez un autre aller tout l'héritage
Dont sa maison tiroit un si grand avantage;
Quand, dis-je, pour cacher un tel événement,
La supposition fut de son sentiment,
Et qu'on vous prit chez nous où vous étiez nourrie
(Votre mère d'accord de cette tromperie
Qui remplaçoit ce fils à sa garde commis),

ACTE II, SCÈNE I.

En faveur des présens le secret fut promis.
Albert ne l'a point su de nous; et pour sa femme,
L'ayant plus de douze ans conservé dans son ame,
Comme le mal fut prompt dont on la vit mourir,
Son trépas imprévu ne put rien découvrir;
Mais cependant je vois qu'il garde intelligence
Avec celle de qui vous tenez la naissance.
J'ai su qu'en secret même il lui faisoit du bien,
Et peut-être cela ne se fait pas pour rien.
D'autre part, il vous veut porter au mariage;
Et, comme il le prétend, c'est un mauvais langage.
Je ne sais s'il sauroit la supposition
Sans le déguisement; mais la digression
Tout insensiblement pourroit trop loin s'étendre;
Revenons au secret que je brûle d'apprendre.

ASCAGNE.

Sachez donc que l'Amour ne sait point s'abuser,
Que mon sexe à ses yeux n'a pu se déguiser,
Et que ses traits subtils, sous l'habit que je porte,
Ont su trouver le cœur d'une fille peu forte :
J'aime, enfin.

FROSINE.

Vous aimez!

ASCAGNE.

Frosine, doucement.
N'entrez pas tout-à-fait dedans l'étonnement;
Il n'est pas temps encore; et ce cœur qui soupire,
A bien, pour vous surprendre, autre chose à vous dire.

FROSINE.

Et quoi?

ASCAGNE.

J'aime Valère.

FROSINE.

Ah! vous avez raison.

L'objet de votre amour, lui, dont à la maison
Votre imposture enlève un puissant héritage,
Et qui, de votre sexe ayant le moindre ombrage,
Verroit incontinent ce bien lui retourner!
C'est encore un plus grand sujet de s'étonner.

ASCAGNE.

J'ai de quoi, toutefois, surprendre plus votre ame :
Je suis sa femme.

FROSINE.

   O dieux! sa femme!

ASCAGNE.

         Oui, sa femme.

FROSINE.

Ah! certes celui-là l'emporte, et vient à bout
De toute ma raison!

ASCAGNE.

   Ce n'est pas encor tout.

FROSINE.

Encore?

ASCAGNE.

  Je la suis, dis-je, sans qu'il le pense,
Ni qu'il ait de mon sort la moindre connoissance.

FROSINE.

Ho! poussez; je le quitte, et ne raisonne plus,
Tant mes sens coup sur coup se trouvent confondus.
A ces énigmes-là je ne puis rien comprendre.

ASCAGNE.

Je vais vous l'expliquer, si vous voulez m'entendre.
Valère, dans les fers de ma sœur arrêté,
Me sembloit un amant digne d'être écouté;
Et je ne pouvois voir [1] qu'on rebutât sa flamme,
Sans qu'un peu d'intérêt touchât pour lui mon ame;
Je voulois que Lucile aimât son entretien;

VARIANTE. (1) *Je ne pouvois souffrir.*

Je blâmois ses rigueurs; et les blâmai si bien,
Que moi-même j'entrai, sans pouvoir m'en défendre,
Dans tous les sentimens qu'elle ne pouvoit prendre.
C'étoit, en lui parlant, moi qu'il persuadoit;
Je me laissois gagner aux soupirs qu'il perdoit;
Et ses vœux, rejetés de l'objet qui l'enflamme,
Étoient, comme vainqueurs, reçus dedans mon ame.
Ainsi mon cœur, Frosine, un peu trop foible, hélas!
Se rendit à des soins qu'on ne lui rendoit pas,
Par un coup réfléchi reçut une blessure,
Et paya pour un autre avec beaucoup d'usure.
Enfin, ma chère, enfin, l'amour que j'eus pour lui
Se voulut expliquer, mais sous le nom d'autrui.
Dans ma bouche, une nuit, cet amant trop aimable
Crut rencontrer Lucile à ses vœux favorable,
Et je sus ménager si bien cet entretien,
Que du déguisement il ne reconnut rien.
Sous ce voile trompeur, qui flattoit sa pensée,
Je lui dis que pour lui mon ame étoit blessée,
Mais que, voyant mon père en d'autres sentimens,
Je devois une feinte à ses commandemens;
Qu'ainsi de notre amour nous ferions un mystère
Dont la nuit seulement seroit dépositaire;
Et qu'entre nous, de jour, de peur de rien gâter,
Tout entretien secret se devoit éviter;
Qu'il me verroit alors la même indifférence
Qu'avant que nous eussions aucune intelligence;
Et que de son côté, de même que du mien,
Geste, parole, écrit, ne m'en dît jamais rien.
Enfin, sans m'arrêter sur toute l'industrie [1]
Dont j'ai conduit le fil de cette tromperie,
J'ai poussé jusqu'au bout un projet si hardi,

VARIANTE. (1) *A toute l'industrie.*

Et me suis assuré l'époux que je vous di.

FROSINE.

Peste! les grands talens ⁽¹⁾ que votre esprit possède!
Diroit-on qu'elle y touche, avec sa mine froide?
Cependant vous avez été bien vîte ici;
Car je veux que la chose ait d'abord réussi,
Ne jugez-vous pas bien, à regarder l'issue,
Qu'elle ne peut long-temps éviter d'être sue?

ASCAGNE.

Quand l'amour est bien fort, rien ne peut l'arrêter;
Ses projets seulement vont à se contenter;
Et, pourvu qu'il arrive au but qu'il se propose,
Il croit que tout le reste après est peu de chose.
Mais enfin aujourd'hui je me découvre à vous,
Afin que vos conseils... Mais voici cet époux.

SCÈNE II.

VALÈRE, ASCAGNE, FROSINE.

VALÈRE.

Si vous êtes tous deux en quelque conférence
Où je vous fasse tort de mêler ma présence,
Je me retirerai.

ASCAGNE.

Non, non, vous pouvez bien,
Puisque vous le faisiez, rompre notre entretien.

VALÈRE.

Moi?

ASCAGNE.

Vous-même.

VALÈRE.

Et comment?

VARIANTE. (1) *Ho! ho! les grands talens.*

ASCAGNE.
                    Je disois que Valère
Auroit, si j'étois fille, un peu trop su me plaire,
Et que, si je faisois tous les vœux de son cœur,
Je ne tarderois guère à faire son bonheur.
          VALÈRE.
Ces protestations ne coûtent pas grand'chose,
Alors qu'à leur effet un pareil si s'oppose;
Mais vous seriez bien pris, si quelque événement
Alloit mettre à l'épreuve un si doux compliment.
          ASCAGNE.
Point du tout : je vous dis que, régnant dans votre ame,
Je voudrois de bon cœur couronner votre flamme.
          VALÈRE.
Et si c'étoit quelqu'une où par votre secours
Vous pussiez être utile au bonheur de mes jours ?
          ASCAGNE.
Je pourrois assez mal répondre à votre attente.
          VALÈRE.
Cette confession n'est pas fort obligeante. (1)
          ASCAGNE.
Hé quoi! vous voudriez, Valère, injustement,
Qu'étant fille, et mon cœur vous aimant tendrement,
Je m'allasse engager avec une promesse
De servir vos ardeurs pour quelque autre maîtresse?
Un si pénible effort, pour moi, m'est interdit.
          VALÈRE.
Mais cela n'étant pas ?
          ASCAGNE.
                    Ce que je vous ai dit,
Je l'ai dit comme fille, et vous le devez prendre
Tout de même.

VARIANTE. (1) *N'est pas trop obligeante.*

VALÈRE.

Ainsi donc il ne faut rien prétendre,
Ascagne, à des bontés que vous auriez pour nous,
A moins que le ciel fasse un grand miracle en vous ;
Bref, si vous n'êtes fille, adieu votre tendresse,
Il ne vous reste rien qui pour nous s'intéresse.

ASCAGNE.

J'ai l'esprit délicat plus qu'on ne peut penser,
Et le moindre scrupule a de quoi m'offenser
Quand il s'agit d'aimer. Enfin je suis sincère,
Je ne m'engage point à vous servir, Valère,
Si vous ne m'assurez, au moins absolument,
Que vous gardez pour moi [1] le même sentiment ;
Que pareille chaleur d'amitié vous transporte,
Et que, si j'étois fille, une flamme plus forte
N'outrageroit point celle où je vivrois pour vous.

VALÈRE.

Je n'avois jamais vu ce scrupule jaloux ;
Mais, tout nouveau qu'il est, ce mouvement m'oblige,
Et je vous fais ici tout l'aveu qu'il exige.

ASCAGNE.

Mais sans fard ?

VALÈRE.

Oui, sans fard.

ASCAGNE.

S'il est vrai, désormais
Vos intérêts seront les miens, je vous promets.

VALÈRE.

J'ai bientôt à vous dire un important mystère,
Où l'effet de ces mots me sera nécessaire.

ASCAGNE.

Et j'ai quelque secret de même à vous ouvrir,

VARIANTE. (1) *Que vous avez pour moi.*

ACTE II, SCÈNE II.

Où votre cœur pour moi se pourra découvrir.

VALÈRE.

Hé! de quelle façon cela pourroit-il être?

ASCAGNE.

C'est que j'ai de l'amour qui n'oseroit paroître;[1]
Et vous pourriez avoir sur l'objet de mes vœux
Un empire à pouvoir rendre mon sort heureux.

VALÈRE.

Expliquez-vous, Ascagne; et croyez, par avance,
Que votre heur est certain, s'il est en ma puissance.

ASCAGNE.

Vous promettez ici plus que vous ne croyez.

VALÈRE.

Non, non; dites l'objet pour qui vous m'employez.

ASCAGNE.

Il n'est pas encor temps; mais c'est une personne
Qui vous touche de près.

VALÈRE.

       Votre discours m'étonne.
Plût à Dieu que ma sœur!...

ASCAGNE.

       Ce n'est pas la saison
De m'expliquer, vous dis-je.

VALÈRE.

       Et pourquoi?

ASCAGNE.

       Pour raison :
Vous saurez mon secret, quand je saurai le vôtre.

VALÈRE.

J'ai besoin pour cela de l'aveu de quelque autre.

ASCAGNE.

Ayez-le donc; et lors, nous expliquant nos vœux,

VARIANTE. (1) *Qui ne sauroit paroître.*

Nous verrons qui tiendra mieux parole des deux.

VALÈRE.

Adieu, j'en suis content.

ASCAGNE.

Et moi content, Valère.

(*Valère sort.*)

FROSINE.

Il croit trouver en vous l'assistance d'un frère.

SCÈNE III.

LUCILE, ASCAGNE, FROSINE, MARINETTE.

LUCILE, *à Marinette, les trois premiers vers.*

C'en est fait; c'est ainsi que je me puis venger,
Et si cette action a de quoi l'affliger,
C'est toute la douceur que mon cœur s'y propose.
Mon frère, vous voyez une métamorphose.
Je veux chérir Valère après tant de fierté,
Et mes vœux maintenant tournent de son côté.

ASCAGNE.

Que dites-vous, ma sœur? Comment! courir au change!
Cette inégalité me semble trop étrange.

LUCILE.

La vôtre me surprend avec plus de sujet.
De vos soins autrefois Valère étoit l'objet,
Je vous ai vu pour lui m'accuser de caprice,
D'aveugle cruauté, d'orgueil et d'injustice;
Et, quand je veux l'aimer, mon dessein vous déplaît!
Et je vous vois parler contre son intérêt!

ASCAGNE.

Je le quitte, ma sœur, pour embrasser le vôtre :
Je sais qu'il est rangé dessous les lois d'une autre;
Et ce seroit un trait honteux à vos appas,

ACTE II, SCÈNE III.

Si vous le rappeliez et qu'il ne revînt pas.
LUCILE.
Si ce n'est que cela, j'aurai soin de ma gloire,
Et je sais, pour son cœur, tout ce que j'en dois croire;
Il s'explique à mes yeux intelligiblement;
Ainsi découvrez-lui, sans peur, mon sentiment;
Ou, si vous refusez de le faire, ma bouche
Lui va faire savoir que son ardeur me touche.
Quoi! mon frère, à ces mots vous restez interdit?
ASCAGNE.
Ah! ma sœur! si sur vous je puis avoir crédit,
Si vous êtes sensible aux prières d'un frère,
Quittez un tel dessein, et n'ôtez point Valère
Aux vœux d'un jeune objet dont l'intérêt m'est cher,
Et qui, sur ma parole, a droit de vous toucher.
La pauvre infortunée aime avec violence;
A moi seul de ses feux elle fait confidence,
Et je vois dans son cœur de tendres mouvemens
A dompter la fierté des plus durs sentimens.
Oui, vous auriez pitié de l'état de son ame,
Connoissant de quel coup vous menacez sa flamme,
Et je ressens si bien la douleur qu'elle aura,
Que je suis assuré, ma sœur, qu'elle en mourra,
Si vous lui dérobez l'amant qui peut lui plaire.
Éraste est un parti qui doit vous satisfaire,
Et des feux mutuels...
LUCILE.
Mon frère, c'est assez.
Je ne sais point pour qui vous vous intéressez;
Mais, de grace, cessons ce discours, je vous prie,
Et me laissez un peu dans quelque rêverie.
ASCAGNE.
Allez, cruelle sœur, vous me désespérez,
Si vous effectuez vos desseins déclarés.

SCÈNE IV.

LUCILE, MARINETTE.

MARINETTE.
La résolution, madame, est assez prompte.
LUCILE.
Un cœur ne pèse rien, alors que l'on l'affronte ;
Il court à sa vengeance, et saisit promptement
Tout ce qu'il croit servir à son ressentiment.
Le traître ! faire voir cette insolence extrême !
MARINETTE.
Vous m'en voyez encor toute hors de moi-même ;
Et quoique là-dessus je rumine sans fin,
L'aventure me passe, et j'y perds mon latin.
Car enfin, aux transports d'une bonne nouvelle
Jamais cœur ne s'ouvrit d'une façon plus belle ;
De l'écrit obligeant le sien tout transporté,
Ne me donnoit pas moins que de la déité ;
Et cependant jamais, à cet autre message,
Fille ne fut traitée avecque tant d'outrage.
Je ne sais, pour causer de si grands changemens,
Ce qui s'est pu passer entre ces courts momens.
LUCILE.
Rien ne s'est pu passer dont il faille être en peine,
Puisque rien ne le doit défendre de ma haine.
Quoi ! tu voudrois chercher hors de sa lâcheté,
La secrette raison de cette indignité ?
Cet écrit malheureux, dont mon ame s'accuse,
Peut-il à son transport souffrir la moindre excuse ?
MARINETTE.
En effet ; je comprends que vous avez raison,
Et que cette querelle est pure trahison.

Nous en tenons, madame : et puis, prêtons l'oreille
Aux bons chiens de pendards qui nous chantent merveille,
Qui, pour nous accrocher, feignent tant de langueur;
Laissons à leurs beaux mots fondre notre rigueur;
Rendons-nous à leurs vœux, trop foibles que nous sommes !
Foin de notre sottise, et peste soit des hommes !

LUCILE.

Hé bien! bien! qu'il s'en vante et rie à nos dépens,
Il n'aura pas sujet d'en triompher long-temps;
Et je lui ferai voir qu'en une ame bien faite
Le mépris suit de près la faveur qu'on rejette.

MARINETTE.

Au moins, en pareil cas, est-ce un bonheur bien doux,
Quand on sait qu'on n'a point d'avantage sur vous.⁽¹⁾
Marinette eut bon nez, quoi qu'on en puisse dire,
De ne permettre rien un soir qu'on vouloit rire.
Quelqu'autre, sous espoir de *matrimonion*, ⁽²⁾
Auroit ouvert l'oreille à la tentation;
Mais moi, *nescio vos*.

LUCILE.

Que tu dis de folies,
Et choisis mal ton temps pour de telles saillies !
Enfin je suis touchée au cœur sensiblement;
Et si jamais celui de ce perfide amant,
Par un coup de bonheur, dont j'aurois tort, je pense,
De vouloir à présent concevoir l'espérance
(Car le ciel a trop pris plaisir à m'affliger, ⁽³⁾
Pour me donner celui de me pouvoir venger);
Quand, dis-je, par un sort à mes desirs propice,
Il reviendroit m'offrir sa vie en sacrifice,
Détester à mes pieds l'action d'aujourd'hui,
Je te défends, surtout, de me parler pour lui.

VARIANTES. (1) *D'avantage sur nous.* — (2) *Sous l'espoir du matrimonion.*
— (3) *Plaisir de m'affliger.*

Au contraire, je veux que ton zèle s'exprime
A me bien mettre aux yeux la grandeur de son crime;
Et même si mon cœur étoit pour lui tenté
De descendre jamais à quelque lâcheté,
Que ton affection me soit alors sévère,
Et tienne comme il faut la main à ma colère.

MARINETTE.

Vraiment, n'ayez point peur, et laissez faire à nous;
J'ai pour le moins autant de colère que vous;
Et je serois plutôt fille toute ma vie,
Que mon gros traître aussi me redonnât envie.
S'il vient...

SCÈNE V.

ALBERT, LUCILE, MARINETTE.

ALBERT.

Rentrez, Lucile, et me faites venir
Le précepteur; je veux un peu l'entretenir,
Et m'informer de lui qui me gouverne Ascagne,
S'il sait point quel ennui depuis peu l'accompagne.

SCÈNE VI.

ALBERT, *seul.*

En quel gouffre de soins et de perplexité
Nous jette une action faite sans équité!
D'un enfant supposé par mon trop d'avarice,
Mon cœur depuis long-temps souffre bien le supplice;
Et quand je vois les maux où je me suis plongé,
Je voudrois à ce bien n'avoir jamais songé.
Tantôt je crains de voir, par la fourbe éventée,
Ma famille en opprobre et misère jetée;
Tantôt pour ce fils-là qu'il me faut conserver,

Je crains cent accidens qui peuvent arriver.
S'il advient que dehors quelque affaire m'appelle,
J'appréhende au retour cette triste nouvelle :
Las ! vous ne savez pas ? Vous l'a-t-on annoncé ?
Votre fils a la fièvre, ou jambe, ou bras cassé :
Enfin, à tous momens, sur quoi que je m'arrête,
Cent sortes de chagrins me roulent par la tête. (1)
Ah !...

SCÈNE VII.

ALBERT, MÉTAPHRASTE.

MÉTAPHRASTE.
Mandatum tuum curo diligenter.

ALBERT.
Maître, j'ai voulu...

MÉTAPHRASTE.
Maître est dit *à magis ter;*
C'est comme qui diroit trois fois plus grand.

ALBERT.
Je meure,
Si je savois cela. Mais, soit, à la bonne heure.
Maître, donc...

MÉTAPHRASTE.
Poursuivez.

ALBERT.
Je veux poursuivre aussi ;
Mais ne poursuivez point, vous, d'interrompre ainsi.
Donc, encore une fois, maître, c'est la troisième,
Mon fils me rend chagrin, vous savez que je l'aime,
Et que soigneusement je l'ai toujours nourri.

MÉTAPHRASTE.
Il est vrai : *Filio non potest præferri*
Nisi filius.

VARIANTE. (1) *Me roulent dans la tête.*

ALBERT.

Maître, en discourant ensemble,
Ce jargon n'est pas fort nécessaire, me semble;
Je vous crois grand latin et grand docteur juré,
Je m'en rapporte à ceux qui m'en ont assuré :
Mais dans un entretien qu'avec vous je destine,
N'allez point déployer toute votre doctrine,
Faire le pédagogue, et cent mots me cracher,
Comme si vous étiez en chaire pour prêcher.
Mon père, quoiqu'il eût la tête des meilleures,
Ne m'a jamais rien fait apprendre que mes heures,
Qui, depuis cinquante ans, dites journellement,
Ne sont encor pour moi que du haut allemand.
Laissez donc en repos votre science auguste,
Et que votre langage à mon foible s'ajuste.

MÉTAPHRASTE.

Soit.

ALBERT.

A mon fils, l'hymen semble lui faire peur; (1)
Et sur quelque parti que je sonde son cœur,
Pour un pareil lien il est froid et recule.

MÉTAPHRASTE.

Peut-être a-t-il l'humeur du frère de Marc-Tulle,
Dont avec Atticus le même fait sermon;
Et comme aussi les Grecs disent *Atanaton*...

ALBERT.

Mon dieu ! maître éternel, laissez-là, je vous prie,
Les Grecs, les Albanois, avec l'Esclavonie,
Et tous ces autres gens dont vous voulez parler;
Eux et mon fils n'ont rien ensemble à démêler.

MÉTAPHRASTE.

Hé bien donc, votre fils ?

VARIANTE. (1) *Me paroît faire peur.*

ACTE II, SCÈNE VII.

ALBERT.
            Je ne sais si dans l'ame
Il ne sentiroit point une secrette flamme :
Quelque chose le trouble, ou je suis fort déçu;
Et je l'aperçus hier, sans en être aperçu,
Dans un recoin du bois où nul ne se retire.

MÉTAPHRASTE.
Dans un lieu reculé du bois, voulez-vous dire,
Un endroit écarté, *latinè*, *secessus;*
Virgile l'a dit : *Est in secessu locus...*

ALBERT.
Comment auroit-il pu l'avoir dit, ce Virgile,
Puisque je suis certain que, dans ce lieu tranquille,
Ame du monde enfin n'étoit lors que nous deux.

MÉTAPHRASTE.
Virgile est nommé là comme un auteur fameux
D'un terme plus choisi que le mot que vous dites,
Et non comme témoin de ce qu'hier vous vîtes.

ALBERT.
Et moi, je vous dis, moi, que je n'ai pas besoin
De terme plus choisi, d'auteur, ni de témoin,
Et qu'il suffit ici de mon seul témoignage.

MÉTAPHRASTE.
Il faut choisir pourtant les mots mis en usage
Par les meilleurs auteurs. *Tu vivendo, bonos,*
Comme on dit, *scribendo, sequare peritos.*

ALBERT.
Homme ou démon, veux-tu m'entendre sans conteste?

MÉTAPHRASTE.
Quintilien en fait le précepte.

ALBERT.
            La peste
Soit du causeur !

MÉTAPHRASTE.

Et dit là-dessus doctement
Un mot que vous serez bien aise assurément
D'entendre.

ALBERT.

Je serai le diable qui t'emporte,
Chien d'homme! Oh! que je suis tenté d'étrange sorte
De faire sur ce muffle une application!

MÉTAPHRASTE.

Mais qui cause, seigneur, votre inflammation?
Que voulez-vous de moi?

ALBERT.

Je veux que l'on m'écoute,
Vous ai-je dit vingt fois, quand je parle.

MÉTAPHRASTE.

Ah! sans doute;
Vous serez satisfait, s'il ne tient qu'à cela;
Je me tais.

ALBERT.

Vous ferez sagement.

MÉTAPHRASTE.

Me voilà
Tout prêt de vous ouïr.

ALBERT.

Tant mieux.

MÉTAPHRASTE.

Que je trépasse,
Si je dis plus mot.

ALBERT.

Dieu vous en fasse la grace!

MÉTAPHRASTE.

Vous n'accuserez point mon caquet désormais.

ALBERT.

Ainsi soit-il!

ACTE II, SCÈNE VII.

MÉTAPHRASTE.
Parlez quand vous voudrez.

ALBERT.
J'y vais.

MÉTAPHRASTE.
Et n'appréhendez plus l'interruption nôtre.

ALBERT.
C'est assez dit.

MÉTAPHRASTE.
Je suis exact plus qu'aucun autre.

ALBERT.
Je le crois.

MÉTAPHRASTE.
J'ai promis que je ne dirois rien. [1]

ALBERT.
Suffit.

MÉTAPHRASTE.
Dès à présent je suis muet.

ALBERT.
Fort bien.

MÉTAPHRASTE.
Parlez; courage! au moins je vous donne audience.
Vous ne vous plaindrez pas de mon peu de silence :
Je ne desserre pas la bouche seulement.

ALBERT, *à part*.
Le traître!

MÉTAPHRASTE.
Mais, de grace, achevez vîtement :
Depuis long-temps j'écoute; il est bien raisonnable
Que je parle à mon tour.

ALBERT.
Donc, bourreau détestable...

VARIANTE. (1) *Que je ne dirai rien.*

MÉTAPHRASTE.

Hé! bon dieu! voulez-vous que j'écoute à jamais?
Partageons le parler au moins (1), ou je m'en vais.

ALBERT.

Ma patience est bien...

MÉTAPHRASTE.

Quoi! voulez-vous poursuivre?
Ce n'est pas encor fait? *Per Jovem!* je suis ivre!

ALBERT.

Je n'ai pas dit...

MÉTAPHRASTE.

Encor? Bon dieu! que de discours!
Rien n'est-il suffisant d'en arrêter le cours?

ALBERT.

J'enrage.

MÉTAPHRASTE.

De rechef? O l'étrange torture!
Hé! laissez-moi parler un peu, je vous conjure.
Un sot qui ne dit mot, ne se distingue pas
D'un savant qui se tait.

ALBERT.

Parbleu! tu te tairas.

SCÈNE VIII.

MÉTAPHRASTE, *seul.*

D'où vient fort à propos cette sentence expresse
D'un philosophe : Parle, afin qu'on te connoisse.
Doncque, si de parler le pouvoir m'est ôté,
Pour moi, j'aime autant perdre aussi l'humanité,
Et changer mon essence en celle d'une bête.
Me voilà pour huit jours avec un mal de tête.

VARIANTE. (1) *Partageons le parler du moins.*

Oh ! que les grands parleurs sont par moi détestés !
Mais quoi ! si les savans ne sont point écoutés,
Si l'on veut que toujours ils aient la bouche close,
Il faut donc renverser l'ordre de chaque chose ;
Que les poules dans peu dévorent les renards ;
Que les jeunes enfans remontrent aux vieillards ;
Qu'à poursuivre les loups les agnelets s'ébattent ;
Qu'un fou fasse les lois ; que les femmes combattent ;
Que par les criminels les juges soient jugés,
Et par les écoliers les maîtres fustigés ;
Que le malade au sain présente le remède ;
Que le lièvre craintif...

SCÈNE IX.

ALBERT, MÉTAPHRASTE.

Albert sonne aux oreilles de Métaphraste une cloche de mulet, qui le fait fuir.)

MÉTAPHRASTE, *fuyant.*
Miséricorde ! à l'aide !

FIN DU SECOND ACTE.

ACTE III.

SCÈNE PREMIÈRE.

MASCARILLE.

Le ciel parfois seconde un dessein téméraire,
Et l'on sort, comme on peut, d'une méchante affaire.
Pour moi, qu'une imprudence a trop fait discourir,
Le remède plus prompt où j'ai su recourir,
C'est de pousser ma pointe, et dire en diligence
A notre vieux patron toute la manigance.
Son fils, qui m'embarrasse, est un évaporé :
L'autre, diable ! disant ce que j'ai déclaré,
Gare une irruption sur notre friperie !
Au moins, avant qu'on puisse échauffer sa furie,
Quelque chose de bon nous pourra succéder,
Et les vieillards entre eux se pourront accorder.
C'est ce qu'on va tenter; et, de la part du nôtre,
Sans perdre un seul moment, je m'en vais trouver l'autre.

(*Il frappe à la porte d'Albert.*)

SCÈNE II.

ALBERT, MASCARILLE.

ALBERT.

Qui frappe ?

MASCARILLE.

Amis.

ACTE III, SCÈNE II.

ALBERT.

Oh! oh! qui te peut amener,
Mascarille?

MASCARILLE.

Je viens, monsieur, pour vous donner
Le bonjour.

ALBERT.

Ah! vraiment, tu prends beaucoup de peine :
De tout mon cœur, bonjour.

(*Il s'en va.*)

MASCARILLE.

La réplique est soudaine.
Quel homme brusque!

(*Il heurte.*)

ALBERT.

Encor?

MASCARILLE.

Vous n'avez pas ouï,
Monsieur.

ALBERT.

Ne m'as-tu pas donné le bonjour?

MASCARILLE.

Oui.

ALBERT.

Hé bien! bonjour, te dis-je.

(*Il s'en va, Mascarille l'arrête.*)

MASCARILLE.

Oui; mais je viens encore
Vous saluer au nom du seigneur Polidore.

ALBERT.

Ah! c'est un autre fait. Ton maître t'a chargé
De me saluer?

MASCARILLE.

Oui.

ALBERT.

Je lui suis obligé;
Va, que je lui souhaite une joie infinie.
(*Il s'en va.*)

MASCARILLE.

Cet homme est ennemi de la cérémonie.
(*Il heurte.*)
Je n'ai pas achevé, monsieur, son compliment;
Il voudroit vous prier d'une chose instamment.

ALBERT.

Hé bien! quand il voudra, je suis à son service.

MASCARILLE, *l'arrêtant.*

Attendez, et souffrez qu'en deux mots je finisse.
Il souhaite un moment, pour vous entretenir
D'une affaire importante, et doit ici venir.

ALBERT.

Eh! quelle est-elle encor l'affaire qui l'oblige
A me vouloir parler?

MASCARILLE.

Un grand secret, vous dis-je,
Qu'il vient de découvrir en ce même moment,
Et qui, sans doute, importe à tous deux grandement.
Voilà mon ambassade.

SCÈNE III.

ALBERT, *seul.*

O juste ciel! je tremble:
Car enfin nous avons peu de commerce ensemble.
Quelque tempête va renverser mes desseins,
Et ce secret, sans doute, est celui que je crains.
L'espoir de l'intérêt m'a fait quelque infidèle,
Et voilà sur ma vie une tache éternelle.
Ma fourbe est découverte. Oh! que la vérité

ACTE III, SCÈNE IV.

Se peut cacher long-temps avec difficulté !
Et qu'il eût mieux valu pour moi, pour mon estime,
Suivre les mouvemens d'une peur légitime,
Par qui je me suis vu tenté plus de vingt fois
De rendre à Polidore un bien que je lui dois,
De prévenir l'éclat où ce coup-ci m'expose,
Et faire qu'en douceur passât toute la chose.
Mais, hélas ! c'en est fait, il n'est plus de saison ;
Et ce bien, par la fraude entré dans ma maison,
N'en sera point tiré, que dans cette sortie
Il n'entraîne du mien la meilleure partie.

SCÈNE IV.

ALBERT, POLIDORE.

POLIDORE, *les quatre premiers vers sans voir Albert.*
S'être ainsi marié sans qu'on en ait su rien !
Puisse cette action se terminer à bien !
Je ne sais qu'en attendre ; et je crains fort du père
Et la grande richesse, et la juste colère.
Mais je l'aperçois seul.

ALBERT.
Dieu ! Polidore vient ! [1]

POLIDORE.
Je tremble à l'aborder.

ALBERT.
La crainte me retient.

POLIDORE.
Par où lui débuter ?

ALBERT.
Quel sera mon langage ?

VARIANTE. (1) *Ciel ! Polidore vient.*

POLIDORE.

Son ame est toute émue.

ALBERT.

Il change de visage.

POLIDORE.

Je vois, seigneur Albert, au trouble de vos yeux,
Que vous savez déja qui m'amène en ces lieux.

ALBERT.

Hélas ! oui.

POLIDORE.

La nouvelle a droit de vous surprendre,
Et je n'eusse pas cru ce que je viens d'apprendre.

ALBERT.

J'en dois rougir de honte et de confusion.

POLIDORE.

Je trouve condamnable une telle action,
Et je ne prétends point excuser le coupable.

ALBERT.

Dieu fait miséricorde au pécheur misérable.

POLIDORE.

C'est ce qui doit par vous être considéré.

ALBERT.

Il faut être chrétien.

POLIDORE.

Il est très-assuré.

ALBERT.

Grace, au nom de Dieu ! grace, ô seigneur Polidore !

POLIDORE.

Hé ! c'est moi qui de vous présentement l'implore.

ALBERT.

Afin de l'obtenir je me jette à genoux.

POLIDORE.

Je dois en cet état être plutôt que vous.

ALBERT.
Prenez quelque pitié de ma triste aventure.
POLIDORE.
Je suis le suppliant dans une telle injure.
ALBERT.
Vous me fendez le cœur avec cette bonté.
POLIDORE.
Vous me rendez confus de tant d'humilité.
ALBERT.
Pardon, encore un coup!
POLIDORE.
Hélas! pardon vous-même!
ALBERT.
J'ai de cette action une douleur extrême.
POLIDORE.
Et moi, j'en suis touché de même au dernier point.
ALBERT.
J'ose vous convier [1] qu'elle n'éclate point.
POLIDORE.
Hélas! seigneur Albert, je ne veux autre chose.
ALBERT.
Conservons mon honneur.
POLIDORE.
Hé! oui, je m'y dispose.
ALBERT.
Quant au bien qu'il faudra, vous-même en résoudrez.
POLIDORE.
Je ne veux de vos biens que ce que vous voudrez :
De tous ces intérêts je vous ferai le maître;
Et je suis trop content si vous le pouvez être.
ALBERT.
Ah! quel homme de Dieu! Quel excès de douceur!

VARIANTE. (1) *J'ose vous conjurer.*

POLIDORE.
Quelle douceur, vous-même, après un tel malheur!
ALBERT.
Que puissiez-vous avoir toutes choses prospères!
POLIDORE.
Le bon Dieu vous maintienne!
ALBERT.
      Embrassons-nous en frères.
POLIDORE.
J'y consens de grand cœur, et me réjouis fort
Que tout soit terminé par un heureux accord.
ALBERT.
J'en rends graces au ciel.
POLIDORE.
      Il ne vous faut rien feindre,
Votre ressentiment me donnoit lieu de craindre;
Et Lucile tombée en faute avec mon fils,
Comme on vous voit puissant et de biens et d'amis...
ALBERT.
Hé! que parlez-vous là de faute et de Lucile?
POLIDORE.
Soit, ne commençons point un discours inutile.
Je veux bien que mon fils y trempe grandement:
Même, si cela fait à votre allégement,
J'avoûrai qu'à lui seul en est toute la faute;
Que votre fille avoit une vertu trop haute
Pour avoir jamais fait ce pas contre l'honneur,
Sans l'incitation d'un méchant suborneur;
Que le traître a séduit sa pudeur innocente,
Et de votre conduite ainsi détruit l'attente.
Puisque la chose est faite, et que, selon mes vœux,
Un esprit de douceur nous met d'accord tous deux,
Ne ramentevons rien, et réparons l'offense
Par la solennité d'une heureuse alliance.

ALBERT, *à part.*

O dieu! quelle méprise! et qu'est-ce qu'il m'apprend?
Je rentre ici d'un trouble en un autre aussi grand.
Dans ces divers transports je ne sais que répondre,
Et, si je dis un mot, j'ai peur de me confondre.

POLIDORE.

A quoi pensez-vous là, seigneur Albert?

ALBERT.

A rien.
Remettons, je vous prie, à tantôt l'entretien.
Un mal subit me prend, qui veut que je vous laisse.

SCÈNE V.

POLIDORE, *seul.*

Je lis dedans son ame, et vois ce qui le presse.
A quoi que sa raison l'eût déja disposé,
Son déplaisir n'est pas encor tout apaisé.
L'image de l'affront lui revient, et sa fuite
Tâche à me déguiser le trouble qui l'agite.
Je prends part à sa honte, et son deuil m'attendrit.
Il faut qu'un peu de temps remette son esprit.
La douleur trop contrainte aisément se redouble.
Voici mon jeune fou d'où nous vient tout ce trouble.

SCÈNE VI.

POLIDORE, VALÈRE.

POLIDORE.

Enfin, le beau mignon, vos bons déportemens
Troubleront les vieux jours d'un père à tous momens;
Tous les jours vous ferez de nouvelles merveilles,
Et nous n'aurons jamais autre chose aux oreilles.

VALÈRE.

Que fais-je tous les jours qui soit si criminel?
En quoi mériter tant le courroux paternel?

POLIDORE.

Je suis un étrange homme, et d'une humeur terrible,
D'accuser un enfant si sage et si paisible!
Las! il vit comme un saint; et dedans la maison
Du matin jusqu'au soir il est en oraison!
Dire qu'il pervertit l'ordre de la nature,
Et fait du jour la nuit; ô la grande imposture!
Qu'il n'a considéré père, ni parenté
En vingt occasions; horrible fausseté!
Que de fraîche mémoire un furtif hyménée
A la fille d'Albert a joint sa destinée,
Sans craindre de la suite un désordre puissant;
On le prend pour un autre, et le pauvre innocent
Ne sait pas seulement ce que je lui veux dire!
Ah! chien, que j'ai reçu du ciel pour mon martyre!
Te croiras-tu toujours? et ne pourrai-je pas
Te voir être une fois sage avant mon trépas?

VALÈRE, *seul et rêvant.*

D'où peut venir ce coup? Mon ame embarrassée
Ne voit que Mascarille où jeter sa pensée.
Il ne sera pas homme à m'en faire un aveu.
Il faut user d'adresse et me contraindre un peu
Dans ce juste courroux.

SCÈNE VII.

VALÈRE, MASCARILLE.

VALÈRE.

Mascarille, mon pere,
Que je viens de trouver, sait toute notre affaire.

ACTE III, SCÈNE VII.

MASCARILLE.

Il la sait?

VALÈRE.

Oui.

MASCARILLE.

D'où diantre a-t-il pu la savoir?

VALÈRE.

Je ne sais point sur qui ma conjecture asseoir ;
Mais enfin d'un succès cette affaire est suivie,
Dont j'ai tous les sujets d'avoir l'ame ravie.
Il ne m'en a pas dit un mot qui fût fâcheux ;
Il excuse ma faute, il approuve mes feux :
Et je voudrois savoir qui peut être capable
D'avoir pu rendre ainsi son esprit si traitable.
Je ne puis t'exprimer l'aise que j'en reçoi.

MASCARILLE.

Et que me diriez-vous, monsieur, si c'étoit moi
Qui vous eût procuré cette heureuse fortune?

VALÈRE.

Bon! bon! tu voudrois bien ici m'en donner d'une.

MASCARILLE.

C'est moi, vous dis-je, moi, dont le patron le sait,
Et qui vous ai produit ce favorable effet.

VALÈRE.

Mais, là, sans te railler?

MASCARILLE.

Que le diable m'emporte
Si je fais raillerie, et s'il n'est de la sorte!

VALÈRE, *mettant l'épée à la main.*

Et qu'il m'entraîne, moi, si tout présentement
Tu n'en vas recevoir le juste payement.

MASCARILLE.

Ah! monsieur! qu'est ceci? Je défends la surprise.

VALÈRE.

C'est la fidélité que tu m'avois promise ?
Sans ma feinte, jamais tu n'eusses avoué
Le trait que j'ai bien cru que tu m'avois joué.
Traître ! de qui la langue à causer trop habile
D'un père contre moi vient d'échauffer la bile,
Qui me perds tout-à-fait, il faut, sans discourir,
Que tu meures.

MASCARILLE.

Tout beau. Mon ame, pour mourir,
N'est pas en bon état. Daignez, je vous conjure,
Attendre le succès qu'aura cette aventure.
J'ai de fortes raisons qui m'ont fait révéler
Un hymen que vous-même aviez peine à celer :
C'étoit un coup d'état, et vous verrez l'issue
Condamner la fureur que vous avez conçue.
De quoi vous fâchez-vous, pourvu que vos souhaits
Se trouvent par mes soins pleinement satisfaits,
Et voyent mettre à fin la contrainte où vous êtes ?

VALÈRE.

Et si tous ces discours ne sont que des sornettes ?

MASCARILLE.

Toujours serez-vous lors à temps pour me tuer.
Mais enfin mes projets pourront s'effectuer.
Dieu fera pour les siens ; et, content dans la suite,
Vous me remercierez de ma rare conduite.

VALÈRE.

Nous verrons. Mais Lucile...

MASCARILLE.

Alte ; son père sort.

SCÈNE VIII.

ALBERT, VALÈRE, MASCARILLE.

ALBERT, *les cinq premiers vers sans voir Valère.*
Plus je reviens du trouble où j'ai donné d'abord,
Plus je me sens piqué de ce discours étrange
Sur qui ma peur prenoit un si dangereux change :
Car Lucile soutient que c'est une chanson,
Et m'a parlé d'un air à m'ôter tout soupçon.
Ah! monsieur, est-ce vous de qui l'audace insigne
Met en jeu mon honneur, et fait ce conte indigne?

MASCARILLE.
Seigneur Albert, prenez un ton un peu plus doux,
Et contre votre gendre ayez moins de courroux.

ALBERT.
Comment, gendre! Coquin! tu portes bien la mine
De pousser les ressorts d'une telle machine,
Et d'en avoir été le premier inventeur.

MASCARILLE.
Je ne vois ici rien à vous mettre en fureur.

ALBERT.
Trouves-tu beau, dis-moi, de diffamer ma fille,
Et faire un tel scandale à toute une famille?

MASCARILLE.
Le voilà prêt de faire en tout vos volontés.

ALBERT.
Que voudrois-je, sinon qu'il dît des vérités?
Si quelque intention le pressoit pour Lucile,
La recherche en pouvoit être honnête et civile;
Il falloit l'attaquer du côté du devoir,
Il falloit de son père implorer le pouvoir,
Et non pas recourir à cette lâche feinte

Qui porte à la pudeur une sensible atteinte.

MASCARILLE.

Quoi! Lucile n'est pas sous des liens secrets
A mon maître?

ALBERT.

Non, traître, et n'y sera jamais.

MASCARILLE.

Tout doux : et s'il est vrai que ce soit chose faite,
Voulez-vous l'approuver cette chaîne secrète?

ALBERT.

Et, s'il est constant, toi, que cela ne soit pas,
Veux-tu te voir casser les jambes et les bras?

VALÈRE.

Monsieur, il est aisé de vous faire paroître·
Qu'il dit vrai.

ALBERT.

Bon! voilà l'autre encor, digne maître
D'un semblable valet! O les menteurs hardis!

MASCARILLE.

D'homme d'honneur, il est ainsi que je le dis.

VALÈRE.

Quel seroit notre but de vous en faire accroire?

ALBERT, *à part.*

Ils s'entendent tous deux comme larrons en foire.

MASCARILLE.

Mais venons à la preuve; et, sans nous quereller,
Faites sortir Lucile et la laissez parler.

ALBERT.

Et si le démenti par elle vous en reste?

MASCARILLE.

Elle n'en fera rien, monsieur, je vous proteste.
Promettez à leurs vœux votre consentement,
Et je veux m'exposer au plus dur châtiment,
Si de sa propre bouche elle ne vous confesse

Et la foi qui l'engage, et l'ardeur qui la presse.
ALBERT.
Il faut voir cette affaire.
(*Il va frapper à sa porte.*)
MASCARILLE, *à Valère.*
Allez, tout ira bien.
ALBERT.
Holà! Lucile, un mot.
VALÈRE, *à Mascarille.*
Je crains...
MASCARILLE.
Ne craignez rien.

SCÈNE IX.

LUCILE, ALBERT, VALÈRE, MASCARILLE.

MASCARILLE.
Seigneur Albert, au moins silence. Enfin, madame,
Toute chose conspire au bonheur de votre ame,
Et monsieur votre père, averti de vos feux,
Vous laisse votre époux et confirme vos vœux;
Pourvu que, bannissant toutes craintes frivoles,
Deux mots de votre aveu confirment nos paroles.
LUCILE.
Que me vient donc conter ce coquin assuré?
MASCARILLE.
Bon! me voilà déja d'un beau titre honoré.
LUCILE.
Sachons un peu, monsieur, quelle belle saillie
Fait ce conte galant qu'aujourd'hui l'on publie?
VALÈRE.
Pardon, charmant objet, un valet a parlé,
Et j'ai vu, malgré moi, notre hymen révélé.

LUCILE.

Notre hymen?

VALÈRE.

On sait tout, adorable Lucile,
Et vouloir déguiser est un soin inutile.

LUCILE.

Quoi! l'ardeur de mes feux vous a fait mon époux?

VALÈRE.

C'est un bien qui me doit faire mille jaloux :
Mais j'impute bien moins ce bonheur de ma flamme
A l'ardeur de vos feux, qu'aux bontés de votre ame.
Je sais que vous avez sujet de vous fâcher,
Que c'étoit un secret que vous vouliez cacher,
Et j'ai de mes transports forcé la violence
A ne point violer votre expresse défense;
Mais...

MASCARILLE.

Hé bien! oui, c'est moi; le grand mal que voilà!

LUCILE.

Est-il une imposture égale à celle-là?
Vous l'osez soutenir en ma présence même,
Et pensez m'obtenir par ce beau stratagême?
O le plaisant amant, dont la galante ardeur
Veut blesser mon honneur au défaut de mon cœur,
Et que mon père, ému de l'éclat d'un sot conte,
Paye avec mon hymen qui me couvre de honte!
Quand tout contribueroit à votre passion,
Mon père, les destins, mon inclination,
On me verroit combattre, en ma juste colère,
Mon inclination, les destins et mon père,
Perdre même le jour, avant que de m'unir
A qui par ce moyen auroit cru m'obtenir.
Allez; et si mon sexe avecque bienséance
Se pouvoit emporter à quelque violence,

ACTE III, SCÈNE IX.

Je vous apprendrois bien à me traiter ainsi.
VALÈRE, *à Mascarille.*
C'en est fait, son courroux ne peut être adouci.
MASCARILLE.
Laissez-moi lui parler. Hé! madame, de grace,
A quoi bon maintenant toute cette grimace?
Quelle est votre pensée, et quel bourru transport
Contre vos propres vœux vous fait roidir si fort?
Si monsieur votre père étoit homme farouche,
Passe; mais il permet que la raison le touche;
Et lui-même m'a dit qu'une confession
Vous va tout obtenir de son affection.
Vous sentez, je crois bien, quelque petite honte
A faire un libre aveu de l'amour qui vous dompte;
Mais, s'il vous a fait prendre un peu de liberté,
Par un bon mariage on voit tout rajusté;
Et, quoi que l'on reproche au feu qui vous consomme,
Le mal n'est pas si grand que de tuer un homme.
On sait que la chair est fragile quelquefois,
Et qu'une fille, enfin, n'est ni caillou, ni bois.
Vous n'avez pas été, sans doute, la première,
Et vous ne serez pas, que je crois, la dernière.
LUCILE.
Quoi! vous pouvez ouïr ces discours effrontés,
Et vous ne dites mot à ces indignités?
ALBERT.
Que veux-tu que je die? Une telle aventure
Me met tout hors de moi.
MASCARILLE.
                    Madame, je vous jure
Que déja vous devriez avoir tout confessé.
LUCILE.
Et quoi donc confesser?

MASCARILLE.

Quoi? ce qui s'est passé
Entre mon maître et vous. La belle raillerie!

LUCILE.

Et que s'est-il passé, monstre d'effronterie,
Entre ton maître et moi?

MASCARILLE.

Vous devez, que je croi,
En savoir un peu plus de nouvelles que moi;
Et pour vous cette nuit fut trop douce pour croire
Que vous puissiez si vîte en perdre la mémoire.

LUCILE.

C'est trop souffrir, mon père, un impudent valet.

(*Elle lui donne un soufflet.*)

SCÈNE X.

ALBERT, VALÈRE, MASCARILLE.

MASCARILLE.

Je crois qu'elle me vient de donner un soufflet.

ALBERT.

Va, coquin, scélérat, sa main vient sur ta joue
De faire une action dont son père la loue.

MASCARILLE.

Et nonobstant cela, qu'un diable en cet instant
M'emporte, si j'ai dit rien que de très-constant.

ALBERT.

Et nonobstant cela, qu'on me coupe une oreille,
Si tu portes fort loin une audace pareille.

MASCARILLE.

Voulez-vous deux témoins qui me justifieront?

ALBERT.

Veux-tu deux de mes gens qui te bâtonneront?

MASCARILLE.

Leur rapport doit au mien donner toute créance.

ALBERT.

Leurs bras peuvent du mien réparer l'impuissance.

MASCARILLE.

Je vous dis que Lucile agit par honte ainsi.

ALBERT.

Je te dis que j'aurai raison de tout ceci.

MASCARILLE.

Connoissez-vous Ormin, ce gros notaire habile?

ALBERT.

Connois-tu bien Grimpant, le bourreau de la ville?

MASCARILLE.

Et Simon le tailleur, jadis si recherché?

ALBERT.

Et la potence mise au milieu du marché?

MASCARILLE.

Vous verrez confirmer par eux cet hyménée.

ALBERT.

Tu verras achever par eux ta destinée.

MASCARILLE.

Ce sont eux qu'ils ont pris pour témoins de leur foi.

ALBERT.

Ce sont eux qui dans peu me vengeront de toi.

MASCARILLE.

Et ces yeux les ont vus s'entre-donner parole.

ALBERT.

Et ces yeux te verront faire la capriole.

MASCARILLE.

Et, pour signe, Lucile avoit un voile noir.

ALBERT.

Et, pour signe, ton front nous le fait assez voir.

MASCARILLE.

O l'obstiné vieillard!

ALBERT.

O le fourbe damnable!
Va, rends grace à mes ans, qui me font incapable
De punir sur-le-champ l'affront que tu me fais;
Tu n'en perds que l'attente, et je te le promets.

SCÈNE XI.

VALÈRE, MASCARILLE.

VALÈRE.

Hé bien! ce beau succès que tu devois produire...

MASCARILLE.

J'entends à demi-mot ce que vous voulez dire:
Tout s'arme contre moi; pour moi de tous côtés
Je vois coups de bâton et gibets apprêtés.
Aussi, pour être en paix dans ce désordre extrême,
Je me vais d'un rocher précipiter moi-même,
Si, dans le désespoir dont mon cœur est outré,
Je puis en rencontrer d'assez haut à mon gré.
Adieu, monsieur.

VALÈRE.

Non, non, ta fuite est superflue;
Si tu meurs, je prétends que ce soit à ma vue.

MASCARILLE.

Je ne saurois mourir quand je suis regardé,
Et mon trépas ainsi se verroit retardé.

VALÈRE.

Suis-moi, traître, suis-moi; mon amour en furie
Te fera voir si c'est matière à raillerie.

MASCARILLE, *seul*.

Malheureux Mascarille, à quels maux aujourd'hui
Te vois-tu condamné pour le péché d'autrui!

FIN DU TROISIÈME ACTE.

ACTE IV.

SCÈNE PREMIÈRE.

ASCAGNE, FROSINE.

FROSINE.

L'AVENTURE est fâcheuse.

ASCAGNE.

Ah! ma chère Frosine,
Le sort absolument a conclu ma ruine.
Cette affaire, venue au point où la voilà,
N'est pas assurément (1) pour en demeurer là;
Il faut qu'elle passe outre; et Lucile et Valère,
Surpris des nouveautés d'un semblable mystère,
Voudront chercher un jour dans ces obscurités,
Par qui tous mes projets se verront avortés.
Car enfin, soit qu'Albert ait part au stratagême,
Ou qu'avec tout le monde on l'ait trompé lui-même,
S'il arrive une fois que mon sort éclairci
Mette ailleurs tout le bien dont le sien a grossi,
Jugez s'il aura lieu de souffrir ma présence :
Son intérêt détruit me laisse à ma naissance;
C'est fait de sa tendresse; et, quelque sentiment
Où pour ma fourbe alors pût être mon amant,
Voudra-t-il avouer pour épouse une fille
Qu'il verra sans appui de biens et de famille?

VARIANTE. (1) *N'est pas absolument.*

FROSINE.

Je trouve que c'est là raisonner comme il faut,
Mais ces réflexions devoient venir plus tôt.
Qui vous a jusqu'ici caché cette lumière?
Il ne falloit pas être une grande sorcière
Pour voir, dès le moment de vos desseins pour lui,
Tout ce que votre esprit ne voit que d'aujourd'hui;
L'action le disoit; et, dès que je l'ai sue,
Je n'en ai prévu guère une meilleure issue.

ASCAGNE.

Que dois-je faire enfin? Mon trouble est sans pareil:
Mettez-vous en ma place, et me donnez conseil.

FROSINE.

Ce doit être à vous-même, en prenant votre place,
A me donner conseil dessus cette disgrace:
Car je suis maintenant vous, et vous êtes moi:
Conseillez-moi, Frosine; au point où je me voi,
Quel remède trouver? Dites, je vous en prie.

ASCAGNE.

Hélas! ne traitez point ceci de raillerie;
C'est prendre peu de part à mes cuisans ennuis
Que de rire, et de voir les termes où j'en suis.

FROSINE.

Non, vraiment, tout de bon[1], votre ennui m'est sensible,
Et pour vous en tirer je ferois mon possible.
Mais que puis-je, après tout? Je vois fort peu de jour
A tourner cette affaire au gré de votre amour.

ASCAGNE.

Si rien ne peut m'aider, il faut donc que je meure.

FROSINE.

Ah! pour cela, toujours il est assez bonne heure:
La mort est un remède à trouver quand on veut;

VARIANTE. (1) *Ascagne, tout de bon.*

Et l'on s'en doit servir le plus tard que l'on peut.

ASCAGNE.

Non, non, Frosine, non; si vos conseils propices
Ne conduisent mon sort parmi ces précipices,
Je m'abandonne toute aux traits du désespoir.

FROSINE.

Savez-vous ma pensée? Il faut que j'aille voir
La... Mais Éraste vient, qui pourroit nous distraire.
Nous pourrons, en marchant, parler de cette affaire.
Allons, retirons-nous.

SCÈNE II.

ÉRASTE, GROS-RENÉ.

ÉRASTE.
  Encore rebuté?
GROS-RENÉ.
Jamais ambassadeur ne fut moins écouté.
A peine ai-je voulu lui porter la nouvelle
Du moment d'entretien que vous souhaitiez d'elle,
Qu'elle m'a répondu, tenant son quant-à-moi,
Va, va, je fais état de lui comme de toi;
Dis-lui qu'il se promène; et, sur ce beau langage,
Pour suivre son chemin, m'a tourné le visage,
Et Marinette aussi, d'un dédaigneux museau,
Lâchant un: Laisse-nous, beau valet de carreau,
M'a planté là comme elle; et mon sort et le vôtre
N'ont rien à se pouvoir reprocher l'un à l'autre.

ÉRASTE.
L'ingrate! recevoir avec tant de fierté
Le prompt retour d'un cœur justement emporté!
Quoi! le premier transport d'un amour qu'on abuse
Sous tant de vraisemblance est indigne d'excuse?

Et ma plus vive ardeur, en ce moment fatal,
Devoit être insensible au bonheur d'un rival?
Tout autre n'eût pas fait même chose en ma place, (1)
Et se fût moins laissé surprendre à tant d'audace?
De mes justes soupçons suis-je sorti trop tard?
Je n'ai point attendu de sermens de sa part;
Et, lorsque tout le monde encor ne sait qu'en croire,
Ce cœur impatient lui rend toute sa gloire,
Il cherche à s'excuser; et le sien voit si peu
Dans ce profond respect la grandeur de mon feu!
Loin d'assurer une ame, et lui fournir des armes,
Contre ce qu'un rival lui veut donner d'alarmes,
L'ingrate m'abandonne à mon jaloux transport,
Et rejette de moi, message, écrit, abord!
Ah! sans doute un amour a peu de violence,
Qu'est capable d'éteindre une si foible offense;
Et ce dépit si prompt à s'armer de rigueur,
Découvre assez pour moi tout le fond de son cœur,
Et de quel prix doit être à présent à mon ame
Tout ce dont son caprice a pu flatter ma flamme.
Non, je ne prétends plus demeurer engagé
Pour un cœur où je vois le peu de part que j'ai;
Et, puisque l'on témoigne une froideur extrême
A conserver les gens, je veux faire de même.

GROS-RENÉ.

Et moi de même aussi. Soyons tous deux fâchés,
Et mettons notre amour au rang des vieux péchés.
Il faut apprendre à vivre à ce sexe volage,
Et lui faire sentir que l'on a du courage.
Qui souffre ses mépris, les veut bien recevoir.
Si nous avions l'esprit de nous faire valoir,
Les femmes n'auroient pas la parole si haute.

VARIANTE. (1) *Même chose à ma place.*

Oh! qu'elles nous sont bien fières par notre faute!
Je veux être pendu, si nous ne les verrions
Sauter à notre cou plus que nous ne voudrions,
Sans tous ces vils devoirs dont la plupart des hommes
Les gâtent tous les jours dans le siècle où nous sommes.

ÉRASTE.

Pour moi, sur toute chose, un mépris me surprend;
Et, pour punir le sien par un autre aussi grand,
Je veux mettre en mon cœur une nouvelle flamme.

GROS-RENÉ.

Et moi, je ne veux plus m'embarrasser de femme;
A toutes je renonce, et crois, en bonne foi,
Que vous feriez fort bien de faire comme moi.
Car, voyez-vous, la femme est, comme on dit, mon maître,
Un certain animal difficile à connoître,
Et de qui la nature est fort encline au mal :
Et comme un animal est toujours animal,
Et ne sera jamais qu'animal, quand sa vie
Dureroit cent mille ans; aussi, sans repartie,
La femme est toujours femme, et jamais ne sera
Que femme, tant qu'entier le monde durera.
D'où vient qu'un certain Grec dit que sa tête passe
Pour un sable mouvant; car, goûtez bien, de grace,
Ce raisonnement-ci, lequel est des plus forts;
Ainsi que la tête est comme le chef du corps,
Et que le corps sans chef est pire qu'une bête;
Si le chef n'est pas bien d'accord avec la tête,
Que tout ne soit pas bien réglé par le compas,
Nous voyons arriver de certains embarras;
La partie brutale alors veut prendre empire
Dessus la sensitive, et l'on voit que l'un tire
A dia, l'autre à hurhaut; l'un demande du mou,
L'autre du dur; enfin tout va sans savoir où;
Pour montrer qu'ici-bas, ainsi qu'on l'interprète,

La tête d'une femme est comme la girouette [1]
Au haut d'une maison, qui tourne au premier vent;
C'est pourquoi le cousin Aristote souvent
La compare à la mer; d'où vient qu'on dit qu'au monde
On ne peut rien trouver de si stable que l'onde.
Or, par comparaison (car la comparaison
Nous fait distinctement comprendre une raison,
Et nous aimons bien mieux, nous autres gens d'étude,
Une comparaison qu'une similitude);
Par comparaison donc, mon maître, s'il vous plaît,
Comme on voit que la mer, quand l'orage s'accroît,
Vient à se courroucer, le vent souffle et ravage,
Les flots contre les flots font un remû-ménage
Horrible; et le vaisseau, malgré le nautonnier,
Va tantôt à la cave, et tantôt au grenier:
Ainsi, quand une femme a sa tête fantasque,
On voit une tempête en forme de bourrasque,
Qui veut compétiter par de certains... propos,
Et lors un... certain vent, qui par... de certains flots,
De... certaine façon, ainsi qu'un banc de sable...
Quand... les femmes enfin ne valent pas le diable.

ÉRASTE.

C'est fort bien raisonner.

GROS-RENÉ.

Assez bien, dieu merci.
Mais je les vois, monsieur, qui passent par ici.
Tenez-vous ferme au moins.

ÉRASTE.

Ne te mets pas en peine.

GROS-RENÉ.

J'ai bien peur que ses yeux resserrent votre chaîne.

VARIANTE. (1) *Est comme une girouette.*

SCÈNE III.

LUCILE, ÉRASTE, MARINETTE, GROS-RENÉ.

MARINETTE.

Je l'aperçois encor; mais ne vous rendez point.

LUCILE.

Ne me soupçonne pas d'être foible à ce point.

MARINETTE.

Il vient à nous.

ÉRASTE.

Non, non, ne croyez pas, madame,
Que je revienne encor vous parler de ma flamme.
C'en est fait; je me veux guérir, et connois bien
Ce que de votre cœur a possédé le mien.
Un courroux si constant pour l'ombre d'une offense
M'a trop bien éclairé [1] de votre indifférence,
Et je dois vous montrer que les traits du mépris
Sont sensibles surtout aux généreux esprits.
Je l'avouerai, mes yeux observoient dans les vôtres
Des charmes qu'ils n'ont point trouvés dans tous les autres,
Et le ravissement où j'étois de mes fers,
Les auroit préférés à des sceptres offerts.
Oui, mon amour pour vous, sans doute, étoit extrême;
Je vivois tout en vous; et je l'avouerai même,
Peut-être qu'après tout j'aurai, quoique outragé,
Assez de peine encore à m'en voir dégagé:
Possible que malgré la cure qu'elle essaie,
Mon ame saignera long-temps de cette plaie,
Et qu'affranchi d'un joug qui faisoit tout mon bien,
Il faudra se résoudre [2] à n'aimer jamais rien.
Mais enfin, il n'importe; et puisque votre haine

VARIANTES. (1) *M'a trop bien éclairci.* — (2) *Il faudra me résoudre.*

Chasse un cœur tant de fois que l'amour vous ramène,
C'est la dernière ici des importunités
Que vous aurez jamais de mes vœux rebutés.

LUCILE.

Vous pouvez faire aux miens la grace toute entière,
Monsieur, et m'épargner encor cette dernière.

ÉRASTE.

Hé bien! madame, hé bien! ils seront satisfaits.
Je romps avecque vous, et j'y romps pour jamais,
Puisque vous le voulez. Que je perde la vie
Lorsque de vous parler je reprendrai l'envie!

LUCILE.

Tant mieux; c'est m'obliger.

ÉRASTE.

Non, non, n'ayez pas peur
Que je fausse parole; eussé-je un foible cœur
Jusques à n'en pouvoir effacer votre image,
Croyez que vous n'aurez jamais cet avantage
De me voir revenir.

LUCILE.

Ce seroit bien en vain.

ÉRASTE.

Moi-même de cent coups je percerois mon sein,
Si j'avois jamais fait cette bassesse insigne
De vous revoir après ce traitement indigne.

LUCILE.

Soit; n'en parlons donc plus.

ÉRASTE.

Oui, oui, n'en parlons plus;
Et, pour trancher ici tous propos superflus,
Et vous donner, ingrate, une preuve certaine
Que je veux, sans retour, sortir de votre chaîne,
Je ne veux rien garder qui puisse retracer
Ce que de mon esprit il me faut effacer.

ACTE IV, SCÈNE III.

Voici votre portrait; il présente à la vue
Cent charmes merveilleux dont vous êtes pourvue;
Mais il cache sous eux cent défauts aussi grands,
Et c'est un imposteur enfin que je vous rends.

GROS-RENÉ.

Bon.

LUCILE.

Et moi, pour vous suivre au dessein de tout rendre,
Voilà le diamant que vous m'avez fait prendre.

MARINETTE.

Fort bien.

ÉRASTE.

Il est à vous encor ce bracelet.

LUCILE.

Et cette agate à vous, qu'on fit mettre en cachet.

ÉRASTE *lit.*

Vous m'aimez d'une amour extrême,
Éraste, et de mon cœur voulez être éclairci;
Si je n'aime Éraste de même,
Au moins aimé-je fort qu'Éraste m'aime ainsi.

LUCILE.

Vous m'assuriez par là d'agréer mon service;
C'est une fausseté digne de ce supplice.

(*Il déchire la lettre.*)

LUCILE *lit.*

J'ignore le destin de mon amour ardente,
Et jusqu'à quand je souffrirai;
Mais je sais, ô beauté charmante!
Que toujours je vous aimerai.

ÉRASTE.

Voilà qui m'assuroit à jamais de vos feux;
Et la main et la lettre ont menti toutes deux.

(*Elle déchire la lettre.*)

GROS-RENÉ.

Poussez.

ÉRASTE.

Elle est de vous. Suffit, même fortune.

MARINETTE, *à Lucile.*

Ferme.

LUCILE.

J'aurois regret d'en épargner aucune.

GROS-RENÉ, *à Éraste.*

N'ayez pas le dernier.

MARINETTE, *à Lucile.*

Tenez bon jusqu'au bout.

LUCILE.

Enfin voilà le reste.

ÉRASTE.

Et, grace au ciel, c'est tout..
Que sois-je exterminé [1], si je ne tiens parole!

LUCILE.

Me confonde le ciel, si la mienne est frivole!

ÉRASTE.

Adieu donc.

LUCILE.

Adieu donc.

MARINETTE, *à Lucile.*

Voilà qui va des mieux.

GROS-RENÉ, *à Éraste.*

Vous triomphez.

MARINETTE, *à Lucile.*

Allons, ôtez-vous de ses yeux.

GROS-RENÉ, *à Éraste.*

Retirez-vous après cet effort de courage.

MARINETTE, *à Lucile.*

Qu'attendez-vous encor?

VARIANTE. (1) *Je sois exterminé.*

ACTE IV, SCÈNE III.

GROS-RENÉ, *à Éraste.*
Que faut-il davantage ?

ÉRASTE.
Ah ! Lucile, Lucile, un cœur comme le mien
Se fera regretter, et je le sais fort bien.

LUCILE.
Éraste, Éraste, un cœur fait comme est fait le vôtre
Se peut facilement réparer par un autre.

ÉRASTE.
Non, non, cherchez partout, vous n'en aurez jamais
De si passionné pour vous, je vous promets.
Je ne dis pas cela pour vous rendre attendrie;
J'aurois tort d'en former encore quelque envie.
Mes plus ardens respects n'ont pu vous obliger;
Vous avez voulu rompre; il n'y faut plus songer :
Mais personne, après moi, quoi qu'on vous fasse entendre,
N'aura jamais pour vous de passion si tendre.

LUCILE.
Quand on aime les gens, on les traite autrement;
On fait de leur personne un meilleur jugement.

ÉRASTE.
Quand on aime les gens, on peut, de jalousie,
Sur beaucoup d'apparence, avoir l'ame saisie;
Mais alors qu'on les aime, on ne peut en effet
Se résoudre à les perdre; et vous, vous l'avez fait.

LUCILE.
La pure jalousie est plus respectueuse.

ÉRASTE.
On voit d'un œil plus doux une offense amoureuse.

LUCILE.
Non, votre cœur, Éraste, étoit mal enflammé.

ÉRASTE.
Non, Lucile, jamais vous ne m'avez aimé.

LUCILE.

Hé! je crois que cela foiblement vous soucie.
Peut-être en seroit-il beaucoup mieux pour ma vie,
Si je... Mais laissons là ces discours superflus :
Je ne dis point quels sont mes pensers là-dessus.

ÉRASTE.

Pourquoi?

LUCILE.

Par la raison que nous rompons ensemble,
Et que cela n'est plus de saison, ce me semble.

ÉRASTE.

Nous rompons?

LUCILE.

Oui, vraiment; quoi! n'en est-ce pas fait?

ÉRASTE.

Et vous voyez cela d'un esprit satisfait?

LUCILE.

Comme vous.

ÉRASTE.

Comme moi?

LUCILE.

Sans doute. C'est foiblesse
De faire voir aux gens que leur perte nous blesse.

ÉRASTE.

Mais, cruelle! c'est vous qui l'avez bien voulu.

LUCILE.

Moi? point du tout. C'est vous qui l'avez résolu.

ÉRASTE.

Moi? Je vous ai cru là faire un plaisir extrême.

LUCILE.

Point, vous avez voulu vous contenter vous-même.

ÉRASTE.

Mais si mon cœur encor revouloit sa prison;
Si, tout fâché qu'il est, il demandoit pardon?

LUCILE.

Non, non, n'en faites rien; ma foiblesse est trop grande;
J'aurois peur d'accorder trop tôt votre demande.

ÉRASTE.

Ah! vous ne pouvez pas trop tôt me l'accorder,
Ni moi sur cette peur trop tôt le demander:
Consentez-y, madame; une flamme si belle
Doit, pour votre intérêt, demeurer immortelle.
Je le demande enfin, me l'accorderez-vous,
Ce pardon obligeant?

LUCILE.

Remenez-moi chez nous.

SCÈNE IV.

MARINETTE, GROS-RENÉ.

MARINETTE.

O la lâche personne!

GROS-RENÉ.

Ah! le foible courage!

MARINETTE.

J'en rougis de dépit.

GROS-RENÉ.

J'en suis gonflé de rage.
Ne t'imagine pas que je me rende ainsi.

MARINETTE.

Et ne pense pas, toi, trouver ta dupe aussi.

GROS-RENÉ.

Viens, viens frotter ton nez auprès de ma colère.

MARINETTE.

Tu nous prends pour une autre, et tu n'as pas affaire
A ma sotte maîtresse. Ardez le beau museau,
Pour nous donner envie encore de sa peau!

Moi, j'aurois de l'amour pour ta chienne de face?
Moi, je te chercherois? Ma foi! l'on t'en fricasse
Des filles comme nous.

GROS-RENÉ.

Oui, tu le prends par là?
Tiens, tiens, sans y chercher tant de façon, voilà
Ton beau galant de neige, avec ta nonpareille;
Il n'aura plus l'honneur d'être sur mon oreille.

MARINETTE.

Et toi, pour te montrer que tu m'es à mépris,
Voilà ton demi-cent d'épingles de Paris,
Que tu me donnas hier avec tant de fanfare.

GROS-RENÉ.

Tiens encor ton couteau. La pièce est riche et rare,
Il te coûta six blancs lorsque tu m'en fis don.

MARINETTE.

Tiens tes ciseaux avec ta chaîne de laiton.

GROS-RENÉ.

J'oubliois d'avant-hier ton morceau de fromage,
Tiens. Je voudrois pouvoir rejeter le potage
Que tu me fis manger, pour n'avoir rien à toi.

MARINETTE.

Je n'ai point maintenant de tes lettres sur moi;
Mais j'en ferai du feu jusques à la dernière.

GROS-RENÉ.

Et des tiennes tu sais ce que j'en saurai faire.

MARINETTE.

Prends garde à ne venir jamais me reprier.

GROS-RENÉ.

Pour couper tout chemin à nous rapatrier,
Il faut rompre la paille. Une paille rompue
Rend, entre gens d'honneur, une affaire conclue.
Ne fais point les doux yeux; je veux être fâché.

MARINETTE.

Ne me lorgne point, toi; j'ai l'esprit trop touché.

GROS-RENÉ.

Romps; voilà le moyen de ne s'en plus dédire;
Romps. Tu ris, bonne bête!

MARINETTE.

Oui, car tu me fais rire.

GROS-RENÉ.

La peste soit ton ris! voilà tout mon courroux
Déja dulcifié. Qu'en dis-tu? romprons-nous,
Ou ne romprons-nous pas?

MARINETTE.

Vois.

GROS-RENÉ.

Vois, toi.

MARINETTE.

Vois, toi-même.

GROS-RENÉ.

Est-ce que tu consens que jamais je ne t'aime?

MARINETTE.

Moi? Ce que tu voudras.

GROS-RENÉ.

Ce que tu voudras, toi.
Dis.

MARINETTE.

Je ne dirai rien.

GROS-RENÉ.

Ni moi non plus.

MARINETTE.

Ni moi.

GROS-RENÉ.

Ma foi! nous ferons mieux de quitter la grimace.
Touche, je te pardonne.

MARINETTE.

Et moi, je te fais grace.

GROS-RENÉ.

Mon dieu! qu'à tes appas je suis accoqüiné!

MARINETTE.

Que Marinette est sotte après son Gros-René!

FIN DU QUATRIÈME ACTE.

ACTE V.

SCÈNE PREMIÈRE.

MASCARILLE.

« Dès que l'obscurité régnera dans la ville,
« Je me veux introduire au logis de Lucile ;
« Va vîte de ce pas préparer pour tantôt,
« Et la lanterne sourde, et les armes qu'il faut. »
Quand il m'a dit ces mots, il m'a semblé d'entendre :
Va vîtement chercher un licou pour te pendre.
Venez çà, mon patron ; car, dans l'étonnement
Où m'a jeté d'abord un tel commandement,
Je n'ai pas eu le temps de vous pouvoir répondre ;
Mais je vous veux ici parler, et vous confondre :
Défendez-vous donc bien, et raisonnons sans bruit.
Vous voulez, dites-vous, aller voir cette nuit
Lucile ? « Oui, Mascarille. » Et que pensez-vous faire ?
« Une action d'amant qui se veut satisfaire. »
Une action d'un homme à fort petit cerveau,
Que d'aller sans besoin risquer ainsi sa peau.
« Mais tu sais quel motif à ce dessein m'appelle ;
« Lucile est irritée. » Eh bien ! tant pis pour elle.
« Mais l'amour veut que j'aille apaiser son esprit. »
Mais l'amour est un sot qui ne sait ce qu'il dit.
Nous garantira-t-il, cet amour, je vous prie,
D'un rival, ou d'un père, ou d'un frère en furie ?
« Penses-tu qu'aucun d'eux songe à nous faire mal ? »
Oui, vraiment, je le pense ; et surtout ce rival.

« Mascarille, en tout cas, l'espoir où je me fonde,
« Nous irons bien armés, et, si quelqu'un nous gronde,
« Nous nous chamaillerons. » Oui? Voilà justement
Ce que votre valet ne prétend nullement.
Moi, chamailler, bon dieu! Suis-je un Roland, mon maître,
Ou quelque Ferragus? C'est fort mal me connoître.
Quand je viens à songer, moi, qui me suis si cher,
Qu'il ne faut que deux doigts d'un misérable fer
Dans le corps, pour vous mettre un humain dans la bière,
Je suis scandalisé d'une étrange manière.
« Mais tu seras armé de pied en cap. » Tant pis,
J'en serai moins léger à gagner le taillis;
Et de plus il n'est point d'armure si bien jointe,
Où ne puisse glisser une vilaine pointe.
« Oh! tu seras ainsi tenu pour un poltron! »
Soit, pourvu que toujours je branle le menton.
A table comptez-moi, si vous voulez, pour quatre;
Mais comptez-moi pour rien s'il s'agit de se battre.
Enfin, si l'autre monde a des charmes pour vous,
Pour moi, je trouve l'air de celui-ci fort doux.
Je n'ai pas grande faim de mort ni de blessure,
Et vous ferez le sot tout seul, je vous assure.

SCÈNE II.

VALÈRE, MASCARILLE.

VALÈRE.

Je n'ai jamais trouvé de jour plus ennuyeux.
Le soleil semble s'être oublié dans les cieux;
Et jusqu'au lit qui doit recevoir sa lumière,
Je vois rester encore une telle carrière,
Que je crois que jamais il ne l'achevera,
Et que de sa lenteur mon ame enragera.

MASCARILLE.

Et cet empressement, pour s'en aller dans l'ombre,
Pêcher vîte à tâtons quelque sinistre encombre...
Vous voyez que Lucile, entière en ses rebuts...

VALÈRE.

Ne me fais point ici de contes superflus.
Quand j'y devrois trouver cent embûches mortelles,
Je sens de son courroux des gênes trop cruelles;
Et je veux l'adoucir, ou terminer mon sort.
C'est un point résolu.

MASCARILLE.

J'approuve ce transport :
Mais le mal est, monsieur, qu'il faudra s'introduire
En cachette.

VALÈRE.

Fort bien.

MASCARILLE.

Et j'ai peur de vous nuire.

VALÈRE.

Et comment ?

MASCARILLE.

Une toux me tourmente à mourir,
Dont le bruit importun vous fera découvrir :

(*Il tousse.*)

De moment en moment... vous voyez le supplice.

VALÈRE.

Ce mal te passera, prends du jus de réglisse.

MASCARILLE.

Je ne crois pas, monsieur, qu'il se veuille passer.
Je serois ravi, moi, de ne vous point laisser;
Mais j'aurois un regret mortel, si j'étois cause
Qu'il fût à mon cher maître arrivé quelque chose.

SCÈNE III.

VALÈRE, LA RAPIÈRE, MASCARILLE.

LA RAPIÈRE.
Monsieur, de bonne part je viens d'être informé
Qu'Éraste est contre vous fortement animé,
Et qu'Albert parle aussi de faire pour sa fille
Rouer jambes et bras à votre Mascarille.

MASCARILLE.
Moi? Je ne suis pour rien dans tout cet embarras.
Qu'ai-je fait pour me voir rouer jambes et bras?
Suis-je donc gardien, pour employer ce style,
De la virginité des filles de la ville?
Sur la tentation ai-je quelque crédit,
Et puis-je mais, chétif, si le cœur leur en dit?

VALÈRE.
Oh! qu'ils ne seront pas si méchans qu'ils le disent!
Et quelque belle ardeur que ses feux lui produisent,
Éraste n'aura pas si bon marché de nous.

LA RAPIÈRE.
S'il vous faisoit besoin, mon bras est tout à vous.
Vous savez de tout temps que je suis un bon frère.

VALÈRE.
Je vous suis obligé, monsieur de la Rapière.

LA RAPIÈRE.
J'ai deux amis aussi que je vous puis donner,
Qui contre tous venans sont gens à dégaîner,
Et sur qui vous pourrez prendre toute assurance.

MASCARILLE.
Acceptez-les, monsieur.

VALÈRE.
C'est trop de complaisance.

LA RAPIÈRE.

Le petit Gille encore eût pu nous assister,
Sans le triste accident qui vient de nous l'ôter.
Monsieur, le grand dommage! et l'homme de service!
Vous avez su le tour que lui fit la justice;
Il mourut en César, et, lui cassant les os,
Le bourreau ne lui put faire lâcher deux mots.

VALÈRE.

Monsieur de la Rapière, un homme de la sorte
Doit être regretté : mais, quant à votre escorte,
Je vous rends graces.

LA RAPIÈRE.

Soit; mais soyez averti
Qu'il vous cherche, et vous peut faire un mauvais parti.

VALÈRE.

Et moi, pour vous montrer combien je l'appréhende,
Je lui veux, s'il me cherche, offrir ce qu'il demande,
Et par toute la ville aller présentement,
Sans être accompagné que de lui seulement.

SCÈNE IV.

VALÈRE, MASCARILLE.

MASCARILLE.

Quoi! monsieur, vous voulez tenter Dieu? Quelle audace!
Las! vous voyez tous deux comme l'on nous menace;
Combien de tous côtés...

VALÈRE.

Que regardes-tu là?

MASCARILLE.

C'est qu'il sent le bâton du côté que voilà.
Enfin, si maintenant ma prudence en est crue,
Ne nous obstinons point à rester dans la rue,
Allons nous renfermer.

VALÈRE.

Nous renfermer, faquin?
Tu m'oses proposer un acte de coquin?
Sus; sans plus de discours, résous-toi de me suivre.

MASCARILLE.

Hé! monsieur mon cher maître, il est si doux de vivre!
On ne meurt qu'une fois, et c'est pour si long-temps!...

VALÈRE.

Je m'en vais t'assommer de coups, si je t'entends.
Ascagne vient ici, laissons-le; il faut attendre
Quel parti de lui-même il résoudra de prendre.
Cependant avec moi viens prendre à la maison
Pour nous frotter.

MASCARILLE.

Je n'ai nulle démangeaison.
Que maudit soit l'amour, et les filles maudites,
Qui veulent en tâter, puis font les chatemites!

SCÈNE V.

ASCAGNE, FROSINE.

ASCAGNE.

Est-il bien vrai, Frosine, et ne rêvé-je point?
De grace, contez-moi bien tout de point en point.

FROSINE.

Vous en saurez assez le détail, laissez faire.
Ces sortes d'incidens ne sont, pour l'ordinaire,
Que redits trop de fois de moment en moment.
Suffit que vous sachiez qu'après ce testament
Qui vouloit un garçon pour tenir sa promesse,
De la femme d'Albert la dernière grossesse
N'accoucha que de vous, et que lui, dessous main,
Ayant depuis long-temps concerté son dessein,

Fit son fils de celui d'Ignès la bouquetière,
Qui vous donna pour sienne à nourrir à ma mère.
La mort ayant ravi ce petit innocent
Quelque dix mois après, Albert étant absent,
La crainte d'un époux et l'amour maternelle
Firent l'événement d'une ruse nouvelle.
Sa femme en secret lors se rendit son vrai sang,
Vous devîntes celui qui tenoit votre rang,
Et la mort de ce fils mis dans votre famille,
Se couvrit pour Albert de celle de sa fille.
Voilà de votre sort un mystère éclairci,
Que votre feinte mère a caché jusqu'ici ;
Elle en dit des raisons, et peut en avoir d'autres,
Par qui ses intérêts n'étoient pas tous les vôtres.
Enfin, cette visite, où j'espérois si peu,
Plus qu'on ne pouvoit croire, a servi votre feu.
Cette Ignès vous relâche, et, par votre autre affaire,
L'éclat de son secret devenu nécessaire,
Nous en avons nous deux votre père informé ;
Un billet de sa femme a le tout confirmé :
Et poussant plus avant encore notre pointe,
Quelque peu de fortune à notre adresse jointe,
Aux intérêts d'Albert, de Polidore, après,
Nous avons ajusté si bien les intérêts,
Si doucement à lui déplié ces mystères, (1)
Pour n'effaroucher pas d'abord trop les affaires ;
Enfin, pour dire tout, mené si prudemment
Son esprit pas à pas à l'accommodement,
Qu'autant que votre père il montre de tendresse
A confirmer les nœuds qui font votre allégresse.

ASCAGNE.

Ah ! Frosine, la joie où vous m'acheminez...

VARIANTE. (1) *Déployé ces mystères.*

Hé! que ne dois-je point à vos soins fortunés!
FROSINE.
Au reste, le bon homme est en humeur de rire,
Et pour son fils encor nous défend de rien dire.

SCÈNE VI.
POLIDORE, ASCAGNE, FROSINE.

POLIDORE.
Approchez-vous, ma fille, un tel nom m'est permis,
Et j'ai su le secret que cachoient ces habits.
Vous avez fait un trait qui, dans sa hardiesse,
Fait briller tant d'esprit et tant de gentillesse,
Que je vous en excuse, et tiens mon fils heureux
Quand il saura l'objet de ses soins amoureux.
Vous valez tout un monde, et c'est moi qui l'assure.
Mais le voici; prenons plaisir de l'aventure.
Allez faire venir tous vos gens promptement.
ASCAGNE.
Vous obéir sera mon premier compliment.

SCÈNE VII.
POLIDORE, VALÈRE, MASCARILLE.

MASCARILLE, *à Valère*.
Les disgraces souvent sont du ciel révélées.
J'ai songé cette nuit de perles défilées,
Et d'œufs cassés; monsieur, un tel songe m'abat.
VALÈRE.
Chien de poltron!
POLIDORE.
    Valère, il s'apprête un combat
Où toute ta valeur te sera nécessaire.

ACTE V, SCÈNE VII.

Tu vas avoir en tête un puissant adversaire.

MASCARILLE.

Et personne, monsieur, qui se veuille bouger
Pour retenir des gens qui se vont égorger?
Pour moi, je le veux bien; mais au moins s'il arrive
Qu'un funeste accident de votre fils vous prive,
Ne m'en accusez point.

POLIDORE.

Non, non, en cet endroit,
Je le pousse moi-même à faire ce qu'il doit.

MASCARILLE.

Père dénaturé!

VALÈRE.

Ce sentiment, mon père,
Est d'un homme de cœur, et je vous en révère.
J'ai dû vous offenser, et je suis criminel
D'avoir fait tout ceci sans l'aveu paternel;
Mais, à quelque dépit que ma faute vous porte,
La nature toujours se montre la plus forte,
Et votre honneur fait bien, quand il ne veut pas voir
Que le transport d'Éraste ait de quoi m'émouvoir.

POLIDORE.

On me faisoit tantôt redouter sa menace;
Mais les choses depuis ont bien changé de face,
Et, sans le pouvoir fuir, d'un ennemi plus fort
Tu vas être attaqué.

MASCARILLE.

Point de moyen d'accord?

VALÈRE.

Moi, le fuir! dieu m'en garde. Et qui donc pourroit-ce être?

POLIDORE.

Ascagne.

VALÈRE.

Ascagne?

POLIDORE.
Oui, tu le vas voir paroître.
VALÈRE.
Lui, qui de me servir m'avoit donné sa foi.
POLIDORE.
Oui, c'est lui qui prétend avoir affaire à toi;
Et qui veut, dans le champ où l'honneur vous appelle,
Qu'un combat seul à seul vuide votre querelle.
MASCARILLE.
C'est un brave homme; il sait que les cœurs généreux
Ne mettent point les gens en compromis pour eux.
POLIDORE.
Enfin, d'une imposture ils te rendent coupable,
Dont le ressentiment m'a paru raisonnable;
Si bien qu'Albert et moi sommes tombés d'accord
Que tu satisferois Ascagne sur ce tort;
Mais aux yeux d'un chacun, et sans nulles remises,
Dans les formalités en pareil cas requises.
VALÈRE.
Et Lucile, mon père, a, d'un cœur endurci...
POLIDORE.
Lucile épouse Éraste, et te condamne aussi,
Et, pour convaincre mieux tes discours d'injustice,
Veut qu'à tes propres yeux cet hymen s'accomplisse.
VALÈRE.
Ah! c'est une impudence à me mettre en fureur :
Elle a donc perdu sens, foi, conscience, honneur!

SCÈNE VIII.

ALBERT, POLIDORE, LUCILE, ÉRASTE, VALÈRE, MASCARILLE.

ALBERT.
Hé bien! les combattans? On amène le nôtre.
Avez-vous disposé le courage du vôtre?
VALÈRE.
Oui, oui, me voilà prêt, puisqu'on m'y veut forcer;
Et, si j'ai pu trouver sujet de balancer,
Un reste de respect en pouvoit être cause,
Et non pas la valeur du bras que l'on m'oppose;
Mais c'est trop me pousser, ce respect est à bout,
A toute extrémité mon esprit se résout,
Et l'on fait voir un trait de perfidie étrange,
Dont il faut hautement que mon amour se venge.
    (à Lucile.)
Non pas que cet amour prétende encore à vous:
Tout son feu se résout en ardeur de courroux;
Et, quand j'aurai rendu votre honte publique,
Votre coupable hymen n'aura rien qui me pique.
Allez, ce procédé, Lucile, est odieux :
A peine en puis-je croire au rapport de mes yeux;
C'est de toute pudeur se montrer ennemie,
Et vous devriez mourir d'une telle infamie.
LUCILE.
Un semblable discours me pourroit affliger,
Si je n'avois en main qui m'en saura venger.
Voici venir Ascagne, il aura l'avantage
De vous faire changer bien vite de langage,
Et sans beaucoup d'effort.

SCÈNE IX.

ALBERT, POLIDORE, ASCAGNE, LUCILE, ÉRASTE, VALÈRE, FROSINE, MARINETTE, GROS-RENÉ, MASCARILLE.

VALÈRE.

Il ne le fera pas,
Quand il joindroit au sien encor vingt autres bras.
Je le plains de défendre une sœur criminelle;
Mais, puisque son erreur me veut faire querelle,
Nous le satisferons, et vous, mon brave, aussi.

ÉRASTE.

Je prenois intérêt tantôt à tout ceci;
Mais enfin, comme Ascagne a pris sur lui l'affaire,
Je ne veux plus en prendre, et je le laisse faire.

VALÈRE.

C'est bien fait; la prudence est toujours de saison.
Mais...

ÉRASTE.

Il saura pour tous vous mettre à la raison.

VALÈRE.

Lui?

POLIDORE.

Ne t'y trompe pas; tu ne sais pas encore
Quel étrange garçon est Ascagne.

ALBERT.

Il l'ignore;
Mais il pourra dans peu le lui faire savoir.

VALÈRE.

Sus donc, que maintenant il me le fasse voir.

MARINETTE.

Aux yeux de tous?

ACTE V, SCÈNE IX.

GROS-RENÉ.
Cela ne seroit pas honnête.
VALÈRE.
Se moque-t-on de moi? Je casserai la tête
A quelqu'un des rieurs. Enfin, voyons l'effet.
ASCAGNE.
Non, non, je ne suis pas si méchant qu'on me fait;
Et, dans cette aventure où chacun m'intéresse,
Vous allez voir plutôt éclater ma foiblesse,
Connoître que le ciel qui dispose de nous,
Ne me fit pas un cœur pour tenir contre vous,
Et qu'il vous réservoit pour victoire facile,
De finir le destin du frère de Lucile.
Oui, bien loin de vanter le pouvoir de mon bras,
Ascagne va par vous recevoir le trépas :
Mais il veut bien mourir, si sa mort nécessaire
Peut avoir maintenant de quoi vous satisfaire,
En vous donnant pour femme, en présence de tous,
Celle qui justement ne peut être qu'à vous.
VALÈRE.
Non, quand toute la terre, après sa perfidie
Et les traits effrontés...
ASCAGNE.
Ah! souffrez que je die,
Valère, que le cœur qui vous est engagé,
D'aucun crime envers vous ne peut être chargé;
Sa flamme est toujours pure et sa constance extrême,
Et j'en prends à témoin votre père lui-même.
POLIDORE.
Oui, mon fils, c'est assez rire de ta fureur,
Et je vois qu'il est temps de te tirer d'erreur.
Celle à qui par serment ton ame est attachée,
Sous l'habit que tu vois à tes yeux est cachée;
Un intérêt de bien, dès ses plus jeunes ans,

Fit ce déguisement qui trompe tant de gens,
Et, depuis peu, l'amour en a su faire un autre,
Qui t'abusa, joignant leur famille à la nôtre.
Ne va point regarder à tout le monde aux yeux.
Je te fais maintenant un discours sérieux.
Oui, c'est elle, en un mot, dont l'adresse subtile,
La nuit, reçut ta foi sous le nom de Lucile,
Et qui, par ce ressort qu'on ne comprenoit pas,
A semé parmi vous un si grand embarras.
Mais, puisque Ascagne ici fait place à Dorothée,
Il faut voir de vos feux toute imposture ôtée,
Et qu'un nœud plus sacré donne force au premier.

ALBERT.

Et c'est là justement ce combat singulier
Qui devoit envers nous réparer votre offense,
Et pour qui les édits n'ont point fait de défense.

POLIDORE.

Un tel événement rend tes esprits confus :
Mais en vain tu voudrois balancer là-dessus.

VALÈRE.

Non, non, je ne veux pas songer à m'en défendre;
Et si cette aventure a lieu de me surprendre,
La surprise me flatte, et je me sens saisir
De merveille à la fois, d'amour et de plaisir :
Se peut-il que ces yeux?...

ALBERT.

     Cet habit, cher Valère,
Souffre mal les discours que vous lui pourriez faire.
Allons lui faire en prendre un autre, et cependant
Vous saurez le détail de tout cet incident.

VALÈRE.

Vous, Lucile, pardon, si mon ame abusée...

LUCILE.

L'oubli de cette injure est une chose aisée.

ALBERT.

Allons, ce compliment se fera bien chez nous,
Et nous aurons loisir de nous en faire tous.

ÉRASTE.

Mais vous ne songez pas, en tenant ce langage,
Qu'il reste encore ici des sujets de carnage.
Voilà bien à tous deux notre amour couronné;
Mais de son Mascarille et de mon Gros-René,
Par qui doit Marinette être ici possédée?
Il faut que par le sang l'affaire soit vidée.

MASCARILLE.

Nenni, nenni, mon sang dans mon corps sied trop bien;
Qu'il l'épouse en repos, cela ne me fait rien.
De l'humeur que je sais la chère Marinette,
L'hymen ne ferme pas la porte à la fleurette.

MARINETTE.

Et tu crois que de toi je ferois mon galant?
Un mari, passe encor; tel qu'il est, on le prend;
On n'y va pas chercher tant de cérémonie :
Mais il faut qu'un galant soit fait à faire envie.

GROS-RENÉ.

Écoute, quand l'hymen aura joint nos deux peaux,
Je prétends qu'on soit sourde à tous les damoiseaux.

MASCARILLE.

Tu crois te marier pour toi tout seul, compère?

GROS-RENÉ.

Bien entendu; je veux une femme sévère,
Ou je ferai beau bruit.

MASCARILLE.

Hé! mon dieu! tu feras
Comme les autres font, et tu t'adouciras.
Ces gens, avant l'hymen, si fâcheux et critiques,
Dégénèrent souvent en maris pacifiques.

MARINETTE.

Va, va, petit mari, ne crains rien de ma foi,

Les douceurs ne feront que blanchir contre moi ;
Et je te dirai tout.

MASCARILLE.

O la fine pratique !
Un mari confident !

MARINETTE.

Taisez-vous, as de pique.

ALBERT.

Pour la troisième fois, allons-nous-en chez nous,
Poursuivre en liberté des entretiens si doux.

FIN DU DÉPIT AMOUREUX.

LES PRÉCIEUSES
RIDICULES,

COMÉDIE EN UN ACTE.
1659.

PRÉFACE.

C'est une chose étrange qu'on imprime les gens malgré eux. Je ne vois rien de si injuste, et je pardonnerois toute autre violence plutôt que celle-là.

Ce n'est pas que je veuille faire ici l'auteur modeste, et mépriser par honneur ma comédie. J'offenserois mal à propos tout Paris, si je l'accusois d'avoir pu applaudir à une sottise : comme le public est le juge absolu de ces sortes d'ouvrages, il y auroit de l'impertinence à moi de le démentir; et quand j'aurois eu la plus mauvaise opinion du monde de mes *Précieuses ridicules* avant leur représentation, je dois croire maintenant qu'elles valent quelque chose, puisque tant de gens ensemble en ont dit du bien. Mais comme une grande partie des graces qu'on y a trouvées dépendent de l'action et du ton de voix, il m'importoit qu'on ne les dépouillât pas de ces ornemens, et je trouvois que le succès qu'elles avoient eu dans la représentation, étoit assez beau pour en demeurer là. J'avois résolu, dis-je, de ne les faire voir qu'à la chandelle, pour ne point donner lieu à quelqu'un de dire le proverbe; et je ne voulois pas qu'elles sautassent du théâtre de Bourbon dans la galerie du Palais. Cependant, je n'ai pu l'éviter, et je suis tombé dans la disgrace de voir une copie dérobée de ma pièce entre les mains des libraires, accompagnée d'un privilége obtenu par surprise. J'ai eu beau crier, ô temps! ô mœurs! on m'a fait voir une nécessité pour moi d'être imprimé, ou d'avoir un procès; et le dernier mal est encore pire que le premier. Il faut donc se laisser aller à la destinée, et consentir à une chose qu'on ne laisseroit pas de faire sans moi.

Mon dieu! l'étrange embarras qu'un livre à mettre au jour, et qu'un auteur est neuf la première fois qu'on l'imprime! Encore si l'on m'avoit donné du temps, j'aurois pu mieux songer à moi, et j'aurois pris toutes les précautions que messieurs les auteurs, à présent mes confrères, ont coutume de prendre en semblables occasions. Outre quelque grand seigneur que j'aurois été prendre malgré lui pour protecteur de mon ouvrage, et dont j'aurois tenté la libéralité par une épître dédicatoire bien fleurie, j'aurois tâché de faire une belle et docte préface, et je ne manque point de livres qui m'auroient fourni tout ce qu'on peut dire de savant sur la tragédie et la comédie, l'étymologie de toutes deux, leur origine, leur définition, et le reste.

J'aurois parlé aussi à mes amis, qui, pour la recommandation de ma pièce, ne m'auroient pas refusé ou des vers françois, ou des vers latins. J'en ai même qui m'auroient loué en grec; et l'on n'ignore pas qu'une louange en grec est d'une merveilleuse efficace à la tête d'un livre. Mais on me met au jour sans me donner le loisir

PRÉFACE.

de me reconnoître; et je ne puis même obtenir la liberté de dire deux mots pour justifier mes intentions sur le sujet de cette comédie. J'aurois voulu faire voir qu'elle se tient partout dans les bornes de la satire honnête et permise; que les plus excellentes choses sont sujettes à être copiées par de mauvais singes, qui méritent d'être bernés; que ces vicieuses imitations de ce qu'il y a de plus parfait, ont été de tout temps la matière de la comédie; et que, par la même raison, les véritables savans [1] et les vrais braves ne se sont point encore avisés de s'offenser du Docteur de la comédie, et du Capitan, non plus que les juges, les princes et les rois, de voir Trivelin, ou quelque autre sur le théâtre, faire ridiculement le juge, le prince ou le roi : aussi les véritables précieuses auroient tort de se piquer, lorsqu'on joue les ridicules qui les imitent mal. Mais enfin, comme j'ai dit, on ne me laisse pas le temps de respirer, et M. de Luynes veut m'aller relier [2] de ce pas : à la bonne heure, puisque Dieu l'a voulu.

VARIANTES. (1) *Et que par la même raison que les véritables savans.* — (2) *Faire relier.*

ACTEURS.

LA GRANGE, } amans rebutés.
DU CROISY, }
GORGIBUS, bon bourgeois.
MADELON, fille de Gorgibus, } précieuses ridicules.
CATHOS, nièce de Gorgibus, }
MAROTTE, servante des précieuses ridicules.
ALMANZOR, laquais des précieuses ridicules.
Le Marquis de MASCARILLE, valet de La Grange.
Le Vicomte de JODELET, valet de Du Croisy.
Deux porteurs de chaise.
Voisines.
Violons.

LES PRÉCIEUSES RIDICULES,

COMÉDIE.

SCÈNE PREMIÈRE.

LA GRANGE, DU CROISY.

DU CROISY.

Seigneur La Grange.

LA GRANGE.

Quoi?

DU CROISY.

Regardez-moi un peu sans rire.

LA GRANGE.

Hé bien?

DU CROISY.

Que dites-vous de notre visite? En êtes-vous fort satisfait?

LA GRANGE.

A votre avis, avons-nous sujet de l'être tous deux?

DU CROISY.

Pas tout-à-fait, à dire vrai.

LA GRANGE.

Pour moi, je vous avoue que j'en suis tout scandalisé. A-t-on jamais vu, dites-moi, deux pecques provinciales faire plus les renchéries que celles-là, et deux hommes traités avec plus de mépris que nous? A peine ont-elles pu se résoudre à nous faire donner des siéges. Je n'ai jamais vu tant parler à l'oreille qu'elles ont fait entre elles, tant bâiller, tant se frotter les yeux, et demander tant de fois, quelle heure est-il? Ont-elles répondu que, oui et non, à tout ce que nous avons pu leur dire? Et ne m'avouerez-vous pas enfin que, quand nous aurions été les dernières personnes du monde, on ne pouvoit nous faire pis qu'elles ont fait?

DU CROISY.

Il me semble que vous prenez la chose fort à cœur.

LA GRANGE.

Sans doute, je l'y prends, et de telle façon, que je me veux venger de cette impertinence. Je connois ce qui nous a fait mépriser. L'air précieux n'a pas seulement infecté Paris, il s'est aussi répandu dans les provinces, et nos donzelles ridicules en ont humé leur bonne part. En un mot, c'est un ambigu de précieuse et de coquette que leur personne. Je vois ce qu'il faut être pour en être bien reçu; et, si vous m'en croyez, nous leur jouerons tous deux une pièce qui leur fera voir leur sottise, et pourra leur apprendre à connoître un peu mieux leur monde.

DU CROISY.

Et comment, encore?

LA GRANGE.

J'ai un certain valet, nommé Mascarille, qui passe, au sentiment de beaucoup de gens, pour une manière de bel-esprit; car il n'y a rien à meilleur marché que le bel-esprit maintenant. C'est un extravagant qui s'est mis dans la tête de vouloir faire l'homme de condition. Il se pique ordinairement de galanterie et de vers, et dédaigne les autres valets, jusqu'à les appeler brutaux.

DU CROISY.

Hé bien! qu'en prétendez-vous faire?

LA GRANGE.

Ce que j'en prétends faire? Il faut... Mais sortons d'ici auparavant.

SCÈNE II.

GORGIBUS, DU CROISY, LA GRANGE.

GORGIBUS.

Hé bien! vous avez vu ma nièce et ma fille? Les affaires iront-elles bien? Quel est le résultat de cette visite?

LA GRANGE.

C'est une chose que vous pourrez mieux apprendre d'elles que de nous. Tout ce que nous pouvons vous dire, c'est que nous vous rendons grace de la faveur que vous nous avez faite, et demeurons vos très-humbles serviteurs.

DU CROISY.

Vos très-humbles serviteurs.

GORGIBUS, seul.

Ouais! il semble qu'ils sortent mal satisfaits d'ici. D'où pourroit venir leur mécontentement? Il faut savoir un peu ce que c'est. Holà!

SCÈNE III.

GORGIBUS, MAROTTE.

MAROTTE.

Que desirez-vous, monsieur?

GORGIBUS.

Où sont vos maîtresses?

MAROTTE.

Dans leur cabinet.

GORGIBUS.

Que font-elles?

MAROTTE.

De la pommade pour les lèvres.

GORGIBUS.

C'est trop pommadé : dites-leur qu'elles descendent.

SCÈNE IV.

GORGIBUS, *seul*.

Ces pendardes-là, avec leur pommade, ont, je pense, envie de me ruiner. Je ne vois partout que blancs d'œufs, lait virginal, et mille autres brimborions que je ne connois point. Elles ont usé, depuis que nous sommes ici, le lard d'une douzaine de cochons, pour le moins, et quatre valets vivroient tous les jours des pieds de mouton qu'elles emploient.

SCÈNE V.

MADELON, CATHOS, GORGIBUS.

GORGIBUS.

Il est bien nécessaire, vraiment, de faire tant de dépense pour vous graisser le museau! Dites-moi un peu ce que vous avez fait à ces messieurs, que je les vois sortir avec tant de froideur? Vous avois-je pas commandé de les recevoir comme des personnes que je voulois vous donner pour maris?

MADELON.

Et quelle estime, mon père, voulez-vous que nous fassions du procédé irrégulier de ces gens-là?

CATHOS.

Le moyen, mon oncle, qu'une fille un peu raisonnable se pût accommoder de leur personne?

GORGIBUS.

Et qu'y trouvez-vous à redire?

MADELON.

La belle galanterie que la leur! Quoi! débuter d'abord par le mariage?

GORGIBUS.

Et par où veux-tu donc qu'ils débutent? par le concubinage? N'est-ce pas un procédé dont vous avez sujet de vous louer toutes deux aussi-bien que moi? Est-il rien de plus obligeant que cela? Et ce lien sacré où ils aspirent, n'est-il pas un témoignage de l'honnêteté de leurs intentions?

MADELON.

Ah! mon père, ce que vous dites-là est du dernier bourgeois! Cela me fait honte de vous ouïr parler de la sorte, et vous devriez un peu vous faire apprendre le bel air des choses.

GORGIBUS.

Je n'ai que faire ni d'air, ni de chanson. Je te dis que le mariage est une chose sainte et sacrée [1], et que c'est faire en honnêtes gens, que de débuter par-là.

MADELON.

Mon dieu! que si tout le monde vous ressembloit, un roman seroit bientôt fini! La belle chose que ce seroit, si d'abord Cyrus épousoit Mandane, et qu'Aronce de plain-pied fût marié à Clélie!

GORGIBUS.

Que me vient conter celle-ci?

VARIANTE. (1) *Une chose sacrée.*

MADELON.

Mon père, voilà ma cousine qui vous dira aussi-bien que moi, que le mariage ne doit jamais arriver qu'après les autres aventures. Il faut qu'un amant, pour être agréable, sache débiter les beaux sentimens, pousser le doux, le tendre et le passionné, et que sa recherche soit dans les formes. Premièrement, il doit voir au temple, ou à la promenade, ou dans quelque cérémonie publique, la personne dont il devient amoureux : ou bien être conduit fatalement chez elle par un parent ou un ami, et sortir de là tout rêveur et mélancolique. Il cache un temps sa passion à l'objet aimé, et cependant lui rend plusieurs visites, où l'on ne manque jamais de mettre sur le tapis une question galante qui exerce les esprits de l'assemblée. Le jour de la déclaration arrive, qui se doit faire ordinairement dans une allée de quelque jardin, tandis que la compagnie s'est un peu éloignée : et cette déclaration est suivie d'un prompt courroux qui paroît à notre rougeur, et qui, pour un temps, bannit l'amant de notre présence. Ensuite il trouve moyen de nous appaiser, de nous accoutumer [1] insensiblement au discours de sa passion, et de tirer de nous cet aveu qui fait tant de peine. Après cela viennent les aventures, les rivaux qui se jettent à la traverse d'une inclination établie, les persécutions des pères, les jalousies conçues sur de fausses apparences, les plaintes, les désespoirs, les enlèvemens, et ce qui s'ensuit. Voilà comme les choses se traitent dans les belles manières, et ce sont des règles dont, en bonne galanterie, on ne sauroit se dispenser. Mais en venir de but en blanc à l'union conjugale, ne faire l'amour qu'en faisant le contrat du mariage [2], et prendre justement le roman par la

---

VARIANTES. (1) *Et de nous accoutumer.* (2) *De mariage.*

queue; encore un coup, mon père, il ne se peut rien de plus marchand que ce procédé; et j'ai mal au cœur de la seule vision que cela me fait.

GORGIBUS.

Quel diable de jargon entends-je ici? Voici bien du haut style.

CATHOS.

En effet, mon oncle, ma cousine donne dans le vrai de la chose. Le moyen de bien recevoir des gens qui sont tout-à-fait incongrus en galanterie! Je m'en vais gager qu'ils n'ont jamais vu la carte de Tendre, et que Billets-doux, Petits-soins, Billets-galans et Jolis-vers, sont des terres inconnues pour eux. Ne voyez-vous pas que toute leur personne marque cela, et qu'ils n'ont point cet air qui donne d'abord bonne opinion des gens? Venir en visite amoureuse avec une jambe toute unie, un chapeau désarmé de plumes, une tête irrégulière en cheveux, et un habit qui souffre une indigence de rubans; mon dieu! quels amans sont-ce là! Quelle frugalité d'ajustement, et quelle sécheresse de conversation! On n'y dure point, on n'y tient pas. J'ai remarqué encore que leurs rabats ne sont pas de la bonne faiseuse, et qu'il s'en faut plus d'un grand demi-pied, que leurs hauts-de-chausses ne soient assez larges.

GORGIBUS.

Je pense qu'elles sont folles toutes deux, et je ne puis rien comprendre à ce baragouin. Cathos, et vous, Madelon...

MADELON.

Hé! de grace, mon père, défaites-vous de ces noms étranges, et nous appelez autrement.

GORGIBUS.

Comment, ces noms étranges? Ne sont-ce pas vos noms de baptême?

MADELON.

Mon dieu ! que vous êtes vulgaire ! Pour moi un de mes étonnemens, c'est que vous ayez pu faire une fille si spirituelle que moi. A-t-on jamais parlé dans le beau style, de Cathos ni de Madelon, et ne m'avouerez-vous pas que ce seroit assez d'un de ces noms, pour décrier le plus beau roman du monde ?

CATHOS.

Il est vrai, mon oncle, qu'une oreille un peu délicate pâtit furieusement à entendre prononcer ces mots-là ; et le nom de Polixène que ma cousine a choisi, et celui d'Aminte que je me suis donné, ont une grace dont il faut que vous demeuriez d'accord.

GORGIBUS.

Écoutez : il n'y a qu'un mot qui serve. Je n'entends point que vous ayez d'autres noms que ceux qui vous ont été donnés par vos parrains et marraines [1] ; et pour ces messieurs dont il est question, je connois leurs familles et leurs biens, et je veux résolument que vous vous disposiez à les recevoir pour maris. Je me lasse de vous avoir sur les bras, et la garde de deux filles est une charge un peu trop pesante pour un homme de mon âge.

CATHOS.

Pour moi, mon oncle, tout ce que je puis vous dire, c'est que je trouve le mariage une chose tout-à-fait choquante. Comment est-ce qu'on peut souffrir la pensée de coucher contre un homme vraiment nu ?

MADELON.

Souffrez que nous prenions un peu haleine parmi le beau monde de Paris, où nous ne faisons que d'arriver. Laissez-nous faire à loisir le tissu de notre roman, et n'en pressez point tant la conclusion.

VARIANTE. (1) *Par vos parrains et vos marraines.*

GORGIBUS, à part.

Il n'en faut point douter, elles sont achevées. (*haut.*) Encore un coup, je n'entends rien à toutes ces balivernes : je veux être maître absolu ; et, pour trancher toutes sortes de discours, ou vous serez mariées toutes deux avant qu'il soit peu, ou, ma foi ! vous serez religieuses ; j'en fais un bon serment.

SCÈNE VI.

CATHOS, MADELON.

CATHOS.

Mon dieu ! ma chère, que ton père a la forme enfoncée dans la matière ! que son intelligence est épaisse, et qu'il fait sombre dans son ame !

MADELON.

Que veux-tu, ma chère ? j'en suis en confusion pour lui. J'ai peine à me persuader que je puisse être véritablement sa fille, et je crois que quelque aventure, un jour, me viendra développer une naissance plus illustre.

CATHOS.

Je le croirois bien ; oui, il y a toutes les apparences du monde ; et, pour moi, quand je me regarde aussi...

SCÈNE VII.

CATHOS, MADELON, MAROTTE.

MAROTTE.

Voilà un laquais qui demande si vous êtes au logis, et dit que son maître vous veut venir voir.

MADELON.

Apprenez, sotte, à vous énoncer moins vulgairement. Dites : Voilà un nécessaire qui demande si vous êtes en commodité d'être visibles.

MAROTTE.

Dame! je n'entends point le latin, et je n'ai pas appris, comme vous, la filophie dans le grand Cyre. (1)

MADELON.

L'impertinente! Le moyen de souffrir cela! Et qui est-il, le maître de ce laquais?

MAROTTE.

Il me l'a nommé le marquis de Mascarille.

MADELON.

Ah! ma chère! un marquis! (2) Oui, allez dire qu'on nous peut voir. C'est sans doute un bel-esprit qui aura ouï parler de nous. (3)

CATHOS.

Assurément, ma chère.

MADELON.

Il faut le recevoir dans cette salle basse, plutôt qu'en notre chambre. Ajustons un peu nos cheveux au moins, et soutenons notre réputation. Vîte, venez nous tendre ici dedans le conseiller des graces.

MAROTTE.

Par ma foi! je ne sais point quelle bête c'est-là; il faut parler chrétien, si vous voulez que je vous entende.

CATHOS.

Apportez-nous le miroir, ignorante que vous êtes, et gardez-vous bien d'en salir la glace, par la communication de votre image. (*Elles sortent.*)

VARIANTES. (1) *Dans le Cyre.* — (2) *Un marquis! un marquis!* — (3) *Qui a ouï parler de nous.*

SCÈNE VIII.

MASCARILLE, DEUX PORTEURS.

MASCARILLE.

Holà! porteurs, holà! Là, là, là, là, là, là. Je pense que ces marauds-là ont dessein de me briser à force de heurter contre les murailles et les pavés.

PREMIER PORTEUR.

Dame! c'est que la porte est étroite. Vous avez voulu aussi que nous soyons entrés jusqu'ici.

MASCARILLE.

Je le crois bien. Voudriez-vous, faquins, que j'exposasse l'embonpoint de mes plumes aux inclémences de la saison pluvieuse, et que j'allasse imprimer mes souliers en boue? Allez, ôtez votre chaise d'ici.

DEUXIÈME PORTEUR.

Payez-nous donc, s'il vous plaît, monsieur.

MASCARILLE.

Hein?

DEUXIÈME PORTEUR.

Je dis, monsieur, que vous nous donniez de l'argent, s'il vous plaît.

MASCARILLE, *lui donnant un soufflet.*

Comment, coquin! demander de l'argent à une personne de ma qualité!

DEUXIÈME PORTEUR.

Est-ce ainsi qu'on paye les pauvres gens; et votre qualité nous donne-t-elle à dîner?

MASCARILLE.

Ah! ah! je vous apprendrai à vous connoître! Ces canailles-là s'osent jouer à moi!

LES PRÉCIEUSES RIDICULES.

PREMIER PORTEUR, *prenant un des bâtons de sa chaise.*

Ça, payez-nous vîtement.

MASCARILLE.

Quoi?

PREMIER PORTEUR.

Je dis que je veux avoir de l'argent, tout-à-l'heure.

MASCARILLE.

Il est raisonnable. (1)

PREMIER PORTEUR.

Vîte donc.

MASCARILLE.

Oui-dà! tu parles comme il faut, toi; mais l'autre est un coquin qui ne sait ce qu'il dit. Tiens, es-tu content?

PREMIER PORTEUR.

Non, je ne suis pas content; vous avez donné un soufflet à mon camarade, et... (*levant son bâton.*)

MASCARILLE.

Doucement; tiens, voilà pour le soufflet. On obtient tout de moi quand on s'y prend de la bonne façon. Allez, venez me reprendre tantôt pour aller au Louvre, au petit coucher.

SCÈNE IX.

MAROTTE, MASCARILLE.

MAROTTE.

Monsieur, voilà mes maîtresses qui vont venir tout-à-l'heure.

MASCARILLE.

Qu'elles ne se pressent point; je suis ici posté commodément pour attendre.

VARIANTE. (1) *Il est raisonnable, celui-là.*

MAROTTE.

Les voici.

SCÈNE X.

MADELON, CATHOS, MASCARILLE, ALMANZOR.

MASCARILLE, *après avoir salué.*

Mesdames, vous serez surprises, sans doute, de l'audace de ma visite; mais votre réputation vous attire cette méchante affaire, et le mérite a pour moi des charmes si puissans, que je cours partout après lui.

MADELON.

Si vous poursuivez le mérite, ce n'est pas sur nos terres que vous devez chasser.

CATHOS.

Pour voir chez nous le mérite, il a fallu que vous l'y ayez amené.

MASCARILLE.

Ah! je m'inscris en faux contre vos paroles. La renommée accuse juste en contant ce que vous valez; et vous allez faire pic, repic et capot tout ce qu'il y a de galant dans Paris.

MADELON.

Votre complaisance pousse un peu trop avant la libéralité de ses louanges; et nous n'avons garde, ma cousine et moi, de donner de notre sérieux dans le doux de votre flatterie.

CATHOS.

Ma chère, il faudroit faire donner des siéges.

MADELON.

Holà! Almanzor.

ALMANZOR.

Madame.

MADELON.

Vîte, voiturez-nous ici les commodités de la conversation.

MASCARILLE.

Mais, au moins, y a-t-il sûreté ici pour moi?

(*Almanzor sort.*)

CATHOS.

Que craignez-vous?

MASCARILLE.

Quelque vol de mon cœur, quelque assassinat de ma franchise. Je vois ici des yeux [1] qui ont la mine d'être de fort mauvais garçons, de faire insulte aux libertés, et de traiter une ame de Turc à More. Comment, diable! D'abord qu'on les approche, ils se mettent sur leur garde meurtrière. Ah! par ma foi, je m'en défie! et je m'en vais gagner au pied, ou je veux caution bourgeoise qu'ils ne me feront point de mal.

MADELON.

Ma chère, c'est le caractère enjoué.

CATHOS.

Je vois bien que c'est un Amilcar.

MADELON.

Ne craignez rien : nos yeux n'ont point de mauvais desseins, et votre cœur peut dormir en assurance sur leur prud'homie.

CATHOS.

Mais de grace, monsieur, ne soyez pas inexorable à ce fauteuil qui vous tend les bras il y a un quart-d'heure; contentez un peu l'envie qu'il a de vous embrasser.

VARIANTE. (1) *Je vois ici deux yeux.*

SCÈNE X.

MASCARILLE, *après s'être peigné, et avoir ajusté ses canons.*

Hé bien! mesdames, que dites-vous de Paris?

MADELON.

Hélas! qu'en pourrions-nous dire? Il faudroit être l'antipode de la raison, pour ne pas confesser que Paris est le grand bureau des merveilles, le centre du bon goût, du bel-esprit et de la galanterie.

MASCARILLE.

Pour moi, je tiens que hors de Paris, il n'y a point de salut pour les honnêtes gens.

CATHOS.

C'est une vérité incontestable.

MASCARILLE.

Il y fait un peu crotté; mais nous avons la chaise.

MADELON.

Il est vrai que la chaise est un retranchement merveilleux contre les insultes de la boue et du mauvais temps.

MASCARILLE.

Vous recevez beaucoup de visites? Quel bel-esprit est des vôtres?

MADELON.

Hélas! nous ne sommes pas encore connues; mais nous sommes en passe de l'être; et nous avons une amie particulière qui nous a promis d'amener ici tous ces messieurs du Recueil des pièces choisies.

CATHOS.

Et certains autres qu'on nous a nommés aussi pour être les arbitres souverains des belles choses.

MASCARILLE.

C'est moi qui ferai votre affaire mieux que personne; ils me rendent tous visite; et je puis dire que je ne me lève jamais sans une demi-douzaine de beaux-esprits.

MADELON.

Hé! mon dieu! nous vous serons obligées de la dernière obligation, si vous nous faites cette amitié; car enfin il faut avoir la connoissance de tous ces messieurs-là, si l'on veut être du beau monde. Ce sont eux qui donnent le branle à la réputation dans Paris, et vous savez qu'il y en a tel dont il ne faut que la seule fréquentation pour vous donner bruit de connoisseuse, quand il n'y auroit rien autre chose que cela. Mais, pour moi, ce que je considère particulièrement, c'est que, par le moyen de ces visites spirituelles, on est instruite de cent choses [1] qu'il faut savoir de nécessité, et qui sont de l'essence d'un bel-esprit [2]. On apprend par-là chaque jour les petites nouvelles galantes, les jolis commerces de prose et de vers [3]. On sait à point nommé, un tel a composé la plus jolie pièce du monde sur un tel sujet; une telle a fait des paroles sur un tel air : celui-ci a fait un madrigal sur une jouissance; celui-là a composé des stances sur une infidélité : monsieur un tel écrivit hier au soir un sixain à mademoiselle une telle, dont elle lui a envoyé la réponse ce matin sur les huit heures; un tel auteur a fait un tel dessein; celui-là en est à la troisième partie de son roman [4]; cet autre met ses ouvrages sous la presse. C'est là ce qui vous fait valoir dans les compagnies; et si l'on ignore ces choses, je ne donnerois pas un clou de tout l'esprit qu'on peut avoir.

CATHOS.

En effet, je trouve que c'est renchérir sur le ridicule, qu'une personne se pique d'esprit, et ne sache pas jus-

---

VARIANTES. (1) *On est instruit de cent choses.* — (2) *Et qui sont de l'essence du bel-esprit.* — (3) *De prose ou de vers.* — (4) *Celui-là est à la troisième partie de son roman.*

qu'au moindre petit quatrain qui se fait chaque jour ; et pour moi, j'aurois toutes les hontes du monde, s'il falloit qu'on vînt à me demander si j'aurois vu quelque chose de nouveau que je n'aurois pas vu.

MASCARILLE.

Il est vrai qu'il est honteux de n'avoir pas des premiers tout ce qui se fait ; mais ne vous mettez pas en peine : je veux établir chez vous une académie de beaux-esprits, et je vous promets qu'il ne se fera pas un bout de vers dans Paris, que vous ne sachiez par cœur avant tous les autres. Pour moi, tel que vous me voyez, je m'en escrime un peu quand je veux ; et vous verrez courir de ma façon, dans les belles ruelles de Paris, deux cents chansons, autant de sonnets, quatre cents épigrammes et plus de mille madrigaux, sans compter les énigmes et les portraits.

MADELON.

Je vous avoue que je suis furieusement pour les portraits ; je ne vois rien de si galant que cela.

MASCARILLE.

Les portraits sont difficiles, et demandent un esprit profond : vous en verrez de ma manière qui ne vous déplairont pas.

CATHOS.

Pour moi, j'aime terriblement les énigmes.

MASCARILLE.

Cela exerce l'esprit, et j'en ai fait quatre encore ce matin, que je vous donnerai à deviner.

MADELON.

Les madrigaux sont agréables, quand ils sont bien tournés.

MASCARILLE.

C'est mon talent particulier ; et je travaille à mettre en madrigaux toute l'histoire romaine.

MADELON.

Ah! certes, cela sera du dernier beau; j'en retiens un exemplaire au moins, si vous le faites imprimer. [1]

MASCARILLE.

Je vous en promets à chacune un, et des mieux reliés. Cela est au-dessous de ma condition; mais je le fais seulement pour donner à gagner aux libraires qui me persécutent.

MADELON.

Je m'imagine que le plaisir est grand de se voir imprimé!

MASCARILLE.

Sans doute. Mais, à propos, il faut que je vous die un impromptu que je fis hier chez une duchesse de mes amies que je fus visiter; car je suis diablement fort sur les impromptus.

CATHOS.

L'impromptu est justement la pierre de touche de l'esprit.

MASCARILLE.

Écoutez donc.

MADELON.

Nous y sommes de toutes nos oreilles.

MASCARILLE.

Oh! oh! je n'y prenois pas garde :
Tandis que sans songer à mal, je vous regarde,
Votre œil en tapinois me dérobe mon cœur;
Au voleur! au voleur! au voleur! au voleur!

CATHOS.

Ah! mon dieu! voilà qui est poussé dans le dernier galant.

VARIANTE. (1) *Si vous les faites imprimer.*

SCÈNE X. 223

MASCARILLE.

Tout ce que je fais a l'air cavalier; cela ne sent point le pédant.

MADELON.

Il en est éloigné de plus de deux mille lieues.

MASCARILLE.

Avez-vous remarqué ce commencement? *oh! oh!* voilà qui est extraordinaire, *oh! oh!* comme un homme qui s'avise tout d'un coup, *oh! oh!* La surprise, *oh! oh!*

MADELON.

Oui, je trouve ce *oh! oh!* admirable.

MASCARILLE.

Il semble que cela ne soit rien.

CATHOS.

Ah! mon dieu! que dites-vous? Ce sont-là de ces sortes de choses qui ne se peuvent payer.

MADELON.

Sans doute; et j'aimerois mieux avoir fait ce *oh! oh!* qu'un poëme épique.

MASCARILLE.

Tudieu! vous avez le goût bon.

MADELON.

Hé! je ne l'ai pas tout-à-fait mauvais.

MASCARILLE.

Mais n'admirez-vous pas aussi? *je n'y prenois pas garde; je n'y prenois pas garde*, je ne m'apercevois pas de cela; façon de parler naturelle, *je n'y prenois pas garde. Tandis que, sans songer à mal,* tandis qu'innocemment, sans malice, comme un pauvre mouton, *je vous regarde,* c'est-à-dire, je m'amuse à vous considérer, je vous observe, je vous contemple; *votre œil en tapinois...* Que vous semble de ce mot *tapinois?* N'est-il pas bien choisi?

CATHOS.

Tout-à-fait bien.

MASCARILLE.

Tapinois, en cachette; il semble que ce soit un chat qui vienne de prendre une souris, *tapinois*.

MADELON.

Il ne se peut rien de mieux.

MASCARILLE.

Me dérobe mon cœur, me l'emporte, me le ravit; *au voleur! au voleur! au voleur! au voleur!* Ne diriez-vous pas que c'est un homme qui crie et court après un voleur pour le faire arrêter? *Au voleur! au voleur! au voleur! au voleur!*

MADELON.

Il faut avouer que cela a un tour spirituel et galant.

MASCARILLE.

Je veux vous dire l'air que j'ai fait dessus.

CATHOS.

Vous avez appris la musique?

MASCARILLE.

Moi? Point du tout.

CATHOS.

Et comment donc cela se peut-il?

MASCARILLE.

Les gens de qualité savent tout sans avoir jamais rien appris.

MADELON.

Assurément, ma chère.

MASCARILLE.

Écoutez si vous trouverez l'air à votre goût: *hem, hem, la, la, la, la, la.* La brutalité de la saison a furieusement outragé la délicatesse de ma voix; mais il n'importe, c'est à la cavalière. (*Il chante.*)

Oh! oh! je n'y prenois pas garde, etc.

SCÈNE X.

CATHOS.

Ah! que voilà un air qui est passionné! Est-ce qu'on n'en meurt point?

MADELON.

Il y a de la chromatique là-dedans.

MASCARILLE.

Ne trouvez-vous pas la pensée bien exprimée dans le chant? *Au voleur!...*[1] Et puis, comme si l'on crioit bien fort, *au, au, au, au, au voleur!* Et tout d'un coup, comme une personne essoufflée, *au voleur!*

MADELON.

C'est là savoir le fin des choses, le grand fin, le fin du fin. Tout est merveilleux, je vous assure; je suis enthousiasmée de l'air et des paroles.

CATHOS.

Je n'ai encore rien vu de cette force-là.

MASCARILLE.

Tout ce que je fais me vient naturellement, c'est sans étude.

MADELON.

La nature vous a traité en vraie mère passionnée, et vous en êtes l'enfant gâté.

MASCARILLE.

A quoi donc passez-vous le temps?[2]

CATHOS.

A rien du tout.

MADELON.

Nous avons été jusqu'ici dans un jeûne effroyable de divertissemens.

MASCARILLE.

Je m'offre à vous mener l'un de ces jours à la comédie, si vous voulez; aussi-bien on en doit jouer une

VARIANTES. (1) *Au voleur! au voleur!* — (2) *A quoi donc passez-vous le temps, mesdames?*

nouvelle que je serai bien aise que nous voyions ensemble.

MADELON.

Cela n'est pas de refus.

MASCARILLE.

Mais je vous demande d'applaudir comme il faut, quand nous serons là; car je me suis engagé de faire valoir la pièce, et l'auteur m'en est venu prier encore ce matin. C'est la coutume ici, qu'à nous autres gens de condition, les auteurs viennent lire leurs pièces nouvelles, pour nous engager à les trouver belles, et leur donner de la réputation : et je vous laisse à penser, si, quand nous disons quelque chose, le parterre ose nous contredire! Pour moi, j'y suis fort exact; et quand j'ai promis à quelque poëte, je crie toujours, Voilà qui est beau! devant que les chandelles soient allumées.

MADELON.

Ne m'en parlez point : c'est un admirable lieu que Paris; il s'y passe cent choses tous les jours, qu'on ignore dans les provinces, quelque spirituelle qu'on puisse être.

CATHOS.

C'est assez : puisque nous sommes instruites, nous ferons notre devoir de nous écrier comme il faut sur tout ce qu'on dira.

MASCARILLE.

Je ne sais si je me trompe; mais vous avez toute la mine d'avoir fait quelque comédie.

MADELON.

Hé! il pourroit être quelque chose de ce que vous dites.

MASCARILLE.

Ah! ma foi! il faudra que nous la voyions. Entre nous, j'en ai composé une que je veux faire représenter.

SCÈNE X.

CATHOS.

Hé! à quels comédiens la donnerez-vous?

MASCARILLE.

Belle demande! Aux grands comédiens [1]; il n'y a qu'eux qui soient capables de faire valoir les choses; les autres sont des ignorans qui récitent comme l'on parle; ils ne savent pas faire ronfler les vers, et s'arrêter au bel endroit : et le moyen de connoître où est le beau vers, si le comédien ne s'y arrête, et ne vous avertit par-là qu'il faut faire le brouhaha?

CATHOS.

En effet, il y a manière de faire sentir aux auditeurs les beautés d'un ouvrage; et les choses ne valent que ce qu'on les fait valoir.

MASCARILLE.

Que vous semble de ma petite oie? La trouvez-vous congruente à l'habit?

CATHOS.

Tout-à-fait.

MASCARILLE.

Le ruban est bien choisi. [2]

MADELON.

Furieusement bien. C'est Perdrigeon tout pur.

MASCARILLE.

Que dites-vous de mes canons?

MADELON.

Ils ont tout-à-fait bon air.

MASCARILLE.

Je puis me vanter au moins qu'ils ont un grand quartier plus que tous ceux qu'on fait.

VARIANTES. (1) *Aux comédiens de l'Hôtel de Bourgogne.* — (2) *Le ruban en est bien choisi.*

228 LES PRÉCIEUSES RIDICULES.

MADELON.

Il faut avouer que je n'ai jamais vu porter si haut l'élégance de l'ajustement.

MASCARILLE.

Attachez un peu sur ces gants la réflexion de votre odorat.

MADELON.

Ils sentent terriblement bon.

CATHOS.

Je n'ai jamais respiré une odeur mieux conditionnée.

MASCARILLE.

Et celle-là?

(*Il donne à sentir les cheveux poudrés de sa perruque.*)

MADELON.

Elle est tout-à-fait de qualité; le sublime en est touché délicieusement.

MASCARILLE.

Vous ne me dites rien de mes plumes! Comment les trouvez-vous?

CATHOS.

Effroyablement belles.

MASCARILLE.

Savez-vous que le brin me coûte un louis d'or? Pour moi, j'ai cette manie de vouloir donner généralement sur tout ce qu'il y a de plus beau.

MADELON.

Je vous assure que nous sympathisons vous et moi. J'ai une délicatesse furieuse pour tout ce que je porte; et, jusqu'à mes chaussettes, je ne puis rien souffrir qui ne soit de la bonne ouvrière. (1)

VARIANTE. (1) *Qui ne soit de la bonne faiseuse.*

SCÈNE XI.

MASCARILLE, *s'écriant brusquement.*

Ahi! ahi! ahi! doucement. Dieu me damne! mesdames, c'est fort mal en user; j'ai à me plaindre de votre procédé; cela n'est pas honnête.

CATHOS.

Qu'est-ce donc? Qu'avez-vous?

MASCARILLE.

Quoi! toutes deux contre mon cœur, en même temps! M'attaquer à droite et à gauche! Ah! c'est contre le droit des gens: la partie n'est pas égale; et je m'en vais crier au meurtre.

CATHOS.

Il faut avouer qu'il dit les choses d'une manière particulière.

MADELON.

Il a un tour admirable dans l'esprit.

CATHOS.

Vous avez plus de peur que de mal, et votre cœur crie avant qu'on l'écorche.

MASCARILLE.

Comment, diable! il est écorché depuis la tête jusqu'aux pieds.

SCÈNE XI.

CATHOS, MADELON, MASCARILLE, MAROTTE.

MAROTTE.

Madame, on demande à vous voir.

MADELON.

Qui?

MAROTTE.

Le vicomte de Jodelet.

MASCARILLE.

Le vicomte de Jodelet?

MAROTTE.

Oui, monsieur.

CATHOS.

Le connoissez-vous?

MASCARILLE.

C'est mon meilleur ami.

MADELON.

Faites entrer vîtement.

MASCARILLE.

Il y a quelque temps que nous ne nous sommes vus, et je suis ravi de cette aventure.

CATHOS.

Le voici.

SCÈNE XII.

CATHOS, MADELON, JODELET, MASCARILLE, MAROTTE, ALMANZOR.

MASCARILLE.

Ah! vicomte!

JODELET, *s'embrassant l'un l'autre.*

Ah! marquis!

MASCARILLE.

Que je suis aise de te rencontrer!

JODELET.

Que j'ai de joie de te voir ici!

MASCARILLE.

Baise-moi donc encore un peu, je te prie.

MADELON, *à Cathos.*

Ma toute bonne, nous commençons d'être connues, voilà le beau monde qui prend le chemin de nous venir voir.

SCÈNE XII.

MASCARILLE.

Mesdames, agréez que je vous présente ce gentilhomme-ci : sur ma parole, il est digne d'être connu de vous.

JODELET.

Il est juste de venir vous rendre ce qu'on vous doit; et vos attraits exigent leurs droits seigneuriaux sur toutes sortes de personnes.

MADELON.

C'est pousser vos civilités jusqu'aux derniers confins de la flatterie.

CATHOS.

Cette journée doit être marquée dans notre almanach comme une journée bien heureuse.

MADELON, à *Almanzor*.

Allons, petit garçon, faut-il toujours vous répéter les choses? Voyez-vous pas qu'il faut le surcroît d'un fauteuil?

MASCARILLE.

Ne vous étonnez pas de voir le vicomte de la sorte; il ne fait que sortir d'une maladie qui lui a rendu le visage pâle comme vous le voyez.

JODELET.

Ce sont fruits des veilles de la cour, et des fatigues de la guerre.

MASCARILLE.

Savez-vous, mesdames, que vous voyez dans le vicomte un des vaillans hommes du siècle? C'est un brave à trois poils.

JODELET.

Vous ne m'en devez rien, marquis; et nous savons ce que vous savez faire aussi.

MASCARILLE.

Il est vrai que nous nous sommes vus tous deux dans l'occasion.

JODELET.

Et dans des lieux où il faisoit fort chaud.

MASCARILLE, *regardant Cathos et Madelon.*

Oui; mais non pas si chaud qu'ici. Hai, hai, hai.

JODELET.

Notre connoissance s'est faite à l'armée; et la première fois que nous nous vîmes, il commandoit un régiment de cavalerie sur les galères de Malte.

MASCARILLE.

Il est vrai : mais vous étiez pourtant dans l'emploi avant que j'y fusse; et je me souviens que je n'étois que petit officier encore, que vous commandiez deux mille chevaux.

JODELET.

La guerre est une belle chose; mais, ma foi, la cour récompense bien mal aujourd'hui les gens de service comme nous.

MASCARILLE.

C'est ce qui fait que je veux pendre l'épée au croc.

CATHOS.

Pour moi, j'ai un furieux tendre pour les hommes d'épée.

MADELON.

Je les aime aussi; mais je veux que l'esprit assaisonne la bravoure.

MASCARILLE.

Te souvient-il, vicomte, de cette demi-lune que nous emportâmes sur les ennemis au siége d'Arras?

JODELET.

Que veux-tu dire, avec ta demi-lune? C'étoit bien une lune toute entière.

MASCARILLE.

Je pense que tu as raison.

JODELET.

Il m'en doit bien souvenir, ma foi! j'y fus blessé à la

SCÈNE XII.

jambe d'un coup de grenade, dont je porte encore les marques. Tâtez un peu, de grace : vous sentirez quel coup c'étoit là.

CATHOS, *après avoir touché l'endroit.*

Il est vrai que la cicatrice est grande.

MASCARILLE.

Donnez-moi un peu votre main, et tâtez celui-ci; là, justement au derrière de la tête. Y êtes-vous?

MADELON.

Oui : je sens quelque chose.

MASCARILLE.

C'est un coup de mousquet que je reçus la dernière campagne que j'ai faite.

JODELET, *découvrant sa poitrine.*

Voici un autre coup qui me perça de part en part à l'attaque de Gravelines.

MASCARILLE, *mettant la main sur le bouton de son haut-de-chausse.*

Je vais vous montrer une furieuse plaie.

MADELON.

Il n'est pas nécessaire : nous le croyons sans y regarder.

MASCARILLE.

Ce sont des marques honorables qui font voir ce qu'on est.

CATHOS.

Nous ne doutons pas de ce que vous êtes.

MASCARILLE.

Vicomte, as-tu là ton carrosse?

JODELET.

Pourquoi?

MASCARILLE.

Nous menerions promener ces dames hors des portes, et leur donnerions un cadeau.

MADELON.

Nous ne saurions sortir aujourd'hui.

MASCARILLE.

Ayons donc les violons pour danser.

JODELET.

Ma foi! c'est bien avisé.

MADELON.

Pour cela, nous y consentons : mais il faut donc quelque surcroît de compagnie.

MASCARILLE.

Holà! Champagne, Picard, Bourguignon, Cascaret, Basque, la Verdure, Lorrain, Provençal, la Violette! Au diable soient tous les laquais! Je ne pense pas qu'il y ait gentilhomme en France plus mal servi que moi. Ces canailles me laissent toujours seul.

MADELON.

Almanzor, dites aux gens de monsieur [1] qu'ils aillent querir des violons, et nous faites venir ces messieurs et ces dames d'ici près, pour peupler la solitude de notre bal.

(*Almanzor sort.*)

MASCARILLE.

Vicomte, que dis-tu de ces yeux?

JODELET.

Mais, toi-même, marquis, que t'en semble?

MASCARILLE.

Moi, je dis que nos libertés auront peine à sortir d'ici les braies nettes. Au moins, pour moi, je reçois d'étranges secousses, et mon cœur ne tient plus qu'à un filet. [2]

VARIANTES. (1) *Dites aux gens de monsieur le marquis.* — (2) *Ne tient qu'à un filet.*

SCÈNE XII.

MADELON.

Que tout ce qu'il dit est naturel! Il tourne les choses le plus agréablement du monde.

CATHOS.

Il est vrai qu'il fait une furieuse dépense en esprit.

MASCARILLE.

Pour vous montrer que je suis véritable, je veux faire un impromptu là-dessus. (*Il médite.*)

CATHOS.

Hé! je vous en conjure de toute la dévotion de mon cœur, que nous oyions quelque chose qu'on ait fait pour nous.

JODELET.

J'aurois ●●● d'en faire autant; mais je me trouve un peu incommodé de la veine poétique, pour la quantité des saignées que j'y ai faites ces jours passés. (1)

MASCARILLE.

Que diable est-ce là! Je fais toujours bien le premier vers; mais j'ai peine à faire les autres. Ma foi! ceci est un peu trop pressé; je vous ferai un impromptu à loisir, que vous trouverez le plus beau du monde.

JODELET.

Il a de l'esprit comme un démon.

MADELON.

Et du galant, et du bien tourné.

MASCARILLE.

Vicomte, dis-moi un peu, y a-t-il long-temps que tu n'as vu la comtesse?

JODELET.

Il y a plus de trois semaines que je ne lui ai rendu visite.

VARIANTE. (1) *Pour la quantité de saignées que j'y ai faites ces jours passés.*

MASCARILLE.

Sais-tu bien que le duc m'est venu voir ce matin, et m'a voulu mener à la campagne courir un cerf avec lui?

MADELON.

Voici nos amies qui viennent.

SCÈNE XIII.

LUCILE, CÉLIMÈNE, CATHOS, MADELON, MASCARILLE, JODELET, MAROTTE, ALMANZOR, Violons.

MADELON.

Mon dieu! mes chères, nous vous demandons pardon. Ces messieurs ont eu fantaisie de nous donner les ames des pieds; et nous vous avons envoyé querir pour remplir les vides de notre assemblée.

LUCILE.

Vous nous avez obligées, sans doute.

MASCARILLE.

Ce n'est ici qu'un bal à la hâte; mais l'un de ces jours nous vous en donnerons un dans les formes. Les violons sont-ils venus?

ALMANZOR.

Oui, monsieur; ils sont ici.

CATHOS.

Allons donc, mes chères, prenez place.

MASCARILLE, *dansant lui seul comme par prélude.*

La, la, la, la, la, la, la, la.

MADELON.

Il a tout-à-fait la taille élégante. (1)

CATHOS.

Et a la mine de danser proprement.

VARIANTE. (1) *Il a la taille tout-à-fait élégante.*

SCÈNE XIV.

MASCARILLE, *ayant pris Madelon pour danser.*

Ma franchise va danser la courante aussi bien que mes pieds. En cadence, violons, en cadence. Oh! quels ignorans! Il n'y a pas moyen de danser avec eux. Le diable vous emporte! ne sauriez-vous jouer en mesure? La, la, la, la, la, la, la, la. Ferme. O violons de village!

JODELET, *dansant ensuite.*

Holà! ne pressez pas si fort la cadence : je ne fais que sortir de maladie.

SCÈNE XIV.

DU CROISY, LA GRANGE, CATHOS, MADELON, LUCILE, CÉLIMÈNE, JODELET, MASCARILLE, MAROTTE, VIOLONS.

LA GRANGE, *un bâton à la main.*

Ah! ah! coquins! que faites-vous ici? Il y a trois heures que nous vous cherchons.

MASCARILLE, *se sentant battre.*

Ahi! ahi! ahi! vous ne m'aviez pas dit que les coups en seroient aussi.

JODELET.

Ahi! ahi! ahi!

LA GRANGE.

C'est bien à vous, infâme que vous êtes, à vouloir faire l'homme d'importance!

DU CROISY.

Voilà qui vous apprendra à vous connoître.

SCÈNE XV.

CATHOS, MADELON, LUCILE, CÉLIMÈNE, MASCARILLE, JODELET, MAROTTE, Violons.

MADELON.

Que veut donc dire ceci?

JODELET.

C'est une gageure.

CATHOS.

Quoi! vous laisser battre de la sorte!

MASCARILLE.

Mon dieu! je n'ai pas voulu faire semblant de rien; car je suis violent, et je me serois emporté.

MADELON.

Endurer un affront comme celui-là, en notre présence!

MASCARILLE.

Ce n'est rien : ne laissons pas d'achever. Nous nous connoissons il y a long-temps; et entre amis, on ne va pas se piquer pour si peu de chose.

SCÈNE XVI.

DU CROISY, LA GRANGE, MADELON, CATHOS, CÉLIMÈNE, LUCILE, MASCARILLE, JODELET, MAROTTE, Violons.

LA GRANGE.

Ma foi! marauds, vous ne vous rirez pas de nous, je vous promets. Entrez, vous autres.

(*Trois ou quatre spadassins entrent.*)

SCÈNE XVI.

MADELON.

Quelle est donc cette audace, de venir nous troubler de la sorte dans notre maison!

DU CROISY.

Comment! mesdames, nous endurerons que nos laquais soient mieux reçus que nous; qu'ils viennent vous faire l'amour à nos dépens, et vous donnent le bal? (1)

MADELON.

Vos laquais?

LA GRANGE.

Oui, nos laquais: et cela n'est ni beau ni honnête de nous les débaucher comme vous faites.

MADELON.

O ciel! quelle insolence!

LA GRANGE.

Mais ils n'auront pas l'avantage de se servir de nos habits pour vous donner dans la vue; et si vous les voulez aimer, ce sera, ma foi! pour leurs beaux yeux. Vîte, qu'on les dépouille sur-le-champ.

JODELET.

Adieu notre braverie.

MASCARILLE.

Voilà le marquisat et la vicomté à bas.

DU CROISY.

Ah! ah! coquins! vous avez l'audace d'aller sur nos brisées! vous irez chercher autre part de quoi vous rendre agréables aux yeux de vos belles, je vous en assure.

LA GRANGE.

C'est trop que de nous supplanter (2), et de nous supplanter avec nos propres habits.

VARIANTES. (1) *Et vous donner le bal?* — (2) *C'est trop de nous supplanter.*

240 LES PRÉCIEUSES RIDICULES.

MASCARILLE.

O fortune! quelle est ton inconstance!

DU CROISY.

Vîte, qu'on leur ôte jusqu'à la moindre chose.

LA GRANGE.

Qu'on emporte toutes ces hardes, dépêchez. Maintenant, mesdames, en l'état qu'ils sont, vous pouvez continuer vos amours avec eux tant qu'il vous plaira; nous vous laissons ⁽¹⁾ toute sorte de liberté pour cela, et nous vous protestons, monsieur et moi, que nous n'en serons aucunement jaloux.

SCÈNE XVII.

MADELON, CATHOS, JODELET, MASCARILLE, VIOLONS.

CATHOS.

Ah! quelle confusion!

MADELON.

Je crève de dépit.

UN DES VIOLONS, *à Mascarille.*

Qu'est-ce donc que ceci? Qui nous paiera, nous autres?

MASCARILLE.

Demandez à monsieur le vicomte.

UN DES VIOLONS, *à Jodelet.*

Qui est-ce qui nous donnera de l'argent?

JODELET.

Demandez à monsieur le marquis.

VARIANTE. (1) *Nous vous laisserons.*

SCÈNE XVIII.

GORGIBUS, MADELON, CATHOS, JODELET, MASCARILLE, Violons.

GORGIBUS.

Ah! coquines que vous êtes, vous nous mettez dans de beaux draps blancs, à ce que je vois, et je viens d'apprendre de belles affaires, vraiment, de ces messieurs qui sortent! (1)

MADELON.

Ah! mon père, c'est une pièce sanglante qu'ils nous ont faite!

GORGIBUS.

Oui, c'est une pièce sanglante, mais qui est un effet de votre impertinence, infâmes! Ils se sont ressentis du traitement que vous leur avez fait, et cependant, malheureux que je suis, il faut que je boive l'affront.

MADELON.

Ah! je jure que nous en serons vengées, ou que je mourrai en la peine. Et vous, marauds, osez-vous vous tenir ici après votre insolence?

MASCARILLE.

Traiter comme cela un marquis! Voilà ce que c'est que du monde, la moindre disgrace nous fait mépriser de ceux qui nous chérissoient. Allons, camarade, allons chercher fortune autre part, je vois bien qu'on n'aime ici que la vaine apparence, et qu'on n'y considère point la vertu toute nue.

VARIANTE. (1) *De ces messieurs et de ces dames qui sortent.*

SCÈNE XIX.

GORGIBUS, MADELON, CATHOS, Violons.

UN DES VIOLONS.

Monsieur, nous entendons que vous nous contentiez à leur défaut, pour ce que nous avons joué ici.

GORGIBUS, *les battant.*

Oui, oui, je vous vais contenter, et voici la monnoie dont je vous veux payer. Et vous, pendardes, je ne sais qui me tient que je ne vous en fasse autant ; nous allons servir de fable et de risée à tout le monde, et voilà ce que vous vous êtes attiré par vos extravagances. Allez vous cacher, vilaines ; allez vous cacher pour jamais. (*seul.*) Et vous, qui êtes cause de leur folie, sottes billevesées, pernicieux amusemens des esprits oisifs, romans, vers, chansons, sonnets et sonnettes, puissiez-vous être à tous les diables !

FIN DES PRÉCIEUSES RIDICULES.

SGANARELLE,

ou

LE COCU IMAGINAIRE,

COMÉDIE EN UN ACTE.

1660.

ACTEURS.

GORGIBUS, bourgeois de Paris.
CÉLIE, sa fille.
LÉLIE, amant de Célie.
GROS-RENÉ, valet de Lélie.
SGANARELLE, bourgeois de Paris, et cocu imaginaire.
SA FEMME.
VILLEBREQUIN, père de Valère.
LA SUIVANTE de Célie.
UN PARENT de la femme de Sganarelle.

SGANARELLE,

OU

LE COCU IMAGINAIRE,

COMÉDIE.

SCÈNE PREMIÈRE.

GORGIBUS, CÉLIE, LA SUIVANTE DE CÉLIE.

CÉLIE, *sortant toute éplorée, et son père la suivant.*

Ah! n'espérez jamais que mon cœur y consente.

GORGIBUS.

Que marmottez-vous là, petite impertinente?
Vous prétendez choquer ce que j'ai résolu?
Je n'aurai pas sur vous un pouvoir absolu?
Et, par sottes raisons, votre jeune cervelle
Voudroit régler ici la raison paternelle?
Qui de nous deux à l'autre a droit de faire loi?
A votre avis, qui mieux, ou de vous, ou de moi,
O sotte! peut juger ce qui vous est utile?
Par la corbleu! gardez d'échauffer trop ma bile;
Vous pourriez éprouver, sans beaucoup de longueur,
Si mon bras sait encor montrer quelque vigueur.
Votre plus court sera, madame la mutine,
D'accepter sans façon l'époux qu'on vous destine.
J'ignore, dites-vous, de quelle humeur il est,
Et dois, auparavant, consulter s'il vous plaît : (1)

VARIANTE. (1) Dans toutes les éditions, hors dans celle de 1734, ces

Informé du grand bien qui lui tombe en partage,
Dois-je prendre le soin d'en savoir davantage?
Et cet époux, ayant vingt mille bons ducats,
Pour être aimé de vous, doit-il manquer d'appas?
Allez, tel qu'il puisse être, avecque cette somme
Je vous suis caution qu'il est très-honnête homme.

CÉLIE.

Hélas!

GORGIBUS.

Hé bien, hélas! Que veut dire ceci?
Voyez le bel hélas qu'elle nous donne ici!
Hé! que si la colère une fois me transporte,
Je vous ferai chanter hélas de belle sorte!
Voilà, voilà le fruit de ces empressemens
Qu'on vous voit nuit et jour à lire vos romans;
De quolibets d'amour votre tête est remplie,
Et vous parlez de Dieu bien moins que de Clélie.
Jetez-moi dans le feu tous ces méchans écrits
Qui gâtent tous les jours tant de jeunes esprits;
Lisez-moi, comme il faut, au lieu de ces sornettes,
Les Quatrains de Pibrac, et les doctes Tablettes
Du conseiller Matthieu; l'ouvrage est de valeur, [1]

deux vers sont imprimés en caractères italiques ou avec des guillemets, comme si Célie elle-même eût dit: *j'ignore de quelle humeur il est*, etc., et que son père ne fît que répéter son propos. Il n'en est pas ainsi; c'est Gorgibus qui est le sujet de la phrase, et ces mots: *j'ignore, dites-vous*, sont l'équivalent de ceux-ci: *vous dites que j'ignore*.

VARIANTE. (1) Toutes les anciennes éditions, jusqu'à celle de 1682 inclusivement, portent:

Et les doctes Tablettes
Du conseiller Matthieu, ouvrage de valeur, etc.

Quelque négligée que fût encore à cette époque la versification de Molière, il n'est pas du tout probable qu'il ait laissé échapper l'hiatus de *Matthieu* et *ouvrage*. Il est plus naturel de croire que ce passage a été altéré dans la copie faite de mémoire, sur laquelle la pièce a été imprimée d'abord.

SCÈNE I.

Et plein de beaux dictons à réciter par cœur.
La Guide des pécheurs est encore un bon livre;
C'est là qu'en peu de temps on apprend à bien vivre;
Et si vous n'aviez lu que ces moralités,
Vous sauriez un peu mieux suivre mes volontés.

CÉLIE.

Quoi! vous prétendez donc, mon père, que j'oublie
La constante amitié que je dois à Lélie?
J'aurois tort, si, sans vous, je disposois de moi;
Mais vous-même à ses vœux engageâtes ma foi.

GORGIBUS.

Lui fût-elle engagée encore davantage,
Un autre est survenu, dont le bien l'en dégage.
Lélie est fort bien fait; mais apprends qu'il n'est rien
Qui ne doive céder au soin d'avoir du bien;
Que l'or donne aux plus laids certain charme pour plaire
Et que sans lui le reste est une triste affaire.
Valère, je crois bien, n'est pas de toi chéri;
Mais, s'il ne l'est amant, il le sera mari.
Plus que l'on ne le croit, ce nom d'époux engage,
Et l'amour est souvent un fruit du mariage.
Mais suis-je pas bien fat de vouloir raisonner,
Où de droit absolu j'ai pouvoir d'ordonner?
Trêve donc, je vous prie, à vos impertinences.
Que je n'entende plus vos sottes doléances.
Ce gendre doit venir vous visiter ce soir,
Manquez un peu, manquez à le bien recevoir;
Si je ne vous lui vois faire un fort bon visage,
Je vous... Je ne veux pas en dire davantage.

SCÈNE II.

CÉLIE, LA SUIVANTE *de Célie.*

LA SUIVANTE.

Quoi! refuser, madame, avec cette rigueur,
Ce que tant d'autres gens voudroient de tout leur cœur!
A des offres d'hymen répondre par des larmes,
Et tarder tant à dire un oui si plein de charmes!
Hélas! que ne veut-on aussi me marier!
Ce ne seroit pas moi qui se feroit prier :
Et, loin qu'un pareil oui me donnât de la peine,
Croyez que j'en dirois bien vîte une douzaine.
Le précepteur qui fait répéter la leçon
A votre jeune frère, a fort bonne raison
Lorsque, nous discourant des choses de la terre,
Il dit que la femelle est ainsi que le lierre,
Qui croît beau, tant qu'à l'arbre il se tient bien serré,
Et ne profite point s'il en est séparé.
Il n'est rien de plus vrai, ma très-chère maîtresse,
Et je l'éprouve en moi, chétive pécheresse!
Le bon Dieu fasse paix à mon pauvre Martin,
Mais j'avois, lui vivant, le teint d'un chérubin,
L'embonpoint merveilleux, l'œil gai, l'ame contente,
Et je suis maintenant ma commère dolente.
Pendant cet heureux temps, passé comme un éclair,
Je me couchois sans feu dans le fort de l'hiver;
Sécher même les draps me sembloit ridicule,
Et je tremble à présent dedans la canicule.
Enfin il n'est rien tel, madame, croyez-moi,
Que d'avoir un mari la nuit auprès de soi.
Ne fût-ce que pour l'heur d'avoir qui vous salue
D'un : Dieu vous soit en aide, alors qu'on éternue.

SCÈNE II.

CÉLIE.

Peux-tu me conseiller de commettre un forfait?
D'abandonner Lélie, et prendre ce mal fait?

LA SUIVANTE.

Votre Lélie aussi n'est, ma foi, qu'une bête,
Puisque si hors de temps son voyage l'arrête;
Et la grande longueur de son éloignement
Me le fait soupçonner de quelque changement.

CÉLIE, *lui montrant le portrait de Lélie.*

Ah! ne m'accable point par ce triste présage,
Vois attentivement les traits de ce visage,
Ils jurent à mon cœur d'éternelles ardeurs;
Je veux croire, après tout, qu'ils ne sont pas menteurs,
Et que, comme c'est lui que l'art y représente, [1]
Il conserve à mes feux une amitié constante.

LA SUIVANTE.

Il est vrai que ces traits marquent un digne amant,
Et que vous avez lieu de l'aimer tendrement.

CÉLIE.

Et cependant il faut... Ah! soutiens-moi.

(*Laissant tomber le portrait de Lélie.*)

LA SUIVANTE.

                              Madame,
D'où vous pourroit venir... Ah! bons dieux! elle pâme!
Hé! vîte, holà! quelqu'un.

VARIANTE. (1) On lit, dans toutes les anciennes éditions, y compris celle de 1682:

    Et comme c'est celui que l'art y représente.

Ce vers n'offre absolument aucun sens, et ne peut être de Molière: aussi je n'ai pas cru devoir l'admettre dans le texte, ni même le rapporter comme *variante*.

SCÈNE III.

CÉLIE, SGANARELLE, LA SUIVANTE de Célie.

SGANARELLE.

Qu'est-ce donc? me voilà.

LA SUIVANTE.

Ma maîtresse se meurt.

SGANARELLE.

Quoi! ce n'est que cela? (1)
Je croyois tout perdu, de crier de la sorte;
Mais approchons pourtant. Madame, êtes-vous morte?
Hays! (2) Elle ne dit mot.

LA SUIVANTE.

Je vais faire venir
Quelqu'un pour l'emporter, veuillez la soutenir. (3)

VARIANTES. (1) *Quoi! n'est-ce que cela?*

(2) *Ouais!* — Je ne rapporte ce léger changement, que parce que le sens s'y trouve intéressé. *Hays,* que porte l'édition originale, est l'imitation du bruit qu'on fait pour appeler ou réveiller quelqu'un. *Ouais* est une interjection qui marque la surprise. L'un et l'autre est conforme à la situation de Sganarelle.

(3) Hélas! daignez me l'apporter;
Il lui faut du vinaigre, et j'en cours apprêter.

Cette leçon, fort plate, qui ne se trouve que dans l'édition de 1682, du comédien La Grange, est sans doute une tradition de théâtre, qui avoit pour objet de supprimer l'intervention assez inutile du personnage que la suivante *fait venir pour emporter Célie.*

SCÈNE IV.

CÉLIE, SGANARELLE, LA FEMME de SGANARELLE.

SGANARELLE, *en passant la main sur le sein de Célie.*

Elle est froide partout, et je ne sais qu'en dire.
Approchons-nous pour voir si sa bouche respire.
Ma foi ! je ne sais pas ; mais j'y trouve encor, moi,
Quelque signe de vie.

LA FEMME DE SGANARELLE, *regardant par la fenêtre.*

Ah ! qu'est-ce que je vois ?
Mon mari dans ses bras... Mais je m'en vais descendre,
Il me trahit, sans doute, et je veux le surprendre.

SGANARELLE.

Il faut se dépêcher de l'aller secourir ;
Certes, elle auroit tort de se laisser mourir.
Aller en l'autre monde est très-grande sottise,
Tant que dans celui-ci l'on peut être de mise.

(*Il la porte chez elle avec un homme que la suivante amène.*)

SCÈNE V.

LA FEMME DE SGANARELLE, *seule.*

Il s'est subitement éloigné de ces lieux,
Et sa fuite a trompé mon desir curieux :
Mais de sa trahison je ne fais plus de doute, (1)
Et le peu que j'ai vu me la découvre toute.
Je ne m'étonne plus de l'étrange froideur

VARIANTE. (1) *Je ne suis plus en doute.*

Dont je le vois répondre à ma pudique ardeur;
Il réserve, l'ingrat, ses caresses à d'autres,
Et nourrit leurs plaisirs par le jeûne des nôtres.
Voilà de nos maris le procédé commun;
Ce qui leur est permis, leur devient importun.
Dans les commencemens ce sont toutes merveilles;
Ils témoignent pour nous des ardeurs non pareilles;
Mais les traîtres bientôt se lassent de nos feux,
Et portent autre part ce qu'ils doivent chez eux.
Ah! que j'ai de dépit que la loi n'autorise
A changer de mari comme on fait de chemise!
Cela seroit commode; et j'en sais telle ici
Qui, comme moi, ma foi, le voudroit bien aussi.

(*En ramassant le portrait que Célie avoit laissé tomber.*)

Mais quel est ce bijou que le sort me présente?
L'émail en est fort beau, la gravure charmante,
Ouvrons.

SCÈNE VI.

SGANARELLE, LA FEMME DE SGANARELLE.

SGANARELLE, *se croyant seul.*

On la croyoit morte, et ce n'étoit rien.
Il n'en faut plus qu'autant, elle se porte bien.
Mais j'aperçois ma femme.

LA FEMME DE SGANARELLE, *se croyant seule.*

O ciel! c'est miniature!
Et voilà d'un bel homme une vive peinture!

SGANARELLE, *à part, et regardant par-dessus
l'épaule de sa femme.*

Que considère-t-elle avec attention?
Ce portrait, mon honneur, ne nous dit rien de bon.
D'un fort vilain soupçon je me sens l'ame émue.

SCÈNE VI.

LA FEMME DE SGANARELLE, *sans apercevoir son mari.*

Jamais rien de plus beau ne s'offrit à ma vue;
Le travail plus que l'or s'en doit encor priser.
Oh! que cela sent bon!

SGANARELLE, *à part.*

Quoi! peste, le baiser!
Ah! j'en tiens!

LA FEMME DE SGANARELLE *poursuit.*

Avouons qu'on doit être ravie
Quand d'un homme ainsi fait on se peut voir servie.
Et que, s'il en contoit avec attention,
Le penchant seroit grand à la tentation.
Ah! que n'ai-je un mari d'une aussi bonne mine!
Au lieu de mon pelé, de mon rustre...

SGANARELLE, *lui arrachant le portrait.*

Ah! mâtine!
Nous vous y surprenons en faute contre nous,
En diffamant l'honneur de votre cher époux.
Donc, à votre calcul, ô ma trop digne femme!
Monsieur, tout bien compté, ne vaut pas bien madame?
Et, de par Belzébut, qui vous puisse emporter!
Quel plus rare parti pourriez-vous souhaiter?
Peut-on trouver en moi quelque chose à redire?
Cette taille, ce port que tout le monde admire,
Ce visage, si propre à donner de l'amour,
Pour qui mille beautés soupirent nuit et jour;
Bref, en tout et partout, ma personne charmante
N'est donc pas un morceau dont vous soyez contente?
Et, pour rassasier votre appétit gourmand,
Il faut joindre au mari le ragoût d'un galant?

LA FEMME DE SGANARELLE.

J'entends à demi-mot où va la raillerie.
Tu crois par ce moyen...

SGANARELLE.

     A d'autres, je vous prie :
La chose est avérée, et je tiens dans mes mains
Un bon certificat du mal dont je me plains.

LA FEMME DE SGANARELLE.

Mon courroux n'a déja que trop de violence,
Sans le charger encor d'une nouvelle offense.
Écoute, ne crois pas retenir mon bijou,
Et songe un peu...

SGANARELLE.

     Je songe à te rompre le cou.
Que ne puis-je, aussi bien que je tiens la copie,
Tenir l'original !

LA FEMME DE SGANARELLE.

  Pourquoi?

SGANARELLE.

     Pour rien, ma mie.
Doux objet de mes vœux, j'ai grand tort de crier,
Et mon front de vos dons vous doit remercier.
 (*Regardant le portrait de Lélie.*)
Le voilà ! le beau fils, le mignon de couchette !
Le malheureux tison de ta flamme secrète,
Le drôle avec lequel...

LA FEMME DE SGANARELLE.

    Avec lequel?... Poursui.

SGANARELLE.

Avec lequel, te dis-je... et j'en crève d'ennui.

LA FEMME DE SGANARELLE.

Que me veut donc conter par-là ce maître ivrogne?

SGANARELLE.

Tu ne m'entends que trop, madame la carogne.
Sganarelle est un nom qu'on ne me dira plus,
Et l'on va m'appeler seigneur Cornelius :
J'en suis pour mon honneur; mais à toi, qui me l'ôtes,

SCÈNE VI.

Je t'en ferai du moins pour un bras ou deux côtes.
####### LA FEMME DE SGANARELLE.
Et tu m'oses tenir de semblables discours?
####### SGANARELLE.
Et tu m'oses jouer de ces diables de tours?
####### LA FEMME DE SGANARELLE.
Et quels diables de tours? Parle donc sans rien feindre.
####### SGANARELLE.
Ah! cela ne vaut pas la peine de se plaindre!
D'un panache de cerf sur le front me pourvoir:
Hélas! voilà vraiment un beau venez-y-voir!
####### LA FEMME DE SGANARELLE.
Donc, après m'avoir fait la plus sensible offense
Qui puisse d'une femme exciter la vengeance,
Tu prends d'un feint courroux le vain amusement
Pour prévenir l'effet de mon ressentiment?
D'un pareil procédé l'insolence est nouvelle!
Celui qui fait l'offense, est celui qui querelle.
####### SGANARELLE.
Hé! la bonne effrontée! A voir ce fier maintien,
Ne la croiroit-on pas une femme de bien?
####### LA FEMME DE SGANARELLE.
Va, poursuis ton chemin, cajole tes maîtresses,
Adresse-leur tes vœux, et fais-leur des caresses:
Mais rends-moi mon portrait sans te jouer de moi.

(*Elle lui arrache le portrait et s'enfuit.*)

####### SGANARELLE, *courant après elle.*
Oui, tu crois m'échapper, je l'aurai malgré toi.

SCÈNE VII.

LÉLIE, GROS-RENÉ.

GROS-RENÉ.

Enfin nous y voici. Mais, monsieur, si je l'ose,
Je voudrois vous prier de me dire une chose.

LÉLIE.

Hé bien! parle.

GROS-RENÉ.

Avez-vous le diable dans le corps
Pour ne pas succomber à de pareils efforts?
Depuis huit jours entiers, avec vos longues traites,
Nous sommes à piquer de chiennes de mazettes, (1)
De qui le train maudit nous a tant secoués,
Que je m'en sens pour moi tous les membres roués;
Sans préjudice encor d'un accident bien pire,
Qui m'afflige un endroit que je ne veux pas dire :
Cependant, arrivé, vous sortez bien et beau,
Sans prendre de repos, ni manger un morceau.

LÉLIE.

Ce grand empressement n'est point digne de blâme;
De l'hymen de Célie on alarme mon ame;
Tu sais que je l'adore; et je veux être instruit,
Avant tout autre soin, de ce funeste bruit.

GROS-RENÉ.

Oui; mais un bon repas vous seroit nécessaire,
Pour s'aller éclaircir, monsieur, de cette affaire;
Et votre cœur, sans doute, en deviendroit plus fort
Pour pouvoir résister aux attaques du sort;
J'en juge par moi-même; et la moindre disgrace,
Lorsque je suis à jeun, me saisit, me terrasse;

VARIANTE. (1) *Des chiennes de mazettes.*

SCÈNE VIII.

Mais quand j'ai bien mangé, mon ame est ferme à tout,
Et les plus grands revers n'en viendroient pas à bout.
Croyez-moi, bourrez-vous, et sans réserve aucune,
Contre les coups que peut vous porter la fortune;
Et, pour fermer chez vous l'entrée à la douleur,
De vingt verres de vin entourez votre cœur.

LÉLIE.

Je ne saurois manger.

GROS-RENÉ, *bas, à part.*

Si ferai bien, je meure. (1)

(*haut.*)
Votre dîné pourtant seroit prêt tout à l'heure.

LÉLIE.

Tais-toi, je te l'ordonne.

GROS-RENÉ.

Ah! quel ordre inhumain!

LÉLIE.

J'ai de l'inquiétude, et non pas de la faim.

GROS-RENÉ.

Et moi, j'ai de la faim, et de l'inquiétude
De voir qu'un sot amour fait toute votre étude.

LÉLIE.

Laisse-moi m'informer de l'objet de mes vœux,
Et, sans m'importuner, va manger si tu veux.

GROS-RENÉ.

Je ne réplique point à ce qu'un maître ordonne.

SCÈNE VIII.

LÉLIE, *seul.*

Non, non, à trop de peur mon ame s'abandonne;
Le père m'a promis, et la fille a fait voir
Des preuves d'un amour qui soutient mon espoir.

VARIANTE. (1) *Si fait bien moi, je meure.*

SCÈNE IX.

SGANARELLE, LÉLIE,

SGANARELLE, *sans voir Lélie, et tenant dans ses mains le portrait.*

Nous l'avons, et je puis voir à l'aise la trogne
Du malheureux pendard qui cause ma vergogne;
Il ne m'est point connu.

LÉLIE, *à part.*

Dieux! qu'aperçois-je ici?
Et, si c'est mon portrait, que dois-je croire aussi?

SGANARELLE, *sans voir Lélie.*

Ah! pauvre Sganarelle! à quelle destinée
Ta réputation est-elle condamnée!
Faut...

(*Apercevant Lélie qui le regarde, il se tourne d'un autre côté.*)

LÉLIE, *à part.*

Ce gage ne peut, sans alarmer ma foi,
Être sorti des mains qui le tenoient de moi.

SGANARELLE, *à part.*

Faut-il que désormais à deux doigts l'on te montre,
Qu'on te mette en chansons, et qu'en toute rencontre,
On te rejette au nez le scandaleux affront
Qu'une femme mal née imprime sur ton front?

LÉLIE, *à part.*

Me trompé-je?

SGANARELLE, *à part.*

Ah! truande! as-tu bien le courage
De m'avoir fait cocu dans la fleur de mon âge?
Et femme d'un mari qui peut passer pour beau,
Faut-il qu'un marmouset, un maudit étourneau...

SCÈNE IX.

LÉLIE, *à part, et regardant encore le portrait que tient Sganarelle.*

Je ne m'abuse point; c'est mon portrait lui-même.

SGANARELLE *lui tourne le dos.*

Cet homme est curieux.

LÉLIE, *à part.*

Ma surprise est extrême!

SGANARELLE, *à part.*

A qui donc en a-t-il?

LÉLIE, *à part.*

Je le veux acoster.

(*haut.*)   (*Sganarelle veut s'éloigner.*)
Puis-je?... Hé! de grace, un mot.

SGANARELLE, *à part, s'éloignant encore.*

Que me veut-il conter?

LÉLIE.

Puis-je obtenir de vous de savoir l'aventure
Qui fait dedans vos mains trouver cette peinture?

SGANARELLE, *à part.*

D'où lui vient ce desir? Mais je m'avise ici...
(*Il examine Lélie et le portrait qu'il tient.*)
Ah! ma foi! me voilà de son trouble éclairci!
Sa surprise à présent n'étonne plus mon ame;
C'est mon homme; ou plutôt, c'est celui de ma femme.

LÉLIE.

Retirez-moi de peine, et dites d'où vous vient...

SGANARELLE.

Nous savons, dieu merci, le souci qui vous tient;
Ce portrait qui vous fâche est votre ressemblance;
Il étoit en des mains de votre connoissance;
Et ce n'est pas un fait qui soit secret pour nous
Que les douces ardeurs de la dame et de vous.
Je ne sais pas si j'ai, dans sa galanterie,

L'honneur d'être connu de votre seigneurie ;
Mais faites-moi celui de cesser désormais
Un amour qu'un mari peut trouver fort mauvais ;
Et songez que les nœuds du sacré mariage...

LÉLIE.

Quoi ! celle, dites-vous, dont vous tenez ce gage...

SGANARELLE.

Est ma femme, et je suis son mari.

LÉLIE.

Son mari ?

SGANARELLE.

Oui, son mari, vous dis-je, et mari très-marri,
Vous en savez la cause, et je m'en vais l'apprendre
Sur l'heure à ses parens.

SCÈNE X.

LÉLIE, seul.

Ah ! que viens-je d'entendre !
On me l'avoit bien dit, et que c'étoit de tous
L'homme le plus mal fait qu'elle avoit pour époux.
Ah ! quand mille sermens de ta bouche infidèle
Ne m'auroient point promis une flamme éternelle,
Le seul mépris d'un choix si bas et si honteux
Devoit bien soutenir l'intérêt de mes feux,
Ingrate ! et quelque bien... Mais ce sensible outrage,
Se mêlant aux travaux d'un assez long voyage,
Me donne tout-à-coup un choc si violent,
Que mon cœur devient foible, et mon corps chancelant.

SCÈNE XI.

LÉLIE, LA FEMME DE SGANARELLE.

LA FEMME DE SGANARELLE, *se croyant seule.*
                    (*apercevant Lélie.*)
Malgré moi, mon perfide... Hélas! quel mal vous presse?
Je vous vois prêt, monsieur, à tomber en foiblesse.

LÉLIE.
C'est un mal qui m'a pris assez subitement.

LA FEMME DE SGANARELLE.
Je crains ici pour vous l'évanouissement;
Entrez dans cette salle, en attendant qu'il passe.

LÉLIE.
Pour un moment ou deux j'accepte cette grace.

SCÈNE XII.

SGANARELLE, UN PARENT DE LA FEMME DE SGANARELLE.

LE PARENT.
D'un mari sur ce point j'approuve le souci;
Mais c'est prendre la chèvre un peu bien vîte aussi:
Et tout ce que de vous je viens d'ouïr contre elle,
Ne conclut point, parent, qu'elle soit criminelle:
C'est un point délicat; et de pareils forfaits,
Sans les bien avérer, ne s'imputent jamais.

SGANARELLE.
C'est-à-dire qu'il faut toucher au doigt la chose.

LE PARENT.
Le trop de promptitude à l'erreur nous expose.
Qui sait comme en ses mains ce portrait est venu,
Et si l'homme, après tout, lui peut être connu?

Informez-vous-en donc; et, si c'est ce qu'on pense,
Nous serons les premiers à punir son offense.

SCÈNE XIII.

SGANARELLE, *seul*.

On ne peut pas mieux dire; en effet, il est bon
D'aller tout doucement. Peut-être, sans raison,
Me suis-je en tête mis ces visions cornues,
Et les sueurs au front m'en sont trop tôt venues.
Par ce portrait enfin dont je suis alarmé,
Mon déshonneur n'est pas tout-à-fait confirmé.
Tâchons donc par nos soins...

SCÈNE XIV.

SGANARELLE, LA FEMME DE SGANARELLE, *sur la porte de sa maison, reconduisant Lélie;* LÉLIE.

SGANARELLE, *à part, les voyant.*

Ah! que vois-je? Je meurs!
Il n'est plus question de portrait à cette heure,
Voici, ma foi, la chose en propre original.

LA FEMME DE SGANARELLE.

C'est par trop vous hâter, monsieur; et votre mal,
Si vous sortez sitôt, pourra bien vous reprendre.

LÉLIE.

Non, non, je vous rends grace, autant qu'on puisse rendre,
De l'obligeant secours [1] que vous m'avez prêté.

SGANARELLE, *à part.*

La masque encore après lui fait civilité!

(*La femme de Sganarelle rentre dans sa maison.*)

VARIANTE. (1) *Du secours obligeant.*

SCÈNE XV.

SGANARELLE, LÉLIE.

SGANARELLE, *à part.*
Il m'aperçoit; voyons ce qu'il me pourra dire.
LÉLIE, *à part.*
Ah! mon ame s'émeut, et cet objet m'inspire...
Mais je dois condamner cet injuste transport,
Et n'imputer mes maux qu'aux rigueurs de mon sort.
Envions seulement le bonheur de sa flamme.
(*En s'approchant de Sganarelle.*)
Oh! trop heureux d'avoir une si belle femme!

SCÈNE XVI.

SGANARELLE, CÉLIE, *à sa fenêtre, voyant Lélie qui s'en va.*

SGANARELLE, *seul.*
Ce n'est point s'expliquer en termes ambigus.
Cet étrange propos me rend aussi confus
Que s'il m'étoit venu des cornes à la tête!
(*Regardant le côté par où Lélie est sorti.*)
Allez, ce procédé n'est point du tout honnête.
CÉLIE, *à part, en entrant.*
Quoi! Lélie a paru tout à l'heure à mes yeux!
Qui pourroit me cacher son retour en ces lieux?
SGANARELLE, *sans voir Célie.*
Oh! trop heureux d'avoir une si belle femme!
Malheureux bien plutôt de l'avoir, cette infâme!
Dont le coupable feu, trop bien vérifié,
Sans respect ni demi nous a cocufié.
Mais je le laisse aller après un tel indice,

Et demeure les bras croisés comme un jocrisse!
Ah! je devois du moins lui jeter son chapeau,
Lui ruer quelque pierre, ou crotter son manteau,
Et sur lui hautement, pour contenter ma rage,
Faire, au larron d'honneur, crier le voisinage.

(*Pendant le discours de Sganarelle, Célie s'approche peu à peu, et attend, pour lui parler, que son transport soit fini.*)

CÉLIE, *à Sganarelle.*

Celui qui maintenant devers vous est venu,
Et qui vous a parlé, d'où vous est-il connu?

SGANARELLE.

Hélas! ce n'est pas moi qui le connois, madame :
C'est ma femme.

CÉLIE.

Quel trouble agite ainsi votre ame?

SGANARELLE.

Ne me condamnez point d'un deuil hors de saison,
Et laissez-moi pousser des soupirs à foison.

CÉLIE.

D'où vous peuvent venir ces douleurs non communes?

SGANARELLE.

Si je suis affligé, ce n'est pas pour des prunes;
Et je le donnerois à bien d'autres qu'à moi,
De se voir sans chagrin au point où je me voi.
Des maris malheureux vous voyez le modèle :
On dérobe l'honneur au pauvre Sganarelle;
Mais c'est peu que l'honneur dans mon affliction,
L'on me dérobe encor la réputation.

CÉLIE.

Comment?

SGANARELLE.

Ce damoiseau, parlant par révérence,
Me fait cocu, madame, avec toute licence;

SCÈNE XVI.

Et j'ai su par mes yeux avérer aujourd'hui
Le commerce secret de ma femme et de lui.

CÉLIE.

Celui qui maintenant...

SGANARELLE.

Oui, oui, me déshonore;
Il adore ma femme, et ma femme l'adore.

CÉLIE.

Ah! j'avois bien jugé que ce secret retour
Ne pouvoit me couvrir que quelque lâche tour;
Et j'ai tremblé d'abord, en le voyant paroître,
Par un pressentiment de ce qui devoit être.

SGANARELLE.

Vous prenez ma défense avec trop de bonté,
Tout le monde n'a pas la même charité;
Et plusieurs qui tantôt ont appris mon martyre,
Bien loin d'y prendre part, n'en ont rien fait que rire.

CÉLIE.

Est-il rien de plus noir que ta lâche action?
Et peut-on lui trouver une punition?
Dois-tu ne te pas croire indigne de la vie,
Après t'être souillé de cette perfidie?
O ciel! est-il possible?

SGANARELLE.

Il est trop vrai pour moi.

CÉLIE.

Ah! traître! scélérat! ame double et sans foi!

SGANARELLE.

La bonne ame!

CÉLIE.

Non, non, l'enfer n'a point de gêne
Qui ne soit pour ton crime une trop douce peine.

SGANARELLE.

Que voilà bien parler!

CÉLIE.

Avoir ainsi traité
Et la même innocence et la même bonté!

SGANARELLE *soupire haut.*

Hai!

CÉLIE.

Un cœur qui jamais n'a fait la moindre chose
A mériter l'affront où ton mépris l'expose!

SGANARELLE.

Il est vrai.

CÉLIE.

Qui bien loin... Mais c'est trop, et ce cœur
Ne sauroit y songer sans mourir de douleur.

SGANARELLE.

Ne vous fâchez pas tant, ma très-chère madame;
Mon mal vous touche trop, et vous me percez l'ame.

CÉLIE.

Mais ne t'abuse pas jusqu'à te figurer
Qu'à des plaintes sans fruit j'en veuille demeurer:
Mon cœur, pour se venger, sait ce qu'il te faut faire,
Et j'y cours de ce pas; rien ne m'en peut distraire.

SCÈNE XVII.

SGANARELLE, *seul.*

Que le ciel la préserve à jamais de danger!
Voyez quelle bonté de vouloir me venger!
En effet, son courroux, qu'excite ma disgrace,
M'enseigne hautement ce qu'il faut que je fasse;
Et l'on ne doit jamais souffrir, sans dire mot,
De semblables affronts, à moins qu'être un vrai sot.
Courons donc le chercher, ce pendard qui m'affronte;
Montrons notre courage à venger notre honte.
Vous apprendrez, maroufle, à rire à nos dépens,

Et, sans aucun respect, faire cocus les gens.
(*Il revient après avoir fait quelques pas.*)
Doucement, s'il vous plaît; cet homme a bien la mine
D'avoir le sang bouillant et l'ame un peu mutine;
Il pourroit bien, mettant affront dessus affront,
Charger de bois mon dos comme il a fait mon front.
Je hais de tout mon cœur les esprits colériques,
Et porte grand amour aux hommes pacifiques;
Je ne suis point battant, de peur d'être battu,
Et l'humeur débonnaire est ma grande vertu.
Mais mon honneur me dit que d'une telle offense
Il faut absolument que je prenne vengeance :
Ma foi! laissons-le dire autant qu'il lui plaira,
Au diantre qui pourtant rien du tout en fera!
Quand j'aurai fait le brave, et qu'un fer, pour ma peine,
M'aura d'un vilain coup transpercé la bedaine,
Que par la ville ira le bruit de mon trépas,
Dites-moi, mon honneur, en serez-vous plus gras?
La bière est un séjour par trop mélancolique,
Et trop mal-sain pour ceux qui craignent la colique.
Et quant à moi, je trouve, ayant tout compassé,
Qu'il vaut mieux être encor cocu que trépassé.
Quel mal cela fait-il? La jambe en devient-elle
Plus tortue, après tout, et la taille moins belle?
Peste soit qui premier trouva l'invention
De s'affliger l'esprit de cette vision,
Et d'attacher l'honneur de l'homme le plus sage
Aux choses que peut faire une femme volage!
Puisqu'on tient, à bon droit, tout crime personnel,
Que fait-là notre honneur pour être criminel?
Des actions d'autrui l'on nous donne le blâme :
Si nos femmes sans nous ont un commerce infâme.
Il faut que tout le mal tombe sur notre dos :
Elles font la sottise, et nous sommes les sots.

C'est un vilain abus, et les gens de police
Nous devroient bien régler une telle injustice.
N'avons-nous pas assez des autres accidens
Qui nous viennent happer en dépit de nos dents?
Les querelles, procès, faim, soif et maladie,
Troublent-ils pas assez le repos de la vie,
Sans s'aller, de surcroît, aviser sottement
De se faire un chagrin qui n'a nul fondement?
Moquons-nous de cela, méprisons les alarmes,
Et mettons sous nos pieds les soupirs et les larmes.
Si ma femme a failli, qu'elle pleure bien fort;
Mais pourquoi, moi, pleurer, puisque je n'ai point tort?
En tout cas, ce qui peut m'ôter ma fâcherie,
C'est que je ne suis pas seul de ma confrérie.
Voir cajoler sa femme, et n'en témoigner rien,
Se pratique aujourd'hui par force gens de bien.
N'allons donc point chercher à faire une querelle,
Pour un affront qui n'est que pure bagatelle.
L'on m'appellera sot, de ne me venger pas;
Mais je le serois fort, de courir au trépas.

(*Mettant la main sur sa poitrine.*)

Je me sens là pourtant remuer une bile
Qui veut me conseiller quelque action virile:
Oui, le courroux me prend; c'est trop être poltron:
Je veux résolument me venger du larron.
Déjà pour commencer, dans l'ardeur qui m'enflamme,
Je vais dire partout qu'il couche avec ma femme.

SCÈNE XVIII.

GORGIBUS, CÉLIE, LA SUIVANTE DE CÉLIE.

CÉLIE.

Oui, je veux bien subir une si juste loi :
Mon père, disposez de mes vœux et de moi;
Faites, quand vous voudrez, signer cet hyménée :
A suivre mon devoir je suis déterminée;
Je prétends gourmander mes propres sentimens,
Et me soumettre en tout à vos commandemens.

GORGIBUS.

Ah! voilà qui me plaît, de parler de la sorte.
Parbleu! si grande joie à l'heure me transporte,
Que mes jambes sur l'heure en caprioleroient,
Si nous n'étions point vus de gens qui s'en riroient!
Approche-toi de moi; viens-çà, que je t'embrasse.
Une telle action n'a pas mauvaise grace;
Un père, quand il veut, peut sa fille baiser,
Sans que l'on ait sujet de s'en scandaliser.
Va, le contentement de te voir si bien née,
Me fera rajeunir de dix fois une année.

SCÈNE XIX.

CÉLIE, LA SUIVANTE DE CÉLIE.

LA SUIVANTE.

Ce changement m'étonne.

CÉLIE.
                Et lorsque tu sauras
Par quel motif j'agis, tu m'en estimeras.

LA SUIVANTE.

Cela pourroit bien être.

CÉLIE.

Apprends donc que Lélie
A pu blesser mon cœur par une perfidie;
Qu'il étoit en ces lieux sans...

LA SUIVANTE.

Mais il vient à nous.

SCÈNE XX.

LÉLIE, CÉLIE, LA SUIVANTE DE CÉLIE.

LÉLIE.

Avant que pour jamais je m'éloigne de vous,
Je veux vous reprocher au moins en cette place...

CÉLIE.

Quoi! me parler encore? Avez-vous cette audace?

LÉLIE.

Il est vrai qu'elle est grande; et votre choix est tel,
Qu'à vous rien reprocher je serois criminel.
Vivez, vivez contente, et bravez ma mémoire,
Avec le digne époux qui vous comble de gloire.

CÉLIE.

Oui, traître! j'y veux vivre; et mon plus grand desir,
Ce seroit que ton cœur en eût du déplaisir.

LÉLIE.

Qui rend donc contre moi ce courroux légitime?

CÉLIE.

Quoi! tu fais le surpris et demandes ton crime?

SCÈNE XXI.

CÉLIE, LÉLIE, SGANARELLE, *armé de pied en cap*, LA SUIVANTE DE CÉLIE.

SGANARELLE.

Guerre! guerre mortelle à ce larron d'honneur!
Qui, sans miséricorde, a souillé notre honneur.

CÉLIE, *à Lélie, lui montrant Sganarelle.*

Tourne, tourne les yeux, sans me faire répondre.

LÉLIE.

Ah! je vois...

CÉLIE.

Cet objet suffit pour te confondre.

LÉLIE.

Mais pour vous obliger bien plutôt à rougir.

SGANARELLE, *à part.*

Ma colère à présent est en état d'agir;
Dessus ses grands chevaux est monté mon courage;
Et, si je le rencontre, on verra du carnage.
Oui, j'ai juré sa mort; rien ne peut l'empêcher:[1]
Où je le trouverai, je veux le dépêcher.

(*Tirant son épée à demi, il approche de Lélie.*)

Au beau milieu du cœur il faut que je lui donne...

LÉLIE, *se retournant.*

A qui donc en veut-on?

SGANARELLE.

Je n'en veux à personne.

LÉLIE.

Pourquoi ces armes-là?

SGANARELLE.

C'est un habillement

VARIANTE. (1) *Rien ne peut m'empêcher.*

(*à part.*)
Que j'ai pris pour la pluie. Ah! quel contentement
J'aurois à le tuer! Prenons-en le courage.

LÉLIE, *se retournant encore.*

Hai?

SGANARELLE.

Je ne parle pas.
(*à part, après s'être donné des soufflets pour s'exciter.*)
Ah! poltron! dont j'enrage,
Lâche! vrai cœur de poule!

CÉLIE, *à Lélie.*

Il t'en doit dire assez,
Cet objet dont tes yeux nous paroissent blessés.

LÉLIE.

Oui, je connois par-là que vous êtes coupable
De l'infidélité la plus inexcusable,
Qui jamais d'un amant puisse outrager la foi.

SGANARELLE, *à part.*

Que n'ai-je un peu de cœur!

CÉLIE.

Ah! cesse devant moi,
Traître! de ce discours l'insolence cruelle!

SGANARELLE, *à part.*

Sganarelle, tu vois qu'elle prend ta querelle :
Courage, mon enfant, sois un peu vigoureux.
Là, hardi! tâche à faire un effort généreux,
En le tuant tandis qu'il tourne le derrière.

LÉLIE, *faisant deux ou trois pas sans dessein, fait
retourner Sganarelle qui s'approchoit pour le tuer.*

Puisqu'un pareil discours émeut votre colère,
Je dois de votre cœur me montrer satisfait,
Et l'applaudir ici du beau choix qu'il a fait.

CÉLIE.

Oui, oui, mon choix est tel qu'on n'y peut rien reprendre.

SCÈNE XXI.

LÉLIE.

Allez, vous faites bien de le vouloir défendre.

SGANARELLE.

Sans doute, elle fait bien de défendre mes droits.
Cette action, monsieur, n'est point selon les lois :
J'ai raison de m'en plaindre; et, si je n'étois sage,
On verroit arriver un étrange carnage.

LÉLIE.

D'où vous naît cette plainte, et quel chagrin brutal?...

SGANARELLE.

Suffit. Vous savez bien où le bât me fait mal;
Mais votre conscience et le soin de votre ame
Vous devroient mettre aux yeux que ma femme est ma femme;
Et vouloir, à ma barbe, en faire votre bien,
Que ce n'est pas du tout agir en bon chrétien.

LÉLIE.

Un semblable soupçon est bas et ridicule.
Allez, dessus ce point n'ayez aucun scrupule :
Je sais qu'elle est à vous; et, bien loin de brûler...

CÉLIE.

Ah! qu'ici tu sais bien, traître, dissimuler!

LÉLIE.

Quoi! me soupçonnez-vous d'avoir une pensée
De qui son ame ait lieu de se croire offensée?
De cette lâcheté voulez-vous me noircir?

CÉLIE.

Parle, parle à lui-même, il pourra t'éclaircir.

SGANARELLE, *à Célie.*

Vous me défendez mieux que je ne saurois faire,
Et du biais qu'il faut vous prenez cette affaire.

SCÈNE XXII.

CÉLIE, LÉLIE, SGANARELLE, LA FEMME DE SGANARELLE, LA SUIVANTE DE CÉLIE.

LA FEMME DE SGANARELLE.

Je ne suis point d'humeur à vouloir contre vous
Faire éclater, madame, un esprit trop jaloux ;
Mais je ne suis point dupe, et vois ce qui se passe :
Il est de certains feux de fort mauvaise grace ;
Et votre ame devroit prendre un meilleur emploi,
Que de séduire un cœur qui doit n'être qu'à moi.

CÉLIE.

La déclaration est assez ingénue.

SGANARELLE, *à sa femme.*

L'on ne demandoit pas, (1) carogne, ta venue :
Tu la viens quereller lorsqu'elle me défend,
Et tu trembles de peur qu'on t'ôte ton galant.

CÉLIE.

Allez, ne croyez pas que l'on en ait envie.

(*se tournant vers Lélie.*)

Tu vois si c'est mensonge ; et j'en suis fort ravie.

LÉLIE.

Que me veut-on conter ?

LA SUIVANTE.

Ma foi, je ne sais pas
Quand on verra finir ce galimatias ;
Déja depuis long-temps (2) je tâche à le comprendre,
Et si, plus je l'écoute, et moins je puis l'entendre.
Je vois bien à la fin que je m'en dois mêler.

(*Elle se met entre Lélie et sa maîtresse.*)

VARIANTES. (1) *L'on ne demande pas.* — (2) *Depuis assez long-temps.*

Répondez-moi par ordre, et me laissez parler.
(*à Lélie.*)
Vous, qu'est-ce qu'à son cœur peut reprocher le vôtre?

LÉLIE.

Que l'infidèle a pu me quitter pour un autre;
Que lorsque, sur le bruit de son hymen fatal,
J'accours tout transporté d'un amour sans égal,
Dont l'ardeur résistoit à se croire oubliée,
Mon abord en ces lieux la trouve mariée.

LA SUIVANTE.

Mariée! à qui donc?

LÉLIE, *montrant Sganarelle.*

A lui.

LA SUIVANTE.

Comment, à lui?

LÉLIE.

Oui-dà!

LA SUIVANTE.

Qui vous l'a dit?

LÉLIE.

C'est lui-même, aujourd'hui.

LA SUIVANTE, *à Sganarelle.*

Est-il vrai?

SGANARELLE.

Moi? J'ai dit que c'étoit à ma femme
Que j'étois marié.

LÉLIE.

Dans un grand trouble d'ame,
Tantôt de mon portrait je vous ai vu saisi.

SGANARELLE.

Il est vrai: le voilà.

LÉLIE, *à Sganarelle.*

Vous m'avez dit aussi
Que celle aux mains de qui vous avez pris ce gage,

Étoit liée à vous des nœuds du mariage.
SGANARELLE.
(montrant sa femme.)
Sans doute. Et je l'avois de ses mains arraché;
Et n'eusse pas sans lui découvert son péché.
LA FEMME DE SGANARELLE.
Que me viens-tu conter par ta plainte importune?
Je l'avois sous mes pieds rencontré par fortune;
Et même, quand, après ton injuste courroux,
(montrant Lélie.)
J'ai fait dans sa foiblesse entrer monsieur chez nous,
Je n'ai pas reconnu les traits de sa peinture.
CÉLIE.
C'est moi qui du portrait ai causé l'aventure;
Et je l'ai laissé choir en cette pamoison,
(à Sganarelle.)
Qui m'a fait par vos soins remettre à la maison.
LA SUIVANTE.
Vous voyez que sans moi [1] vous y seriez encore,
Et vous aviez besoin de mon peu d'ellébore.
SGANARELLE, *à part*.
Prendrons-nous tout ceci pour de l'argent comptant?
Mon front l'a, sur mon ame, eu bien chaude pourtant!
LA FEMME DE SGANARELLE.
Ma crainte toutefois n'est pas trop dissipée,
Et, doux que soit le mal, je crains d'être trompée.
SGANARELLE, *à sa femme*.
Hé! mutuellement, croyons-nous gens de bien;
Je risque plus du mien que tu ne fais du tien;
Accepte sans façon le marché qu'on propose.
LA FEMME DE SGANARELLE.
Soit. Mais gare le bois si j'apprends quelque chose!

VARIANTE. (1) *Vous le voyez, sans moi.*

CÉLIE, *à Lélie, après avoir parlé bas ensemble.*

Ah! dieux! s'il est ainsi, qu'est-ce donc que j'ai fait?
Je dois de mon courroux appréhender l'effet.
Oui, vous croyant sans foi, j'ai pris, pour ma vengeance,
Le malheureux secours de mon obéissance,
Et, depuis un moment, mon cœur vient d'accepter
Un hymen que toujours j'eus lieu de rebuter.
J'ai promis à mon père; et ce qui me désole...
Mais je le vois venir.

LÉLIE.

Il me tiendra parole.

SCÈNE XXIII.

GORGIBUS, CÉLIE, LÉLIE, SGANARELLE,
LA FEMME DE SGANARELLE, LA SUIVANTE
DE CÉLIE.

LÉLIE.

Monsieur, vous me voyez en ces lieux de retour,
Brûlant des mêmes feux; et mon ardent amour
Verra, comme je crois, la promesse accomplie
Qui me donna l'espoir de l'hymen de Célie.

GORGIBUS.

Monsieur, que je revois en ces lieux de retour,
Brûlant des mêmes feux, et dont l'ardent amour
Verra, que vous croyez, la promesse accomplie
Qui vous donna l'espoir (1) de l'hymen de Célie,
Très-humble serviteur à votre seigneurie.

LÉLIE.

Quoi! monsieur, est-ce ainsi qu'on trahit mon espoir?

GORGIBUS.

Oui, monsieur, c'est ainsi que je fais mon devoir :

VARIANTE. (1) *Qui vous donne l'espoir.*

Ma fille en suit les lois.

CÉLIE.

Mon devoir m'intéresse,
Mon père, à dégager vers lui votre promesse.

GORGIBUS.

Est-ce répondre en fille à mes commandemens?
Tu te démens bientôt de tes bons sentimens.
Pour Valère, tantôt... Mais j'aperçois son père :
Il vient assurément pour conclure l'affaire.

SCÈNE XXIV.

VILLEBREQUIN, GORGIBUS, CÉLIE, LELIE, SGANARELLE, LA FEMME DE SGANARELLE, LA SUIVANTE DE CÉLIE.

GORGIBUS.

Qui vous amène ici, seigneur Villebrequin?

VILLEBREQUIN.

Un secret important que j'ai su ce matin,
Qui rompt absolument ma parole donnée.
Mon fils, dont votre fille acceptoit l'hyménée,
Sous des liens cachés trompant les yeux de tous,
Vit depuis quatre mois avec Lise en époux;
Et, comme des parens le bien et la naissance
M'ôtent tout le pouvoir d'en casser l'alliance, (1)
Je vous viens...

GORGIBUS.

Brisons là. Si, sans votre congé,
Valère votre fils ailleurs s'est engagé,
Je ne vous puis celer que ma fille Célie
Dès long-temps par moi-même est promise à Lélie;
Et que, riche en vertu, son retour aujourd'hui

VARIANTE. (1) *De casser l'alliance.*

SCÈNE XXIV.

M'empêche d'agréer un autre époux que lui.
VILLEBREQUIN.
Un tel choix me plaît fort.
LÉLIE.
                Et cette juste envie
D'un bonheur éternel va couronner ma vie...
GORGIBUS.
Allons choisir le jour pour se donner la foi.
SGANARELLE, *seul.*
A-t-on mieux cru jamais être cocu que moi !
Vous voyez qu'en ce fait la plus forte apparence
Peut jeter dans l'esprit une fausse créance.
De cet exemple-ci ressouvenez-vous bien ;
Et, quand vous verriez tout, ne croyez jamais rien.

FIN DU COCU IMAGINAIRE.

DON GARCIE

DE NAVARRE,

ou

LE PRINCE JALOUX,

COMÉDIE HÉROÏQUE EN CINQ ACTES.

1661.

ACTEURS.

DON GARCIE, prince de Navarre, amant de done Elvire.

DONE ELVIRE, princesse de Léon.

DON ALPHONSE, prince de Léon, cru prince de Castille, sous le nom de don Sylve.

DONE IGNÈS, comtesse, amante de don Sylve, aimée par Mauregat, usurpateur de l'État de Léon.

ÉLISE, confidente de done Elvire.

DON ALVAR, confident de don Garcie, amant d'Élise.

DON LOPE, autre confident de don Garcie, amant d'Élise.

DON PEDRE, écuyer d'Ignès.

UN PAGE de done Elvire.

La scène est dans Astorgue, ville d'Espagne, dans le royaume de Léon.

DON GARCIE
DE NAVARRE,
ou
LE PRINCE JALOUX,
COMÉDIE HÉROÏQUE.

ACTE PREMIER.

SCÈNE PREMIÈRE.
DONE ELVIRE, ÉLISE.

DONE ELVIRE.

Non, ce n'est point un choix, qui, pour ces deux amans,
Sut régler de mon cœur les secrets sentimens;
Et le prince n'a point, dans tout ce qu'il peut être,
Ce qui fit préférer l'amour qu'il fait paroître.
Don Sylve, comme lui, fit briller à mes yeux
Toutes les qualités d'un héros glorieux;
Même éclat de vertus, joint à même naissance,
Me parloit en tous deux pour cette préférence;
Et je serois encore à nommer le vainqueur,
Si le mérite seul prenoit droit sur un cœur :
Mais ces chaînes du ciel qui tombent sur nos ames,
Décidèrent en moi le destin de leurs flammes;

Et toute mon estime, égale entre les deux,
Laissa vers don Garcie entraîner tous mes vœux.

ÉLISE.

Cet amour que pour lui votre astre vous inspire,
N'a sur vos actions pris que bien peu d'empire,
Puisque nos yeux, madame, ont pu long-temps douter
Qui de ces deux amans vous vouliez mieux traiter.

DONE ELVIRE.

De ces nobles rivaux l'amoureuse poursuite,
A de fâcheux combats, Élise, m'a réduite.
Quand je regardois l'un, rien ne me reprochoit
Le tendre mouvement où mon ame penchoit;
Mais je me l'imputois à beaucoup d'injustice,
Quand de l'autre à mes yeux s'offroit le sacrifice :
Et don Sylve, après tout, dans ses soins amoureux,
Me sembloit mériter un destin plus heureux.
Je m'opposois encor ce qu'au sang de Castille
Du feu roi de Léon semble devoir la fille;
Et la longue amitié, qui, d'un étroit lien,
Joignit les intérêts de son père et du mien.
Ainsi, plus dans mon ame un autre prenoit place,
Plus de tous ses respects je plaignois la disgrace :
Ma pitié, complaisante à ses brûlans soupirs,
D'un dehors favorable amusoit ses desirs;
Et vouloit réparer, par ce foible avantage,
Ce qu'au fond de mon cœur je lui faisois d'outrage.

ÉLISE.

Mais son premier amour que vous avez appris,
Doit de cette contrainte affranchir vos esprits;
Et, puisqu'avant ces soins, où pour vous il s'engage,
Done Ignès de son cœur avoit reçu l'hommage,
Et que, par des liens aussi fermes que doux,
L'amitié vous unit, cette comtesse et vous,
Son secret révélé vous est une matière

A donner à vos vœux liberté toute entière ;
Et vous pouvez, sans crainte, à cet amant confus,
D'un devoir d'amitié couvrir tous vos refus.

DONE ELVIRE.

Il est vrai que j'ai lieu de chérir la nouvelle
Qui m'apprit que don Sylve étoit un infidèle,
Puisque par ses ardeurs mon cœur tyrannisé
Contre elles à présent se voit autorisé ;
Qu'il en peut justement combattre les hommages,
Et, sans scrupule, ailleurs donner tous ses suffrages.
Mais enfin quelle joie en peut prendre ce cœur,
Si d'une autre contrainte il souffre la rigueur ?
Si d'un prince jaloux l'éternelle foiblesse
Reçoit indignement les soins de ma tendresse,
Et semble préparer, dans mon juste courroux,
Un éclat à briser tout commerce entre nous ?

ÉLISE.

Mais, si de votre bouche il n'a point su sa gloire,
Est-ce un crime pour lui que de n'oser la croire ?
Et ce qui d'un rival a pu flatter les feux,
L'autorise-t-il pas à douter de vos vœux ?

DONE ELVIRE.

Non, non, de cette sombre et lâche jalousie
Rien ne peut excuser l'étrange frénésie,
Et, par mes actions, je l'ai trop informé
Qu'il peut bien se flatter du bonheur d'être aimé.
Sans employer la langue, il est des interprètes
Qui parlent clairement des atteintes secrètes.
Un soupir, un regard, une simple rougeur,
Un silence est assez pour expliquer un cœur.
Tout parle dans l'amour ; et, sur cette matière,
Le moindre jour doit être une grande lumière,
Puisque, chez notre sexe où l'honneur est puissant,
On ne montre jamais tout ce que l'on ressent.

J'ai voulu, je l'avoue, ajuster ma conduite,
Et voir d'un œil égal l'un et l'autre mérite :
Mais que contre ses vœux on combat vainement,
Et que la différence est connue aisément
De toutes ces faveurs qu'on fait avec étude,
A celles où du cœur fait pencher l'habitude !
Dans les unes toujours on paroît se forcer ;
Mais les autres, hélas ! se font sans y penser :
Semblables à ces eaux si pures et si belles,
Qui coulent sans effort des sources naturelles.
Ma pitié pour don Sylve avoit beau l'émouvoir,
J'en trahissois les soins sans m'en apercevoir ;
Et mes regards au prince, en un pareil martyre,
En disoient toujours plus que je n'en voulois dire.

ÉLISE.

Enfin si les soupçons de cet illustre amant,
Puisque vous le voulez, n'ont point de fondement,
Pour le moins font-ils foi d'une ame bien atteinte,
Et d'autres chériroient ce qui fait votre plainte.
De jaloux mouvemens doivent être odieux,
S'ils partent d'un amour qui déplaît à nos yeux :
Mais tout ce qu'un amant nous peut montrer d'alarmes,
Doit, lorsque nous l'aimons, avoir pour nous des charmes ;
C'est par là que son feu se peut mieux exprimer ;
Et, plus il est jaloux, plus nous devons l'aimer.
Ainsi, puisqu'en votre ame un prince magnanime...

DONE ELVIRE.

Ah ! ne m'avancez point cette étrange maxime !
Partout la jalousie est un monstre odieux :
Rien n'en peut adoucir les traits injurieux ;
Et plus l'amour est cher qui lui donne naissance,
Plus on doit ressentir les coups de cette offense.
Voir un prince emporté, qui perd à tous momens
Le respect que l'amour inspire aux vrais amans ;

ACTE I, SCÈNE I.

Qui, dans les soins jaloux où son ame se noie,
Querelle également mon chagrin et ma joie,
Et dans tous mes regards ne peut rien remarquer,
Qu'en faveur d'un rival il ne veuille expliquer :
Non, non, par ces soupçons je suis trop offensée,
Et, sans déguisement, je te dis ma pensée.
Le prince don Garcie est cher à mes desirs ;
Il peut d'un cœur illustre échauffer les soupirs ;
Au milieu de Léon on a vu son courage
Me donner de sa flamme un noble témoignage,
Braver, en ma faveur, des périls les plus grands, (1)
M'enlever aux desseins de nos lâches tyrans,
Et, dans ces murs forcés, mettre ma destinée
A couvert des horreurs d'un indigne hyménée ;
Et je ne cèle point que j'aurois de l'ennui
Que la gloire en fût due à quelqu'autre qu'à lui ;
Car un cœur amoureux prend un plaisir extrême
A se voir redevable, Élise, à ce qu'il aime ;
Et sa flamme timide ose mieux éclater,
Lorsqu'en favorisant elle croit s'acquitter.
Oui, j'aime qu'un secours, qui hasarde sa tête,
Semble à sa passion donner droit de conquête ;
J'aime que mon péril m'ait jetée en ses mains ;
Et, si les bruits communs ne sont pas des bruits vains,
Si la bonté du ciel nous ramène mon frère,
Les vœux les plus ardens que mon cœur puisse faire,
C'est que son bras encor sur un perfide sang
Puisse aider à ce frère à reprendre son rang ;
Et, par d'heureux succès d'une haute vaillance,
Mériter tous les soins de sa reconnoissance :
Mais, avec tout cela, s'il pousse mon courroux,
S'il ne purge ses feux de leurs transports jaloux,

VARIANTE. (1) *Les périls les plus grands.*

Et ne les range aux lois que je lui veux prescrire,
C'est inutilement qu'il prétend donc Elvire :
L'hymen ne peut nous joindre, et j'abhorre des nœuds
Qui deviendroient sans doute un enfer pour tous deux.
ÉLISE.
Bien que l'on pût avoir des sentimens tout autres,
C'est au prince, madame, à se régler aux vôtres;
Et dans votre billet ils sont si bien marqués,
Que quand il les verra de la sorte expliqués...
DONE ELVIRE.
Je n'y veux point, Élise, employer cette lettre,
C'est un soin qu'à ma bouche il me vaut mieux commettre.
La faveur d'un écrit laisse aux mains d'un amant
Des témoins trop constans de notre attachement;
Ainsi donc empêchez qu'au prince on ne la livre.
ÉLISE.
Toutes vos volontés sont des lois qu'on doit suivre.
J'admire cependant que le ciel ait jeté
Dans le goût des esprits tant de diversité,
Et que ce que les uns regardent comme outrage,
Soit vu par d'autres yeux sous un autre visage.
Pour moi, je trouverois mon sort tout-à-fait doux,
Si j'avois un amant qui pût être jaloux;
Je saurois m'applaudir de son inquiétude;
Et ce qui pour mon ame est souvent un peu rude,
C'est de voir don Alvar ne prendre aucun souci.
DONE ELVIRE.
Nous ne le croyions pas si proche; le voici.

SCÈNE II.
DONE ELVIRE, DON ALVAR, ÉLISE.

DONE ELVIRE.

Votre retour surprend; qu'avez-vous à m'apprendre?
Don Alphonse vient-il? A-t-on lieu de l'attendre?

DON ALVAR.

Oui, madame, et ce frère en Castille élevé,
De rentrer dans ses droits voit le temps arrivé.
Jusqu'ici don Louis, qui vit à sa prudence
Par le feu roi mourant commettre son enfance,
A caché ses destins aux yeux de tout l'État,
Pour l'ôter aux fureurs du traître Mauregat;
Et bien que le tyran, depuis sa lâche audace,
L'ait souvent demandé pour lui rendre sa place,
Jamais son zèle ardent n'a pris de sûreté
A l'appât dangereux de sa fausse équité:
Mais les peuples émus par cette violence
Que vous a voulu faire une injuste puissance,
Ce généreux vieillard a cru qu'il étoit temps
D'éprouver le succès d'un espoir de vingt ans:
Il a tenté Léon, et ses fidèles trames
Des grands, comme du peuple, ont pratiqué les ames,
Tandis que la Castille armoit dix mille bras
Pour redonner ce prince aux vœux de ses États;
Il fait auparavant semer sa renommée,
Et ne veut le montrer qu'en tête d'une armée,
Que, tout prêt à lancer le foudre punisseur,
Sous qui doit succomber un lâche ravisseur.
On investit Léon, et don Sylve en personne
Commande le secours que son père vous donne.

DONE ELVIRE.

Un secours si puissant doit flatter notre espoir;

Mais je crains que mon frère y puisse trop devoir.

DON ALVAR.

Mais, madame, admirez que malgré la tempête
Que votre usurpateur oit gronder sur sa tête, (1)
Tous les bruits de Léon annoncent pour certain
Qu'à la comtesse Ignès il va donner la main.

DONE ELVIRE.

Il cherche dans l'hymen de cette illustre fille
L'appui du grand crédit où se voit sa famille;
Je ne reçois rien d'elle, et j'en suis en souci;
Mais son cœur au tyran fut toujours endurci.

ÉLISE.

De trop puissans motifs d'honneur et de tendresse
Opposent ses refus aux nœuds dont on la presse
Pour...

DON ALVAR.

Le prince entre ici.

SCÈNE III.

DON GARCIE, DONE ELVIRE, DON ALVAR, ÉLISE.

DON GARCIE.

Je viens m'intéresser,
Madame, au doux espoir qu'il vous vient d'annoncer.
Ce frère qui menace un tyran plein de crimes,
Flatte de mon amour les transports légitimes :
Son sort offre à mon bras des périls glorieux
Dont je puis faire hommage à l'éclat de vos yeux,
Et par eux m'acquérir, si le ciel m'est propice,
La gloire d'un revers que vous doit sa justice,
Qui va faire à vos pieds choir l'infidélité,

VARIANTE. (1) *Voit gronder sur sa tête.*

Et rendre à votre sang toute sa dignité.
Mais ce qui plus me plaît d'une attente si chère,
C'est que pour être roi, le ciel vous rend ce frère;
Et qu'ainsi mon amour peut éclater au moins
Sans qu'à d'autres motifs on impute ses soins,
Et qu'il soit soupçonné que dans votre personne
Il cherche à me gagner les droits d'une couronne.
Oui, tout mon cœur voudroit montrer aux yeux de tous,
Qu'il ne regarde en vous autre chose que vous;
Et cent fois, si je puis le dire sans offense,
Ses vœux se sont armés contre votre naissance;
Leur chaleur indiscrète a d'un destin plus bas
Souhaité le partage à vos divins appas;
Afin que de ce cœur le noble sacrifice
Pût du ciel envers vous réparer l'injustice,
Et votre sort tenir des mains de mon amour
Tout ce qu'il doit au sang dont vous tenez le jour.
Mais puisqu'enfin les cieux, de tout ce juste hommage,
A mes feux prévenus dérobent l'avantage,
Trouvez bon que ces feux prennent un peu d'espoir
Sur la mort que mon bras s'apprête à faire voir,
Et qu'ils osent briguer, par d'illustres services,
D'un frère et d'un État les suffrages propices.

DONE ELVIRE.

Je sais que vous pouvez, prince, en vengeant nos droits,
Faire pour votre amour parler cent beaux exploits :
Mais ce n'est pas assez pour le prix qu'il espère,
Que l'aveu d'un État, et la faveur d'un frère.
Done Elvire n'est pas au bout de cet effort,
Et je vous vois à vaincre un obstacle plus fort.

DON GARCIE.

Oui, madame, j'entends ce que vous voulez dire.
Je sais bien que pour vous mon cœur en vain soupire;
Et l'obstacle puissant qui s'oppose à mes feux,

Sans que vous le nommiez, n'est pas secret pour eux.
DONE ELVIRE.
Souvent on entend mal ce qu'on croit bien entendre ;
Et par trop de chaleur, prince, on se peut méprendre ;
Mais, puisqu'il faut parler, desirez-vous savoir
Quand vous pourrez me plaire, et prendre quelque espoir ?
DON GARCIE.
Ce me sera, madame, une faveur extrême.
DONE ELVIRE.
Quand vous saurez m'aimer comme il faut que l'on aime.
DON GARCIE.
Eh! que peut-on, hélas! observer sous les cieux,
Qui ne cède à l'ardeur que m'inspirent vos yeux ?
DONE ELVIRE.
Quand votre passion ne fera rien paroître
Dont se puisse indigner celle qui l'a fait naître.
DON GARCIE.
C'est là son plus grand soin.
DONE ELVIRE.
Quand tous ses mouvemens
Ne prendront point de moi de trop bas sentimens.
DON GARCIE.
Ils vous révèrent trop.
DONE ELVIRE.
Quand d'un injuste ombrage
Votre raison saura me réparer l'outrage,
Et que vous bannirez enfin ce monstre affreux
Qui de son noir venin empoisonne vos feux,
Cette jalouse humeur dont l'importun caprice
Aux vœux que vous m'offrez rend un mauvais office,
S'oppose à leur attente, et contre eux, à tous coups,
Arme les mouvemens de mon juste courroux.
DON GARCIE.
Ah! madame! il est vrai, quelque effort que je fasse,

Qu'un peu de jalousie en mon cœur trouve place,
Et qu'un rival, absent de vos divins appas,
Au repos de ce cœur vient livrer des combats.
Soit caprice ou raison, j'ai toujours la croyance
Que votre ame en ces lieux souffre de son absence,
Et que, malgré mes soins, vos soupirs amoureux
Vont trouver à tous coups ce rival trop heureux.
Mais si de tels soupçons ont de quoi vous déplaire,
Il vous est bien facile, hélas! de m'y soustraire;
Et leur bannissement, dont j'accepte la loi,
Dépend bien plus de vous, qu'il ne dépend de moi;
Oui, c'est vous qui pouvez, par deux mots pleins de flamme,
Contre la jalousie armer toute mon ame,
Et, des pleines clartés d'un glorieux espoir,
Dissiper les horreurs que ce monstre y fait choir.
Daignez donc étouffer le doute qui m'accable,
Et faites qu'un aveu d'une bouche adorable
Me donne l'assurance, au fort de tant d'assauts,
Que je ne puis trouver dans le peu que je vaux.

DONE ELVIRE.

Prince, de vos soupçons la tyrannie est grande :
Au moindre mot qu'il dit, un cœur veut qu'on l'entende,
Et n'aime pas ces feux dont l'importunité
Demande qu'on s'explique avec plus de clarté.
Le premier mouvement qui découvre notre ame,
Doit d'un amant discret satisfaire la flamme;
Et c'est à s'en dédire autoriser nos vœux,
Que vouloir plus avant pousser de tels aveux.
Je ne dis point quel choix, s'il m'étoit volontaire,
Entre don Sylve et vous mon ame pourroit faire;
Mais vouloir vous contraindre à n'être point jaloux,
Auroit dit quelque chose à tout autre que vous;
Et je croyois cet ordre un assez doux langage,
Pour n'avoir pas besoin d'en dire davantage.

Cependant votre amour n'est pas encor content;
Il demande un aveu qui soit plus éclatant;
Pour l'ôter de scrupule, il me faut, à vous-même,
En des termes exprès, dire que je vous aime;
Et peut-être qu'encor, pour vous en assurer,
Vous vous obstineriez à m'en faire jurer.

DON GARCIE.

Hé bien! madame, hé bien! je suis trop téméraire :
De tout ce qui vous plaît je dois me satisfaire.
Je ne demande point de plus grande clarté;
Je crois que vous avez pour moi quelque bonté,
Que d'un peu de pitié mon feu vous sollicite,
Et je me vois heureux plus que je ne mérite.
C'en est fait, je renonce à mes soupçons jaloux;
L'arrêt qui les condamne est un arrêt bien doux,
Et je reçois la loi qu'il daigne me prescrire,
Pour affranchir mon cœur de leur injuste empire.

DONE ELVIRE.

Vous promettez beaucoup, prince; et je doute fort
Si vous pourrez sur vous faire ce grand effort.

DON GARCIE.

Ah! madame! il suffit, pour me rendre croyable,
Que ce qu'on vous promet doit être inviolable;
Et que l'heur d'obéir à sa divinité
Ouvre aux plus grands efforts trop de facilité :
Que le ciel me déclare une éternelle guerre,
Que je tombe à vos pieds d'un éclat de tonnerre;
Ou, pour périr encor par de plus rudes coups,
Puissé-je voir sur moi fondre votre courroux,
Si jamais mon amour descend à la foiblesse
De manquer au devoir d'une telle promesse;
Si jamais dans mon ame aucun jaloux transport
Fait...

SCÈNE IV.

DONE ELVIRE, DON GARCIE, DON ALVAR,
ÉLISE, UN PAGE, *présentant un billet à done Elvire.*

DONE ELVIRE.

J'en étois en peine, et tu m'obliges fort.
Que le courrier attende.

SCÈNE V.

DONE ELVIRE, DON GARCIE, DON ALVAR,
ÉLISE.

DONE ELVIRE, *bas, à part.*

A ces regards qu'il jette,
Vois-je pas que déja cet écrit l'inquiète?
Prodigieux effet de son tempérament!
(*haut.*)
Qui vous arrête, prince, au milieu du serment?

DON GARCIE.

J'ai cru que vous aviez quelque secret ensemble,
Et je ne voulois pas l'interrompre.

DONE ELVIRE.

Il me semble
Que vous me répondez d'un ton fort altéré.
Je vous vois tout-à-coup le visage égaré.
Ce changement soudain a lieu de me surprendre :
D'où peut-il provenir? le pourroit-on apprendre?

DON GARCIE.

D'un mal qui tout-à-coup vient d'attaquer mon cœur.

DONE ELVIRE.

Souvent plus qu'on ne croit ces maux ont de rigueur,
Et quelque prompt secours vous seroit nécessaire.

Mais encor, dites-moi, vous prend-il d'ordinaire?

DON GARCIE.

Par fois.

DONE ELVIRE.

Ah! prince foible! Hé bien! par cet écrit,
Guérissez-le, ce mal; il n'est que dans l'esprit.

DON GARCIE.

Par cet écrit, madame? Ah! ma main le refuse!
Je vois votre pensée, et de quoi l'on m'accuse.
Si...

DONE ELVIRE.

Lisez, vous dis-je, et satisfaites-vous.

DON GARCIE.

Pour me traiter après de foible, de jaloux?
Non, non. Je dois ici vous rendre un témoignage
Qu'à mon cœur cet écrit n'a point donné d'ombrage;
Et, bien que vos bontés m'en laissent le pouvoir,
Pour me justifier, je ne veux point le voir.

DONE ELVIRE.

Si vous vous obstinez à cette résistance,
J'aurois tort de vouloir vous faire violence;
Et c'est assez enfin que vous avoir pressé
De voir de quelle main ce billet m'est tracé.

DON GARCIE.

Ma volonté toujours vous doit être soumise :
Si c'est votre plaisir que pour vous je le lise,
Je consens volontiers à prendre cet emploi.

DONE ELVIRE.

Oui, oui, prince, tenez, vous le lirez pour moi.

DON GARCIE.

C'est pour vous obéir, au moins, et je puis dire...

DONE ELVIRE.

C'est ce que vous voudrez : dépêchez-vous de lire.

ACTE I, SCENE V.

DON GARCIE.

Il est de done Ignès, à ce que je connoi.

DONE ELVIRE.

Oui. Je m'en réjouis et pour vous et pour moi.

DON GARCIE *lit.*

Malgré l'effort d'un long mépris,
Le tyran toujours m'aime, et, depuis votre absence,
Vers moi, pour me porter au dessein qu'il a pris,
Il semble avoir tourné toute sa violence,
 Dont il poursuivoit l'alliance
  De vous et de son fils.
 Ceux qui sur moi peuvent avoir empire,
Par de lâches motifs qu'un faux honneur inspire,
 Approuvent tous cet indigne lien.
J'ignore encor par où finira mon martyre;
Mais je mourrai plutôt que de consentir rien.
 Puissiez-vous jouir, belle Elvire,
 D'un destin plus doux que le mien!

DONE IGNÈS.

Dans la haute vertu son ame est affermie.

DONE ELVIRE.

Je vais faire réponse à cette illustre amie.
Cependant, apprenez, prince, à vous mieux armer
Contre ce qui prend droit de vous trop alarmer.
J'ai calmé votre trouble avec cette lumière,
Et la chose a passé d'une douce manière;
Mais, à n'en point mentir, il seroit des momens
Où je pourrois entrer dans d'autres sentimens.

DON GARCIE.

Hé quoi! vous croyez donc?...

DONE ELVIRE.

    Je crois ce qu'il faut croire.
Adieu. De mes avis conservez la mémoire;

Et s'il est vrai pour moi que votre amour soit grand,
Donnez-en à mon cœur les preuves qu'il prétend.

DON GARCIE.

Croyez que désormais c'est toute mon envie,
Et qu'avant qu'y manquer ⁽¹⁾ je veux perdre la vie.

Variante. (1) *Et qu'avant d'y manquer.*

FIN DU PREMIER ACTE.

ACTE II.

SCÈNE PREMIÈRE.
ÉLISE, DON LOPE.

ÉLISE.

Tout ce que fait le prince, à parler franchement,
N'est pas ce qui me donne un grand étonnement ;
Car que d'un noble amour une ame bien saisie
En pousse les transports jusqu'à la jalousie ;
Que de doutes fréquens ses vœux soient traversés ;
Il est fort naturel, et je l'approuve assez :
Mais ce qui me surprend, don Lope, c'est d'entendre
Que vous lui préparez les soupçons qu'il doit prendre,
Que votre ame les forme, et qu'il n'est en ces lieux
Fâcheux que par vos soins, jaloux que par vos yeux.
Encore un coup, don Lope, une ame bien éprise,
Des soupçons qu'elle prend ne me rend point surprise ;
Mais qu'on ait sans amour tous les soins d'un jaloux,
C'est une nouveauté qui n'appartient qu'à vous.

DON LOPE.

Que sur cette conduite à son aise l'on glose,
Chacun règle la sienne au but qu'il se propose,
Et, rebuté par vous des soins de mon amour,
Je songe auprès du prince à bien faire ma cour.

ÉLISE.

Mais savez-vous qu'enfin il fera mal la sienne,
S'il faut qu'en cette humeur votre esprit l'entretienne ?

DON LOPE.

Et quand, charmante Élise, a-t-on vu, s'il vous plaît,
Qu'on cherche auprès des grands que son propre intérêt?
Qu'un parfait courtisan veuille charger leur suite
D'un censeur des défauts qu'on trouve en leur conduite?
Et s'aille inquiéter si son discours leur nuit,
Pourvu que sa fortune en tire quelque fruit?
Tout ce qu'on fait ne va qu'à se mettre en leur grace;
Par la plus courte voie on y cherche une place,
Et les plus prompts moyens de gagner leur faveur,
C'est de flatter toujours le foible de leur cœur;
D'applaudir en aveugle à ce qu'ils veulent faire,
Et n'appuyer jamais ce qui peut leur déplaire :
C'est là le vrai secret d'être bien auprès d'eux.
Les utiles conseils font passer pour fâcheux,
Et vous laissent toujours hors de la confidence,
Où vous jette d'abord l'adroite complaisance.
Enfin, on voit partout que l'art des courtisans
Ne tend qu'à profiter des foiblesses des grands,
A nourrir leurs erreurs, et jamais dans leur ame
Ne porter les avis des choses qu'on y blâme.

ÉLISE.

Ces maximes un temps leur peuvent succéder;
Mais il est des revers qu'on doit appréhender;
Et dans l'esprit des grands, qu'on tâche de surprendre,
Un rayon de lumière à la fin peut descendre,
Qui sur tous ces flatteurs venge équitablement
Ce qu'a fait à leur gloire un long aveuglement.
Cependant je dirai que votre ame s'explique
Un peu bien librement sur votre politique;
Et ces nobles motifs, au prince rapportés,
Serviroient assez mal vos assiduités.

DON LOPE.

Outre que je pourrois désavouer sans blâme

ACTE II, SCÈNE I.

Ces libres vérités sur quoi s'ouvre mon ame,
Je sais fort bien qu'Élise a l'esprit trop discret
Pour aller divulguer cet entretien secret.
Qu'ai-je dit, après tout, que sans moi l'on ne sache?
Et dans mon procédé que faut-il que je cache?
On peut craindre une chûte avec quelque raison,
Quand on met en usage ou ruse ou trahison.
Mais qu'ai-je à redouter, moi, qui partout n'avance
Que les soins approuvés d'un peu de complaisance?
Et qui suis seulement par d'utiles leçons
La pente qu'a le prince à de jaloux soupçons?
Son ame semble en vivre, et je mets mon étude
A trouver des raisons à son inquiétude,
A voir de tous côtés s'il ne se passe rien,
A fournir le sujet d'un secret entretien;
Et quand je puis venir, enflé d'une nouvelle,
Donner à son repos une atteinte mortelle,
C'est lors que plus il m'aime, et je vois sa raison
D'une audience avide avaler ce poison,
Et m'en remercier comme d'une victoire
Qui combleroit ses jours de bonheur et de gloire.
Mais mon rival paroît, je vous laisse tous deux;
Et bien que je renonce à l'espoir de vos vœux,
J'aurois un peu de peine à voir qu'en ma présence
Il reçut des effets de quelque préférence,
Et je veux, si je puis, m'épargner ce souci.

ÉLISE.

Tout amant de bon sens en doit user ainsi.

SCÈNE II.

DON ALVAR, ÉLISE.

DON ALVAR.

Enfin nous apprenons que le roi de Navarre
Pour les desirs du prince aujourd'hui se déclare;
Et qu'un nouveau renfort de troupes nous attend
Pour le fameux service où son amour prétend.
Je suis surpris, pour moi, qu'avec tant de vîtesse
On ait fait avancer... Mais...

SCÈNE III.

DON GARCIE, ÉLISE, DON ALVAR.

DON GARCIE.

Que fait la princesse?

ÉLISE.

Quelques lettres, seigneur; je le présume ainsi;
Mais elle va savoir que vous êtes ici.

DON GARCIE.

J'attendrai qu'elle ait fait.

SCÈNE IV.

DON GARCIE, *seul*.

Près de souffrir sa vue,
D'un trouble tout nouveau je me sens l'ame émue;
Et la crainte, mêlée à mon ressentiment,
Jette partout mon corps un soudain tremblement.
Prince, prends garde au moins qu'un aveugle caprice
Ne te conduise ici dans quelque précipice,

Et que de ton esprit les désordres puissans
Ne donnent un peu trop au rapport de tes sens :
Consulte ta raison, prends sa clarté pour guide ;
Vois si de tes soupçons l'apparence est solide,
Ne démens pas leur voix ; mais aussi garde bien
Que, pour les croire trop, ils ne t'imposent rien ;
Qu'à tes premiers transports ils n'osent trop permettre,
Et relis posément cette moitié de lettre.
Ah ! qu'est-ce que mon cœur, trop digne de pitié,
Ne voudroit pas donner pour son autre moitié !
Mais, après tout, que dis-je ? Il suffit bien de l'une,
Et n'en voilà que trop pour voir mon infortune.

>*Quoique votre rival...*
>*Vous devez toutefois vous...*
>*Et vous avez en vous à...*
>*L'obstacle le plus grand...*
>
>*Je chéris tendrement ce...*
>*Pour me tirer des mains de...*
>*Son amour, ses devoirs...*
>*Mais il m'est odieux avec...*
>
>*Otez donc à vos feux ce...*
>*Méritez les regards que l'on...*
>*Et lorsqu'on vous oblige...*
>*Ne vous obstinez point à...*

Oui, mon sort par ces mots est assez éclairci ;
Son cœur, comme sa main, se fait connoître ici ;
Et les sens imparfaits de cet écrit funeste,
Pour s'expliquer à moi, n'ont pas besoin du reste.
Toutefois, dans l'abord agissons doucement,
Couvrons à l'infidèle un vif ressentiment ;

Et, de ce que je tiens ne donnant point d'indice,
Confondons son esprit par son propre artifice.
La voici. Ma raison, renferme mes transports,
Et rends-toi pour un temps maîtresse du dehors.

SCÈNE V.

DONE ELVIRE, DON GARCIE.

DONE ELVIRE.

Vous avez bien voulu que je vous fisse attendre?

DON GARCIE, *bas, à part.*

Ah! qu'elle cache bien...

DONE ELVIRE.

On vient de nous apprendre
Que le roi votre père approuve vos projets,
Et veut bien que son fils nous rende nos sujets;
Et mon ame en a pris une allégresse extrême.

DON GARCIE.

Oui, madame, et mon cœur s'en réjouit de même;
Mais...

DONE ELVIRE.

Le tyran sans doute aura peine à parer
Les foudres que partout il entend murmurer;
Et j'ose me flatter que le même courage
Qui put bien me soustraire à sa brutale rage,
Et, dans les murs d'Astorgue arraché de ses mains,
Me faire un sûr asile à braver ses desseins,
Pourra, de tout Léon achevant la conquête,
Sous ses nobles efforts faire choir cette tête.

DON GARCIE.

Le succès en pourra parler dans quelques jours.
Mais, de grace, passons à quelqu'autre discours.
Puis-je, sans trop oser, vous prier de me dire

A qui vous avez pris, madame, soin d'écrire,
Depuis que le destin nous a conduits ici?
DONE ELVIRE.
Pourquoi cette demande, et d'où vient ce souci?
DON GARCIE.
D'un desir curieux de pure fantaisie.
DONE ELVIRE.
La curiosité naît de la jalousie.
DON GARCIE.
Non, ce n'est rien du tout de ce que vous pensez;
Vos ordres de ce mal me défendent assez.
DONE ELVIRE.
Sans chercher plus avant quel intérêt vous presse,
J'ai deux fois à Léon écrit à la comtesse,
Et deux fois au marquis don Louis à Burgos.
Avec cette réponse êtes-vous en repos?
DON GARCIE.
Vous n'avez point écrit à quelque autre personne,
Madame?
DONE ELVIRE.
Non, sans doute, et ce discours m'étonne.
DON GARCIE.
De grace, songez bien, avant que d'assurer.
En manquant de mémoire, on peut se parjurer.
DONE ELVIRE.
Ma bouche, sur ce point, ne peut être parjure.
DON GARCIE.
Elle a dit toutefois une haute imposture.
DONE ELVIRE.
Prince?
DON GARCIE.
Madame?
DONE ELVIRE.
O ciel! quel est ce mouvement?

Avez-vous, dites-moi, perdu le jugement?
DON GARCIE.
Oui, oui, je l'ai perdu, lorsque dans votre vue
J'ai pris, pour mon malheur, le poison qui me tue,
Et que j'ai cru trouver quelque sincérité
Dans les traîtres appas dont je fus enchanté.
DONE ELVIRE.
De quelle trahison pouvez-vous donc vous plaindre?
DON GARCIE.
Ah! que ce cœur est double et sait bien l'art de feindre!
Mais tous moyens de fuir lui vont être soustraits.
Jetez ici les yeux, et connoissez vos traits :
Sans avoir vu le reste, il m'est assez facile
De découvrir pour qui vous employez ce style.
DONE ELVIRE.
Voilà donc le sujet qui vous trouble l'esprit?
DON GARCIE.
Vous ne rougissez pas en voyant cet écrit?
DONE ELVIRE.
L'innocence à rougir n'est point accoutumée.
DON GARCIE.
Il est vrai qu'en ces lieux on la voit opprimée.
Ce billet démenti pour n'avoir point de seing...
DONE ELVIRE.
Pourquoi le démentir, puisqu'il est de ma main?
DON GARCIE.
Encore est-ce beaucoup, que, de franchise pure,
Vous demeuriez d'accord que c'est votre écriture;
Mais ce sera, sans doute, et j'en serois garant,
Un billet qu'on envoie à quelque indifférent;
Ou du moins, ce qu'il a de tendresse évidente,
Sera pour une amie, ou pour quelque parente.
DONE ELVIRE.
Non, c'est pour un amant que ma main l'a formé :

Et, j'ajoute de plus, pour un amant aimé.
DON GARCIE.
Et je puis! ô perfide!...
DONE ELVIRE.
Arrêtez, prince indigne,
De ce lâche transport l'égarement insigne.
Bien que de vous mon cœur ne prenne point de loi,
Et ne doive en ces lieux aucun compte qu'à soi,
Je veux bien me purger, pour votre seul supplice,
Du crime que m'impose un insolent caprice.
Vous serez éclairci, n'en doutez nullement.
J'ai ma défense prête en ce même moment.
Vous allez recevoir une pleine lumière.
Mon innocence ici paroîtra toute entière;
Et je veux, vous mettant juge en votre intérêt,
Vous faire prononcer vous-même votre arrêt.
DON GARCIE.
Ce sont propos obscurs qu'on ne sauroit comprendre.
DONE ELVIRE.
Bientôt à vos dépens vous me pourrez entendre.
Élise, holà!

SCÈNE VI.

DON GARCIE, DONE ELVIRE, ÉLISE.

ÉLISE.
Madame.
DONE ELVIRE, *à don Garcie.*
Observez bien au moins
Si j'ose à vous tromper employer quelques soins;
Si, par un seul coup-d'œil, ou geste qui l'instruise,
Je cherche de ce coup à parer la surprise.
(*à Élise.*)
Le billet que tantôt ma main avoit tracé,

Répondez promptement, où l'avez-vous laissé?
ÉLISE.
Madame, j'ai sujet de m'avouer coupable.
Je ne sais comme il est demeuré sur ma table;
Mais on vient de m'apprendre en ce même moment
Que don Lope, venant dans mon appartement,
Par une liberté qu'on lui voit se permettre,
A fureté partout et trouvé cette lettre.
Comme il la déplioit, Léonor a voulu
S'en saisir promptement, avant qu'il eût rien lu;
Et, se jetant sur lui, la lettre contestée
En deux justes moitiés dans leurs mains est restée;
Et don Lope, aussitôt prenant un prompt essor,
A dérobé la sienne aux soins de Léonor.

DONE ELVIRE.
Avez-vous ici l'autre?
ÉLISE.
Oui, la voilà, madame.
DONE ELVIRE.
(à don Garcie.)
Donnez. Nous allons voir qui mérite le blâme.
Avec votre moitié rassemblez celle-ci,
Lisez, et hautement; je veux l'entendre aussi.

DON GARCIE.
Au prince don Garcie. Ah!
DONE ELVIRE.
Achevez de lire,
Votre ame pour ce mot ne doit pas s'interdire.

DON GARCIE *lit.*

Quoique votre rival, prince, alarme votre ame,
Vous devez toutefois vous craindre plus que lui;
Et vous avez en vous à détruire aujourd'hui
L'obstacle le plus grand que trouve votre flamme.

ACTE II, SCÈNE VI.

Je chéris tendrement ce qu'a fait don Garcie,
Pour me tirer des mains de nos fiers ravisseurs. (1)
Son amour, ses devoirs, ont pour moi des douceurs;
Mais il m'est odieux avec sa jalousie.

Otez donc à vos feux ce qu'ils en font paroître,
Méritez les regards que l'on jette sur eux;
Et, lorsqu'on vous oblige à vous tenir heureux,
Ne vous obstinez point à ne pas vouloir l'être.

DONE ELVIRE.

Hé bien! que dites-vous?

DON GARCIE.

Ah! madame! je dis
Qu'à cet objet mes sens demeurent interdits;
Que je vois dans ma plainte une horrible injustice,
Et qu'il n'est point pour moi d'assez cruel supplice.

DONE ELVIRE.

Il suffit. Apprenez que si j'ai souhaité
Qu'à vos yeux cet écrit pût être présenté,
C'est pour le démentir, et cent fois me dédire
De tout ce que pour vous vous y venez de lire.
Adieu, prince.

DON GARCIE.

Madame, hélas! où fuyez-vous?

DONE ELVIRE.

Où vous ne serez point, trop odieux jaloux.

DON GARCIE.

Ah! madame, excusez un amant misérable,
Qu'un sort prodigieux a fait vers vous coupable,
Et qui, bien qu'il vous cause un courroux si puissant,
Eût été plus blâmable à rester innocent.
Car enfin, peut-il être une ame bien atteinte

VARIANTE. (1) *De mes fiers ravisseurs.*

Dont l'espoir le plus doux ne soit mêlé de crainte?
Et pourriez-vous penser que mon cœur eût aimé,
Si ce billet fatal ne l'eût point alarmé;
S'il n'avoit point frémi des coups de cette foudre,
Dont je me figurois tout mon bonheur en poudre?
Vous-même, dites-moi si cet événement
N'eût pas dans mon erreur jeté tout autre amant;
Si d'une preuve, hélas! qui me sembloit si claire,
Je pouvois démentir...

DONE ELVIRE.

Oui, vous le pouviez faire;
Et dans mes sentimens, assez bien déclarés,
Vos doutes rencontroient des garans assurés :
Vous n'aviez rien à craindre; et d'autres, sur ce gage,
Auroient du monde entier bravé le témoignage.

DON GARCIE.

Moins on mérite un bien qu'on nous fait espérer,
Plus notre ame a de peine à pouvoir s'assurer.
Un sort trop plein de gloire à nos yeux est fragile,
Et nous laisse aux soupçons une pente facile.
Pour moi, qui crois si peu mériter vos bontés,
J'ai douté du bonheur de mes témérités;
J'ai cru que dans ces lieux rangés sous ma puissance,
Votre ame se forçoit à quelque complaisance;
Que, déguisant pour moi votre sévérité...

DONE ELVIRE.

Et je pourrois descendre à cette lâcheté?
Moi, prendre le parti d'une honteuse feinte!
Agir par les motifs d'une servile crainte!
Trahir mes sentimens! et, pour être en vos mains,
D'un masque de faveur vous couvrir mes dédains!
La gloire sur mon cœur auroit si peu d'empire!
Vous pouvez le penser, et vous me l'osez dire?
Apprenez que ce cœur ne sait point s'abaisser;

Qu'il n'est rien sous les cieux qui puisse l'y forcer;
Et, s'il vous a fait voir, par une erreur insigne,
Des marques de bonté dont vous n'étiez pas digne,
Qu'il saura bien montrer, malgré votre pouvoir,
La haine que pour vous il se résout d'avoir;
Braver votre furie, et vous faire connoître
Qu'il n'a point été lâche, et ne veut jamais l'être.

DON GARCIE.

Hé bien! je suis coupable, et ne m'en défends pas,
Mais je demande grace à vos divins appas;
Je la demande au nom de la plus vive flamme
Dont jamais deux beaux yeux aient fait brûler une ame.
Que, si votre courroux ne peut être appaisé,
Si mon crime est trop grand pour se voir excusé,
Si vous ne regardez ni l'amour qui le cause,
Ni le vif repentir que mon cœur vous expose,
Il faut qu'un coup heureux, en me faisant mourir,
M'arrache à des tourmens que je ne puis souffrir.
Non, ne présumez pas qu'ayant su vous déplaire,
Je puisse vivre une heure avec votre colère.
Déja de ce moment la barbare longueur
Sous ses cuisans remords fait succomber mon cœur,
Et de mille vautours les blessures cruelles
N'ont rien de comparable à ses douleurs mortelles.
Madame, vous n'avez qu'à me le déclarer,
S'il n'est point de pardon que je doive espérer.
Cette épée aussitôt, par un coup favorable,
Va percer, à vos yeux, le cœur d'un misérable:
Ce cœur, ce traître cœur, dont les perplexités
Ont si fort outragé vos extrêmes bontés :
Trop heureux, en mourant, si ce coup légitime
Efface en votre esprit l'image de mon crime,
Et ne laisse aucuns traits de votre aversion
Au foible souvenir de mon affection :

C'est l'unique faveur que demande ma flamme.
DONE ELVIRE.
Ah! prince trop cruel!
DON GARCIE.
Dites, parlez, madame.
DONE ELVIRE.
Faut-il encor pour vous conserver des bontés,
Et vous voir m'outrager par tant d'indignités?
DON GARCIE.
Un cœur ne peut jamais outrager quand il aime;
Et ce que fait l'amour, il l'excuse lui-même.
DONE ELVIRE.
L'amour n'excuse point de tels emportemens.
DON GARCIE.
Tout ce qu'il a d'ardeur passe en ses mouvemens;
Et plus il devient fort, plus il trouve de peine...
DONE ELVIRE.
Non, ne m'en parlez point, vous méritez ma haine.
DON GARCIE.
Vous me haïssez donc?
DONE ELVIRE.
J'y veux tâcher, au moins.
Mais, hélas! je crains bien que j'y perde mes soins,
Et que tout le courroux qu'excite votre offense,
Ne puisse jusque-là faire aller ma vengeance.
DON GARCIE.
D'un supplice si grand ne tentez point l'effort,
Puisque pour vous venger je vous offre ma mort;
Prononcez-en l'arrêt, et j'obéis sur l'heure.
DONE ELVIRE.
Qui ne sauroit haïr ne peut vouloir qu'on meure.
DON GARCIE.
Et moi, je ne puis vivre, à moins que vos bontés
Accordent un pardon à mes témérités.

Résolvez l'un des deux, de punir ou d'absoudre.
DONE ELVIRE.
Hélas! j'ai trop fait voir ce que je puis résoudre.
Par l'aveu d'un pardon, n'est-ce pas se trahir,
Que dire au criminel qu'on ne le peut haïr?
DON GARCIE.
Ah! c'en est trop; souffrez, adorable princesse...
DONE ELVIRE.
Laissez : je me veux mal d'une telle foiblesse.
DON GARCIE, *seul.*
Enfin je suis...

SCÈNE VII.

DON GARCIE, DON LOPE.

DON LOPE.
   Seigneur, je viens vous informer
D'un secret dont vos feux ont droit de s'alarmer.
DON GARCIE.
Ne me viens point parler de secret ni d'alarme
Dans les doux mouvemens du transport qui me charme.
Après ce qu'à mes yeux on vient de présenter,
Il n'est point de soupçons que je doive écouter;
Et d'un divin objet la bonté sans pareille
A tous ces vains rapports doit fermer mon oreille;
Ne m'en fais plus.
DON LOPE.
    Seigneur, je veux ce qu'il vous plaît;
Mes soins en tout ceci n'ont que votre intérêt.
J'ai cru que le secret que je viens de surprendre,
Méritoit bien qu'en hâte on vous le vînt apprendre;
Mais puisque vous voulez que je n'en touche rien,
Je vous dirai, seigneur, pour changer d'entretien,
Que déja dans Léon on voit chaque famille

Lever le masque au bruit des troupes de Castille,
Et que surtout le peuple y fait pour son vrai roi
Un éclat à donner au tyran de l'effroi.

DON GARCIE.

La Castille du moins n'aura pas la victoire,
Sans que nous essayions d'en partager la gloire;
Et nos troupes aussi peuvent être en état
D'imprimer quelque crainte au cœur de Mauregat.
Mais quel est ce secret dont tu voulois m'instruire?
Voyons un peu.

DON LOPE.

Seigneur, je n'ai rien à vous dire.

DON GARCIE.

Va, va, parle, mon cœur t'en donne le pouvoir.

DON LOPE.

Vos paroles, seigneur, m'en ont trop fait savoir,
Et, puisque mes avis ont de quoi vous déplaire,
Je saurai désormais trouver l'art de me taire.

DON GARCIE.

Enfin, je veux savoir la chose absolument.

DON LOPE.

Je ne réplique point à ce commandement.
Mais, seigneur, en ce lieu le devoir de mon zèle
Trahiroit le secret d'une telle nouvelle.
Sortons pour vous l'apprendre; et, sans rien embrasser,
Vous-même vous verrez ce qu'on en doit penser.

FIN DU SECOND ACTE.

ACTE III.

SCÈNE PREMIÈRE.

DONE ELVIRE, ÉLISE.

DONE ELVIRE.

Élise, que dis-tu de l'étrange foiblesse
Que vient de témoigner le cœur d'une princesse?
Que dis-tu de me voir tomber si promptement
De toute la chaleur de mon ressentiment?
Et, malgré tant d'éclat, relâcher mon courage
Au pardon trop honteux d'un si cruel outrage?

ÉLISE.

Moi, je dis que d'un cœur que nous pouvons chérir,
Une injure sans doute est bien dure à souffrir;
Mais que, s'il n'en est point qui davantage irrite,
Il n'en est point aussi qu'on pardonne si vîte,
Et qu'un coupable aimé triomphe à nos genoux
De tous les prompts transports du plus bouillant courroux,
D'autant plus aisément, madame, quand l'offense
Dans un excès d'amour peut trouver sa naissance.
Ainsi, quelque dépit que l'on vous ait causé,
Je ne m'étonne point de le voir appaisé;
Et je sais quel pouvoir, malgré votre menace,
A de pareils forfaits donnera toujours grace.

DONE ELVIRE.

Ah! sache, quelque ardeur qui m'impose des lois,
Que mon front a rougi pour la dernière fois;
Et que, si désormais on pousse ma colère,

Il n'est point de retour qu'il faille qu'on espère.
Quand je pourrois reprendre un tendre sentiment,
C'est assez contre lui que l'éclat d'un serment :
Car enfin, un esprit qu'un peu d'orgueil inspire,
Trouve beaucoup de honte à se pouvoir dédire;
Et souvent, aux dépens d'un pénible combat,
Fait sur ses propres vœux un illustre attentat,
S'obstine par honneur, et n'a rien qu'il n'immole
A la noble fierté de tenir sa parole.
Ainsi, dans le pardon que l'on vient d'obtenir,
Ne prends point de clartés pour régler l'avenir;
Et, quoi qu'à mes destins la fortune prépare,
Crois que je ne puis être au prince de Navarre,
Que de ces noirs accès qui troublent sa raison,
Il n'ait fait éclater l'entière guérison,
Et réduit tout mon cœur, que ce mal persécute,
A n'en plus redouter l'affront d'une rechûte.

ÉLISE.

Mais quel affront nous fait le transport d'un jaloux?

DONE ELVIRE.

En est-il un qui soit plus digne de courroux?
Et, puisque notre cœur fait un effort extrême
Lorsqu'il se peut résoudre à confesser qu'il aime,
Puisque l'honneur du sexe, en tout temps rigoureux,
Oppose un fort obstacle à de pareils aveux,
L'amant qui voit pour lui franchir un tel obstacle,
Doit-il impunément douter de cet oracle?
Et n'est-il pas coupable, alors qu'il ne croit pas
Ce qu'on ne dit jamais qu'après de grands combats?

ÉLISE.

Moi, je tiens que toujours un peu de défiance
En ces occasions n'a rien qui nous offense;
Et qu'il est dangereux qu'un cœur qu'on a charmé
Soit trop persuadé, madame, d'être aimé,
Si...

DONE ELVIRE.
N'en disputons plus. Chacun a sa pensée.
C'est un scrupule enfin dont mon ame est blessée;
Et, contre mes desirs, je sens je ne sais quoi
Me prédire un éclat entre le prince et moi,
Qui, malgré ce qu'on doit aux vertus dont il brille...
Mais, ô ciel! en ces lieux don Sylve de Castille!

SCÈNE II.

DONE ELVIRE, DON ALPHONSE, *cru don Sylve*, ÉLISE.

DONE ELVIRE.
Ah! seigneur, par quel sort vous vois-je maintenant?
DON ALPHONSE.
Je sais que mon abord, madame, est surprenant,
Et qu'être sans éclat entré dans cette ville,
Dont l'ordre d'un rival rend l'accès difficile;
Qu'avoir pu me soustraire aux yeux de ses soldats,
C'est un événement que vous n'attendiez pas.
Mais si j'ai dans ces lieux franchi quelques obstacles,
L'ardeur de vous revoir peut bien d'autres miracles;
Tout mon cœur a senti par de trop rudes coups
Le rigoureux destin d'être éloigné de vous,
Et je n'ai pu nier au tourment qui le tue,
Quelques momens secrets d'une si chère vue.
Je viens vous dire donc que je rends grace aux cieux
De vous voir hors des mains d'un tyran odieux;
Mais parmi les douceurs d'une telle aventure,
Ce qui m'est un sujet d'éternelle torture,
C'est de voir qu'à mon bras les rigueurs de mon sort
Ont envié l'honneur de cet illustre effort,
Et fait à mon rival, avec trop d'injustice,

Offrir les doux périls d'un si fameux service.
Oui, madame, j'avois, pour rompre vos liens,
Des sentimens, sans doute, aussi beaux que les siens;
Et je pouvois pour vous gagner cette victoire,
Si le ciel n'eût voulu m'en dérober la gloire.

DONE ELVIRE.

Je sais, seigneur, je sais que vous avez un cœur
Qui des plus grands périls vous peut rendre vainqueur;
Et je ne doute point que ce généreux zèle
Dont la chaleur vous pousse à venger ma querelle,
N'eût, contre les efforts d'un indigne projet,
Pu faire en ma faveur tout ce qu'un autre a fait.
Mais, sans cette action dont vous étiez capable,
Mon sort à la Castille est assez redevable.
On sait ce qu'en ami plein d'ardeur et de foi,
Le comte votre père a fait pour le feu roi :
Après l'avoir aidé jusqu'à l'heure dernière,
Il donne en ses états un asyle à mon frère;
Quatre lustres entiers il y cache son sort
Aux barbares fureurs de quelque lâche effort,
Et, pour rendre à son front l'éclat d'une couronne,
Contre nos ravisseurs vous marchez en personne.
N'êtes-vous pas content? Et ces soins généreux
Ne m'attachent-ils point par d'assez puissans nœuds ?
Quoi ! votre ame, seigneur, seroit-elle obstinée
A vouloir asservir toute ma destinée ?
Et faut-il que jamais il ne tombe sur nous
L'ombre d'un seul bienfait, qu'il ne vienne de vous ?
Ah ! souffrez, dans les maux où mon destin m'expose,
Qu'au soin d'un autre aussi je doive quelque chose;
Et ne vous plaignez point de voir un autre bras
Acquérir de la gloire où le vôtre n'est pas.

DON ALPHONSE.

Oui, madame, mon cœur doit cesser de s'en plaindre;

Avec trop de raison vous voulez m'y contraindre,
Et c'est injustement qu'on se plaint d'un malheur,
Quand un autre plus grand s'offre à notre douleur.
Ce secours d'un rival m'est un cruel martyre ;
Mais, hélas ! de mes maux, ce n'est pas là le pire :
Le coup, le rude coup dont je suis atterré,
C'est de me voir par vous ce rival préféré.
Oui, je ne vois que trop que ses feux pleins de gloire,
Sur les miens dans votre ame emportent la victoire ;
Et cette occasion de servir vos appas,
Cet avantage offert de signaler son bras,
Cet éclatant exploit qui vous fut salutaire,
N'est que le pur effet du bonheur de vous plaire ;
Que le secret pouvoir d'un astre merveilleux,
Qui fait tomber la gloire où s'attachent vos vœux.
Ainsi, tous mes efforts ne seront que fumée.
Contre vos fiers tyrans je conduis une armée ;
Mais je marche en tremblant à cet illustre emploi,
Assuré que vos vœux ne seront pas pour moi ;
Et que, s'ils sont suivis, la fortune prépare
L'heur des plus beaux succès aux soins de la Navarre.
Ah ! madame, faut-il me voir précipité
De l'espoir glorieux dont je m'étois flatté !
Et ne puis-je savoir quels crimes on m'impute,
Pour avoir mérité cette effroyable chûte ?

DONE ELVIRE.

Ne me demandez rien avant que regarder
Ce qu'à mes sentimens vous devez demander,
Et, sur cette froideur qui semble vous confondre,
Répondez-vous, seigneur, ce que je puis répondre ;
Car enfin tous vos soins ne sauroient ignorer
Quels secrets de votre ame on m'a su déclarer ;
Et je la crois, cette ame, et trop noble et trop haute,
Pour vouloir m'obliger à commettre une faute.

Vous-même, dites-vous s'il est de l'équité
De me voir couronner une infidélité ;
Si vous pouviez m'offrir [1], sans beaucoup d'injustice,
Un cœur à d'autres yeux offert en sacrifice ;
Vous plaindre avec raison, et blâmer mes refus,
Lorsqu'ils veulent d'un crime affranchir vos vertus.
Oui, seigneur, c'est un crime, et les premières flammes
Ont des droits si sacrés sur les illustres ames,
Qu'il faut perdre grandeurs, et renoncer au jour,
Plutôt que de pencher vers un second amour.
J'ai pour vous cette ardeur que peut prendre l'estime
Pour un courage haut, pour un cœur magnanime ;
Mais n'exigez de moi que ce que je vous dois,
Et soutenez l'honneur de votre premier choix.
Malgré vos feux nouveaux, voyez quelle tendresse
Vous conserve le cœur de l'aimable comtesse.
Ce que pour un ingrat, car vous l'êtes, seigneur,
Elle a d'un choix constant refusé de bonheur !
Quel mépris généreux, dans son ardeur extrême,
Elle a fait de l'éclat que donne un diadême !
Voyez combien d'efforts pour vous elle a bravés !
Et rendez à son cœur ce que vous lui devez.

DON ALPHONSE.

Ah ! madame, à mes yeux n'offrez point son merite :
Il n'est que trop présent à l'ingrat qui la quitte ;
Et si mon cœur vous dit ce que pour elle il sent,
J'ai peur qu'il ne soit pas envers vous innocent.
Oui, ce cœur l'ose plaindre, et ne suit pas sans peine
L'impérieux effort de l'amour qui l'entraîne :
Aucun espoir pour vous n'a flatté mes desirs,
Qui ne m'ait arraché pour elle des soupirs ;
Qui n'ait dans ses douceurs fait jeter à mon ame

VARIANTE. (1) *Si vous pouvez m'offrir.*

Quelques tristes regards vers sa première flamme ;
Se reprocher l'effet de vos divins attraits,
Et mêler des remords à mes plus chers souhaits.
J'ai fait plus que cela, puisqu'il vous faut tout dire,
Oui, j'ai voulu sur moi vous ôter votre empire,
Sortir de votre chaîne, et rejeter mon cœur
Sous le joug innocent de son premier vainqueur.
Mais, après mes efforts, ma constance abattue
Voit un cours nécessaire à ce mal qui me tue ;
Et, dût être mon sort à jamais malheureux,
Je ne puis renoncer à l'espoir de mes vœux.
Je ne saurois souffrir l'épouvantable idée
De vous voir par un autre à mes yeux possédée ;
Et le flambeau du jour, qui m'offre vos appas,
Doit avant cet hymen éclairer mon trépas.
Je sais que je trahis une princesse aimable ;
Mais, madame, après tout, mon cœur est-il coupable ?
Et le fort ascendant que prend votre beauté,
Laisse-t-il aux esprits aucune liberté ?
Hélas ! je suis ici bien plus à plaindre qu'elle :
Son cœur, en me perdant, ne perd qu'un infidèle ;
D'un pareil déplaisir on se peut consoler ;
Mais moi, par un malheur qui ne peut s'égaler,
J'ai celui de quitter une aimable personne,
Et tous les maux encor que mon amour me donne.

DONE ELVIRE.

Vous n'avez que les maux que vous voulez avoir,
Et toujours notre cœur est en notre pouvoir.
Il peut bien quelquefois montrer quelque foiblesse ;
Mais enfin sur nos sens la raison, la maîtresse... (1)

VARIANTE. (1) *La raison est maîtresse.*

SCÈNE III.

DON GARCIE, DONE ELVIRE, DON ALPHONSE,
cru don Sylve.

DON GARCIE.

Madame, mon abord, comme je connois bien,
Assez mal à propos trouble votre entretien ;
Et mes pas en ce lieu, s'il faut que je le die,
Ne croyoient pas trouver si bonne compagnie.

DONE ELVIRE.

Cette vue, en effet, surprend au dernier point ;
Et, de même que vous, je ne l'attendois point.

DON GARCIE.

Oui, madame, je crois que de cette visite,
Comme vous l'assurez, vous n'étiez point instruite.
(*à don Sylve.*)
Mais, seigneur, vous deviez nous faire au moins l'honneur
De nous donner avis de ce rare bonheur,
Et nous mettre en état, sans nous vouloir surprendre,
De vous rendre en ces lieux ce qu'on voudroit vous rendre.

DON ALPHONSE.

Les héroïques soins vous occupent si fort,
Que de vous en tirer, seigneur, j'aurois eu tort ;
Et des grands conquérans les sublimes pensées
Sont aux civilités avec peine abaissées.

DON GARCIE.

Mais les grands conquérans, dont on vante les soins,
Loin d'aimer le secret, affectent les témoins :
Leur ame, dès l'enfance à la gloire élevée,
Les fait dans leurs projets aller tête levée ;
Et, s'appuyant toujours sur des hauts sentimens, (1)

VARIANTE. (1) *Sur de hauts sentimens.*

Ne s'abaisse jamais à des déguisemens.
Ne commettez-vous point vos vertus héroïques,
En passant dans ces lieux par des sourdes pratiques; (1)
Et ne craignez-vous point qu'on puisse, aux yeux de tous,
Trouver cette action trop indigne de vous?
DON ALPHONSE.
Je ne sais si quelqu'un blâmera ma conduite,
Au secret que j'ai fait d'une telle visite;
Mais je sais qu'aux projets qui veulent la clarté,
Prince, je n'ai jamais cherché l'obscurité;
Et, quand j'aurai sur vous à faire une entreprise,
Vous n'aurez pas sujet de blâmer la surprise :
Il ne tiendra qu'à vous de vous en garantir,
Et l'on prendra le soin de vous en avertir.
Cependant demeurons aux termes ordinaires,
Remettons nos débats après d'autres affaires;
Et, d'un sang un peu chaud réprimant les bouillons,
N'oublions pas tous deux devant qui nous parlons.
DONE ELVIRE, *à don Garcie.*
Prince, vous avez tort; et sa visite est telle
Que vous...
DON GARCIE.
Ah! c'en est trop que prendre sa querelle,
Madame, et votre esprit devroit feindre un peu mieux,
Lorsqu'il veut ignorer sa venue en ces lieux.
Cette chaleur si prompte à vouloir la défendre,
Persuade assez mal qu'elle ait pu vous surprendre.
DONE ELVIRE.
Quoi que vous soupçonniez, il m'importe si peu,
Que j'aurois du regret d'en faire un désaveu.
DON GARCIE.
Poussez donc jusqu'au bout cet orgueil héroïque,
Et que, sans hésiter, tout votre cœur s'explique :

VARIANTE. (1) *Par de sourdes pratiques.*

C'est au déguisement donner trop de crédit.
Ne désavouez rien, puisque vous l'avez dit.
Tranchez, tranchez le mot, forcez toute contrainte;
Dites que de ses feux vous ressentez l'atteinte,
Que pour vous sa présence a des charmes si doux...

DONE ELVIRE.

Et si je veux l'aimer, m'en empêcherez-vous ?
Avez-vous sur mon cœur quelque empire à prétendre ?
Et, pour régler mes vœux, ai-je votre ordre à prendre ?
Sachez que trop d'orgueil a pu vous décevoir,
Si votre cœur sur moi s'est cru quelque pouvoir;
Et que mes sentimens sont d'une ame trop grande
Pour vouloir les cacher, lorsqu'on me les demande.
Je ne vous dirai point si le comte est aimé;
Mais apprenez de moi qu'il est fort estimé;
Que ses hautes vertus, pour qui je m'intéresse,
Méritent mieux que vous les vœux d'une princesse;
Que je garde aux ardeurs, aux soins qu'il me fait voir,
Tout le ressentiment qu'une ame puisse avoir;
Et que, si des destins la fatale puissance
M'ôte la liberté d'être sa récompense,
Au moins est-il en moi de promettre à ses vœux,
Qu'on ne me verra point le butin de vos feux.
Et, sans vous amuser d'une atteinte frivole,
C'est à quoi je m'engage, et je tiendrai parole.
Voilà mon cœur ouvert, puisque vous le voulez,
Et mes vrais sentimens à vos yeux étalés.
Êtes-vous satisfait ? Et mon ame attaquée
S'est-elle, à votre avis, assez bien expliquée ?
Voyez, pour vous ôter tout lieu de soupçonner,
S'il reste quelque jour encore à vous donner.

(à don Sylve.)

Cependant, si vos soins s'attachent à me plaire,
Songez que votre bras, comte, m'est nécessaire;

Et, d'un capricieux quels que soient les transports,
Qu'à punir nos tyrans il doit tous ses efforts.
Fermez l'oreille enfin à toute sa furie,
Et, pour vous y porter, c'est moi qui vous en prie.

SCÈNE IV.

DON GARCIE, DON ALPHONSE, *cru don Sylve.*

DON GARCIE.

Tout vous rit, et votre ame en cette occasion
Jouit superbement de ma confusion.
Il vous est doux de voir un aveu plein de gloire,
Sur les feux d'un rival marquer votre victoire :
Mais c'est à votre joie un surcroît sans égal,
D'en avoir pour témoins les yeux de ce rival ;
Et mes prétentions hautement étouffées,
A vos vœux triomphans sont d'illustres trophées.
Goûtez à pleins transports ce bonheur éclatant ;
Mais sachez qu'on n'est pas encore où l'on prétend.
La fureur qui m'anime a de trop justes causes,
Et l'on verra peut-être arriver bien des choses.
Un désespoir va loin quand il est échappé,
Et tout est pardonnable à qui se voit trompé.
Si l'ingrate à mes yeux, pour flatter votre flamme,
A jamais n'être à moi vient d'engager son ame,
Je saurai bien trouver, dans mon juste courroux,
Les moyens d'empêcher qu'elle ne soit à vous.

DON ALPHONSE.

Cet obstacle n'est pas ce qui me met en peine.
Nous verrons quelle attente en tout cas sera vaine ;
Et chacun, de ses feux, pourra, par sa valeur,
Ou défendre la gloire, ou venger le malheur.

Mais comme, entre rivaux, l'ame la plus posée
A des termes d'aigreur trouve une pente aisée,
Et que je ne veux point qu'un pareil entretien
Puisse trop échauffer votre esprit et le mien,
Prince, affranchissez-moi d'une gêne secrète,
Et me donnez moyen de faire ma retraite.

DON GARCIE.

Non, non, ne craignez point qu'on pousse votre esprit
A violer ici l'ordre qu'on vous prescrit.
Quelque juste fureur qui me presse et vous flatte,
Je sais, comte, je sais quand il faut qu'elle éclate.
Ces lieux vous sont ouverts : oui, sortez-en, sortez
Glorieux des douceurs que vous en remportez ;
Mais, encore une fois, apprenez que ma tête
Peut seule dans vos mains mettre votre conquête.

DON ALPHONSE.

Quand nous en serons là, le sort en notre bras
De tous nos intérêts vuidera les débats.

FIN DU TROISIÈME ACTE.

ACTE IV.

SCÈNE PREMIÈRE.

DONE ELVIRE, DON ALVAR.

DONE ELVIRE.

Retournez, don Alvar, et perdez l'espérance
De me persuader l'oubli de cette offense.
Cette plaie en mon cœur ne sauroit se guérir,
Et les soins qu'on en prend ne font rien que l'aigrir.
A quelques faux respects croit-il que je défère ?
Non, non : il a poussé trop avant ma colère ;
Et son vain repentir qui porte ici vos pas,
Sollicite un pardon que vous n'obtiendrez pas.

DON ALVAR.

Madame, il fait pitié. Jamais cœur, que je pense,
Par un plus vif remords n'expia son offense ;
Et, si dans sa douleur vous le considériez,
Il toucheroit votre ame, et vous l'excuseriez.
On sait bien que le prince est dans un âge à suivre
Les premiers mouvemens où son ame se livre,
Et qu'en un sang bouillant, toutes les passions
Ne laissent guère place à des réflexions.
Don Lope, prévenu d'une fausse lumière,
De l'erreur de son maître a fourni la matière.
Un bruit assez confus, dont le zèle indiscret
A de l'abord du comte éventé le secret,
Vous avoit mise aussi de cette intelligence,

Qui, dans ces lieux gardés, a donné sa présence.
Le prince a cru l'avis, et son amour séduit
Sur une fausse alarme a fait tout ce grand bruit;
Mais d'une telle erreur son ame est revenue :
Votre innocence enfin lui vient d'être connue,
Et don Lope, qu'il chasse, est un visible effet
Du vif remords qu'il sent de l'éclat qu'il a fait.

DONE ELVIRE.

Ah! c'est trop promptement qu'il croit mon innocence;
Il n'en a pas encore une entière assurance :
Dites-lui, dites-lui qu'il doit bien tout peser,
Et ne se hâter point, de peur de s'abuser.

DON ALVAR.

Madame, il sait trop bien...

DONE ELVIRE.

Mais, don Alvar, de grace,
N'étendons pas plus loin un discours qui me lasse :
Il réveille un chagrin qui vient, à contre-temps,
En troubler dans mon cœur d'autres plus importans.
Oui, d'un trop grand malheur la surprise me presse;
Et le bruit du trépas de l'illustre comtesse
Doit s'emparer si bien de tout mon déplaisir,
Qu'aucun autre souci n'a droit de me saisir.

DON ALVAR.

Madame, ce peut être une fausse nouvelle;
Mais mon retour, au prince, en porte une cruelle.

DONE ELVIRE.

De quelque grand ennui qu'il puisse être agité,
Il en aura toujours moins qu'il n'a mérité.

SCÈNE II.

DONE ELVIRE, ÉLISE.

ÉLISE.
J'attendois qu'il sortît, madame, pour vous dire
Ce qui veut maintenant [1] que votre ame respire,
Puisque votre chagrin, dans un moment d'ici,
Du sort de done Ignès peut se voir éclairci.
Un inconnu, qui vient pour cette confidence,
Vous fait, par un des siens, demander audience.
DONE ELVIRE.
Élise, il faut le voir; qu'il vienne promptement.
ÉLISE.
Mais il veut n'être vu que de vous seulement;
Et, par cet envoyé, madame, il sollicite
Qu'il puisse, sans témoins, vous rendre sa visite.
DONE ELVIRE.
Hé bien! nous serons seuls; et je vais l'ordonner,
Tandis que tu prendras le soin de l'amener.
Que mon impatience en ce moment est forte!
O destin! est-ce joie ou douleur qu'on m'apporte?

SCÈNE III.

DON PEDRE, ÉLISE.

ÉLISE.
Où...
DON PEDRE.
Si vous me cherchez, madame, me voici.
ÉLISE.
En quel lieu votre maître?

VARIANTE. (1) *Ce qu'il faut maintenant.*

DON PEDRE.

Il est proche d'ici :
Le ferai-je venir?

ÉLISE.

Dites-lui qu'il s'avance,
Assuré qu'on l'attend avec impatience,
Et qu'il ne se verra d'aucuns yeux éclairé.
(*seule.*)
Je ne sais quel secret en doit être auguré.
Tant de précaution qu'il affecte de prendre...
Mais le voici déja.

SCÈNE IV.

DONE IGNÈS, *déguisée en homme*, ELISE.

ÉLISE.

Seigneur, pour vous attendre
On a fait... Mais que vois-je? Ah! madame! mes yeux...

DONE IGNÈS.

Ne me découvrez point, Élise, dans ces lieux,
Et laissez respirer ma triste destinée,
Sous une feinte mort que je me suis donnée.
C'est elle qui m'arrache à tous mes fiers tyrans,
Car je puis sous ce nom comprendre mes parens.
J'ai par elle évité cet hymen redoutable,
Pour qui j'aurois souffert une mort véritable ;
Et, sous cet équipage et le bruit de ma mort,
Il faut cacher à tous le secret de mon sort,
Pour me voir à l'abri de l'injuste poursuite,
Qui pourroit dans ces lieux persécuter ma fuite.

ÉLISE.

Ma surprise en public eût trahi vos desirs,
Mais allez là-dedans étouffer des soupirs ;
Et, des charmans transports d'une pleine alégresse,

Saisir à votre aspect le cœur de la princesse ;
Vous la trouverez seule : elle-même a pris soin
Que votre abord fût libre et n'eût aucun témoin.

SCÈNE V.

DON ALVAR, ÉLISE.

ÉLISE.
Vois-je pas don Alvar ?
DON ALVAR.
Le prince me renvoie
Vous prier que pour lui votre crédit s'emploie.
De ses jours, belle Élise, on doit n'espérer rien,
S'il n'obtient par vos soins un moment d'entretien ;
Son ame a des transports... Mais le voici lui-même.

SCÈNE VI.

DON GARCIE, DON ALVAR, ÉLISE.

DON GARCIE.
Ah ! sois un peu sensible à ma disgrace extrême,
Élise, et prends pitié d'un cœur infortuné,
Qu'aux plus vives douleurs tu vois abandonné.
ÉLISE.
C'est avec d'autres yeux que ne fait la princesse,
Seigneur, que je verrois le tourment qui vous presse ;
Mais nous avons du ciel, ou du tempérament,
Que nous jugeons de tout chacun diversement :
Et puisqu'elle vous blâme, et que sa fantaisie
Lui fait un monstre affreux de votre jalousie,
Je serois complaisant, et voudrois m'efforcer
De cacher à ses yeux ce qui peut les blesser.
Un amant suit sans doute une utile méthode,

S'il fait qu'à notre humeur la sienne s'accommode ;
Et cent devoirs font moins que ces ajustemens,
Qui font croire en deux cœurs les mêmes sentimens.
L'art de ces deux rapports fortement les assemble,
Et nous n'aimons rien tant que ce qui nous ressemble.

DON GARCIE.

Je le sais ; mais, hélas ! les destins inhumains
S'opposent à l'effet de ces justes desseins ;
Et, malgré tous mes soins, viennent toujours me tendre
Un piége dont mon cœur ne sauroit se défendre.
Ce n'est pas que l'ingrate aux yeux de mon rival
N'ait fait contre mes feux un aveu trop fatal,
Et témoigné pour lui des excès de tendresse,
Dont le cruel objet me reviendra sans cesse :
Mais comme trop d'ardeur enfin m'avoit séduit,
Quand j'ai cru qu'en ces lieux elle l'ait introduit, [1]
D'un trop cuisant ennui je sentirois l'atteinte
A lui laisser sur moi quelque sujet de plainte.
Oui, je veux faire au moins, si je m'en vois quitté,
Que ce soit de son cœur pure infidélité ;
Et, venant m'excuser d'un trait de promptitude,
Dérober tout prétexte à son ingratitude.

ÉLISE.

Laissez un peu de temps à son ressentiment,
Et ne la voyez point, seigneur, si promptement.

DON GARCIE.

Ah ! si tu me chéris, obtiens que je la voie ;
C'est une liberté qu'il faut qu'elle m'octroie ;
Je ne pars point d'ici, qu'au moins son fier dédain...

ÉLISE.

De grace, différez l'effet de ce dessein.

DON GARCIE.

Non, ne m'oppose point une excuse frivole.

VARIANTE. (1) *Elle l'eût introduit.*

ÉLISE, *à part.*

Il faut que ce soit elle, avec une parole,
Qui trouve les moyens de le faire en aller.
(*à don Garcie.*)
Demeurez donc, seigneur, je m'en vais lui parler.

DON GARCIE.

Dis-lui que j'ai d'abord banni de ma présence
Celui dont les avis ont causé mon offense,
Que don Lope jamais...

SCÈNE VII.

DON GARCIE, DON ALVAR.

DON GARCIE, *regardant par la porte qu'Élise a laissée entr'ouverte.*

Que vois-je! ô justes cieux!
Faut-il que je m'assure au rapport de mes yeux?
Ah! sans doute ils me sont des témoins trop fidèles!
Voilà le comble affreux de mes peines mortelles!
Voici le coup fatal qui devoit m'accabler!
Et quand par des soupçons je me sentois troubler,
C'étoit, c'étoit le ciel, dont la sourde menace
Présageoit à mon cœur cette horrible disgrace.

DON ALVAR.

Qu'avez-vous vu, seigneur, qui vous puisse émouvoir?

DON GARCIE.

J'ai vu ce que mon ame a peine à concevoir,
Et le renversement de toute la nature
Ne m'étonneroit pas comme cette aventure!
C'en est fait... le destin... Je ne saurois parler.

DON ALVAR.

Seigneur, que votre esprit tâche à se rappeler.

DON GARCIE.

J'ai vu... Vengeance! ô ciel!

DON ALVAR.

Quelle atteinte soudaine...

DON GARCIE.

J'en mourrai, don Alvar, la chose est bien certaine.

DON ALVAR.

Mais, seigneur, qui pourroit...

DON GARCIE.

Ah! tout est ruiné;
Je suis, je suis trahi, je suis assassiné:
Un homme, sans mourir te le puis-je bien dire?
Un homme dans les bras de l'infidèle Elvire!

DON ALVAR.

Ah! seigneur! la princesse est vertueuse au point...

DON GARCIE.

Ah! sur ce que j'ai vu ne me contestez point,
Don Alvar; c'en est trop que soutenir sa gloire,
Lorsque mes yeux font foi d'une action si noire.

DON ALVAR.

Seigneur, nos passions nous font prendre souvent
Pour chose véritable, un objet décevant;
Et de croire qu'une ame à la vertu nourrie
Se puisse...

DON GARCIE.

Don Alvar, laissez-moi, je vous prie:
Un conseiller me choque en cette occasion,
Et je ne prends avis que de ma passion.

DON ALVAR, *à part.*

Il ne faut rien répondre à cet esprit farouche.

DON GARCIE.

Ah! que sensiblement cette atteinte me touche!
Mais il faut voir qui c'est, et de ma main punir...
La voici. Ma fureur, te peux-tu retenir?

SCÈNE VIII.

DONE ELVIRE, DON GARCIE, DON ALVAR.

DONE ELVIRE.

Hé bien! que voulez-vous? Et quel espoir de grace,
Après vos procédés, peut flatter votre audace?
Osez-vous à mes yeux encor vous présenter?
Et que me direz-vous que je doive écouter?

DON GARCIE.

Que toutes les horreurs dont une ame est capable,
A vos déloyautés n'ont rien de comparable;
Que le sort, les démons, et le ciel en courroux,
N'ont jamais rien produit de si méchant que vous.

DONE ELVIRE.

Ah! vraiment, j'attendois l'excuse d'un outrage;
Mais, à ce que je vois, c'est un autre langage.

DON GARCIE.

Oui, oui, c'en est un autre, et vous n'attendiez pas
Que j'eusse découvert le traître dans vos bras;
Qu'un funeste hasard, par la porte entr'ouverte,
Eût offert à mes yeux votre honte et ma perte.
Est-ce l'heureux amant sur ses pas revenu,
Ou quelque autre rival qui m'étoit inconnu?
O ciel! donne à mon cœur des forces suffisantes
Pour pouvoir supporter des douleurs si cuisantes!
Rougissez maintenant, vous en avez raison:
Et le masque est levé de votre trahison;
Voilà ce que marquoient les troubles de mon ame;
Ce n'étoit pas en vain que s'alarmoit ma flamme;
Par ces fréquens soupçons qu'on trouvoit odieux,
Je cherchois le malheur qu'ont rencontré mes yeux;
Et, malgré tous vos soins et votre adresse à feindre,
Mon astre me disoit ce que j'avois à craindre;

Mais ne présumez pas que, sans être vengé,
Je souffre le dépit de me voir outragé.
Je sais que sur les vœux on n'a point de puissance;
Que l'amour veut partout naître sans dépendance;
Que jamais par la force on n'entra dans un cœur;
Et que toute ame est libre à nommer son vainqueur :
Aussi ne trouverois-je aucun sujet de plainte,
Si pour moi votre bouche avoit parlé sans feinte ;
Et, son arrêt livrant mon espoir à la mort,
Mon cœur n'auroit eu droit de s'en prendre qu'au sort.
Mais d'un aveu trompeur voir ma flamme applaudie,
C'est une trahison, c'est une perfidie
Qui ne sauroit trouver de trop grands châtimens,
Et je puis tout permettre à mes ressentimens.
Non, non, n'espérez rien après un tel outrage,
Je ne suis plus à moi; je suis tout à la rage.
Trahi de tous côtés, mis dans un triste état,
Il faut que mon amour se venge avec éclat ;
Qu'ici j'immole tout à ma fureur extrême,
Et que mon désespoir achève par moi-même.

DONE ELVIRE.

Assez paisiblement vous a-t-on écouté?
Et pourrai-je à mon tour parler en liberté ?

DON GARCIE.

Et par quels beaux discours, que l'artifice inspire...

DONE ELVIRE.

Si vous avez encor quelque chose à me dire,
Vous pouvez l'ajouter, je suis prête à l'ouïr ;
Sinon, faites au moins que je puisse jouir
De deux ou trois momens de paisible audience.

DON GARCIE.

Hé bien! j'écoute. O ciel! quelle est ma patience !

DONE ELVIRE.

Je force ma colère ; et veux, sans nulle aigreur,

ACTE IV, SCÈNE VIII.

Répondre à ce discours si rempli de fureur.
DON GARCIE.
C'est que vous voyez bien...
DONE ELVIRE.
Ah! j'ai prêté l'oreille
Autant qu'il vous a plu; rendez-moi la pareille.
J'admire mon destin, et jamais sous les cieux
Il ne fut rien, je crois, de si prodigieux,
Rien, dont la nouveauté soit plus inconcevable,
Et rien que la raison rende moins supportable.
Je me vois un amant, qui, sans se rebuter,
Applique tous ses soins à me persécuter ;
Qui, dans tout cet amour que sa bouche m'exprime,
Ne conserve pour moi nul sentiment d'estime ;
Rien, au fond de ce cœur qu'ont pu blesser mes yeux,
Qui fasse droit au sang que j'ai reçu des cieux,
Et de mes actions défende l'innocence
Contre le moindre effort d'une fausse apparence.
Oui, je vois...
(Don Garcie montre de l'impatience pour parler.)
Ah! surtout ne m'interrompez point.
Je vois, dis-je, mon sort malheureux à ce point,
Qu'un cœur, qui dit qu'il m'aime, et qui doit faire croire
Que, quand tout l'univers douteroit de ma gloire,
Il voudroit contre tous en être le garant,
Est celui qui s'en fait l'ennemi le plus grand.
On ne voit échapper aux soins que prend sa flamme
Aucune occasion de soupçonner mon ame ;
Mais c'est peu des soupçons, il en fait des éclats
Que, sans être blessé, l'amour ne souffre pas.
Loin d'agir en amant, qui, plus que la mort même,
Appréhende toujours d'offenser ce qu'il aime ;
Qui se plaint doucement, et cherche avec respect
A pouvoir s'éclaircir de ce qu'il croit suspect ;

A toute extrémité dans ses doutes il passe;
Et ce n'est que fureur, qu'injure et que menace.
Cependant aujourd'hui je veux fermer les yeux
Sur tout ce qui devroit me le rendre odieux,
Et lui donner moyen, par une bonté pure,
De tirer son salut d'une nouvelle injure.
Ce grand emportement qu'il m'a fallu souffrir,
Part de ce qu'à vos yeux le hasard vient d'offrir.
J'aurois tort de vouloir démentir votre vue,
Et votre ame sans doute a dû paroître émue.

DON GARCIE.

Et n'est-ce pas...

DONE ELVIRE.

Encore un peu d'attention,
Et vous allez savoir ma résolution.
Il faut que de nous deux le destin s'accomplisse;
Vous êtes maintenant sur un grand précipice,
Et ce que votre cœur pourra délibérer
Va vous y faire choir, ou bien vous en tirer.
Si, malgré cet objet qui vous a pu surprendre,
Prince, vous me rendez ce que vous devez rendre,
Et ne demandez point d'autre preuve que moi,
Pour condamner l'erreur du trouble où je vous voi;
Si de vos sentimens la prompte déférence
Veut sur ma seule foi croire mon innocence,
Et de tous vos soupçons démentir le crédit,
Pour croire aveuglément ce que mon cœur vous dit,
Cette soumission, cette marque d'estime,
Du passé dans ce cœur efface tout le crime;
Je rétracte, à l'instant, ce qu'un juste courroux
M'a fait, dans la chaleur, prononcer contre vous;
Et, si je puis un jour choisir ma destinée,
Sans choquer les devoirs du rang où je suis née,
Mon honneur, satisfait par ce respect soudain,

Promet à votre amour, et mes vœux et ma main :
Mais prêtez bien l'oreille à ce que je vais dire :
Si cette offre sur vous obtient si peu d'empire,
Que vous me refusiez de me faire entre nous
Un sacrifice entier de vos soupçons jaloux ;
S'il ne vous suffit pas de toute l'assurance
Que vous peuvent donner mon cœur et ma naissance,
Et que de votre esprit les ombrages puissans
Forcent mon innocence à convaincre vos sens,
Et porter à vos yeux l'éclatant témoignage
D'une vertu sincère à qui l'on fait outrage ;
Je suis prête à le faire, et vous serez content :
Mais il vous faut de moi détacher à l'instant,
A mes vœux, pour jamais, renoncer de vous-même ;
Et j'atteste du ciel la puissance suprême,
Que, quoi que le destin puisse ordonner de nous,
Je choisirai plutôt d'être à la mort qu'à vous.
Voilà dans ces deux choix de quoi vous satisfaire ;
Avisez maintenant celui qui peut vous plaire.

DON GARCIE.

Juste ciel ! jamais rien peut-il être inventé
Avec plus d'artifice et de déloyauté ?
Tout ce que des enfers la malice étudie,
A-t-il rien de si noir que cette perfidie ?
Et peut-elle trouver dans toute sa rigueur
Un plus cruel moyen d'embarrasser un cœur ?
Ah ! que vous savez bien ici contre moi-même,
Ingrate ! vous servir de ma foiblesse extrême,
Et ménager pour vous l'effort prodigieux
De ce fatal amour né de vos traîtres yeux !
Parce qu'on est surprise, et qu'on manque d'excuse,
D'une offre de pardon on emprunte la ruse :
Votre feinte douceur forge un amusement
Pour divertir l'effet de mon ressentiment ;

Et, par le nœud subtil du choix qu'elle embarrasse,
Veut soustraire un perfide au coup qui le menace.
Oui, vos dextérités veulent me détourner
D'un éclaircissement qui vous doit condamner;
Et votre ame, feignant une innocence entière,
Ne s'offre à m'en donner une pleine lumière
Qu'à des conditions, qu'après d'ardens souhaits
Vous pensez que mon cœur n'acceptera jamais;
Mais vous serez trompée en me croyant surprendre.
Oui, oui, je prétends voir ce qui doit vous défendre,
Et quel fameux prodige, accusant ma fureur,
Peut de ce que j'ai vu justifier l'horreur.

DONE ELVIRE.

Songez que par ce choix vous allez vous prescrire
De ne plus rien prétendre au cœur de done Elvire.

DON GARCIE.

Soit. Je souscris à tout; et mes vœux, aussi-bien,
En l'état où je suis, ne prétendent plus rien.

DONE ELVIRE.

Vous vous repentirez de l'éclat que vous faites.

DON GARCIE.

Non, non, tous ces discours sont de vaines défaites;
Et c'est moi bien plutôt qui dois vous avertir
Que quelque autre dans peu se pourra repentir;
Le traître, quel qu'il soit, n'aura pas l'avantage
De dérober sa vie à l'effort de ma rage.

DONE ELVIRE.

Ah! c'est trop en souffrir, et mon cœur irrité
Ne doit plus conserver une sotte bonté;
Abandonnons l'ingrat à son propre caprice;
Et, puisqu'il veut périr, consentons qu'il périsse.

(*à don Garcie.*)

Élise... A cet éclat vous voulez me forcer;
Mais je vous apprendrai que c'est trop m'offenser.

SCÈNE IX.

DONE ELVIRE, DON GARCIE, ÉLISE,
DON ALVAR.

DONE ELVIRE, *à Élise.*

Faites un peu sortir la personne chérie...
Allez, vous m'entendez, dites que je l'en prie.

DON GARCIE.

Et je puis...

DONE ELVIRE.

Attendez, vous serez satisfait.

ÉLISE, *à part, en sortant.*

Voici de son jaloux, sans doute, un nouveau trait.

DONE ELVIRE.

Prenez garde qu'au moins cette noble colère
Dans la même fierté jusqu'au bout persévère;
Et surtout désormais songez bien à quel prix
Vous avez voulu voir vos soupçons éclaircis.

SCÈNE X.

DONE ELVIRE, DON GARCIE, DONE IGNÈS,
déguisée en homme, ÉLISE, DON ALVAR.

DONE ELVIRE, *à don Garcie, en lui montrant done Ignès.*

Voici, graces au ciel, ce qui les a fait naître
Ces soupçons obligeans que l'on me fait paroître;
Voyez bien ce visage, et si de done Ignès
Vos yeux au même instant n'y connoissent les traits.

DON GARCIE.

O ciel!

DONE ELVIRE.

Si la fureur, dont votre ame est émue,
Vous trouble jusque-là l'usage de la vue,
Vous avez d'autres yeux à pouvoir consulter,
Qui ne vous laisseront aucun lieu de douter.
Sa mort est une adresse au besoin inventée
Pour fuir l'autorité qui l'a persécutée :
Et, sous un tel habit, elle cachoit son sort,
Pour mieux jouir du fruit de cette feinte mort.

(*à done Ignès.*)

Madame, pardonnez, s'il faut que je consente
A trahir vos secrets et tromper votre attente;
Je me vois exposée à sa témérité,
Toutes mes actions n'ont plus de liberté,
Et mon honneur en butte aux soupçons qu'il peut prendre,
Est réduit à toute heure aux soins de se défendre.
Nos doux embrassemens, qu'a surpris ce jaloux,
De cent indignités m'ont fait souffrir les coups.
Oui, voilà le sujet d'une fureur si prompte,
Et l'assuré témoin qu'on produit de ma honte.

(*à don Garcie.*)

Jouissez à cette heure en tyran absolu
De l'éclaircissement que vous avez voulu;
Mais sachez que j'aurai sans cesse la mémoire
De l'outrage sanglant qu'on a fait à ma gloire;
Et, si je puis jamais oublier mes sermens,
Tombent sur moi du ciel les plus grands châtimens;
Qu'un tonnerre éclatant mette ma tête en poudre,
Lorsqu'à souffrir vos feux je pourrai me résoudre!
Allons, madame, allons, ôtons-nous de ces lieux
Qu'infectent les regards d'un monstre furieux,
Fuyons-en promptement l'atteinte envenimée,
Évitons les effets de sa rage animée,
Et ne faisons des vœux, dans nos justes desseins,

Que pour nous voir bientôt affranchir de ses mains.

DONE IGNÈS, *à don Garcie.*

Seigneur, de vos soupçons l'injuste violence
A la même vertu vient de faire une offense.

SCÈNE XI.

DON GARCIE, DON ALVAR.

DON GARCIE.

Quelles tristes clartés, dissipant mon erreur,
Enveloppent mes sens d'une profonde horreur,
Et ne laissent plus voir à mon ame abattue
Que l'effroyable objet d'un remords qui me tue!
Ah! don Alvar, je vois que vous avez raison;
Mais l'enfer dans mon cœur a soufflé son poison;
Et, par un trait fatal d'une rigueur extrême,
Mon plus grand ennemi se rencontre en moi-même.
Que me sert-il d'aimer du plus ardent amour
Qu'une ame consumée ait jamais mis au jour,
Si, par ces mouvemens qui font toute ma peine,
Cet amour à tout coup se rend digne de haine?
Il faut, il faut venger par mon juste trépas
L'outrage que j'ai fait à ses divins appas;
Aussi-bien quels conseils aujourd'hui puis-je suivre?
Ah! j'ai perdu l'objet pour qui j'aimois à vivre.
Si j'ai pu renoncer à l'espoir de ses vœux,
Renoncer à la vie est beaucoup moins fâcheux.

DON ALVAR.

Seigneur...

DON GARCIE.

Non, don Alvar, ma mort est nécessaire.
Il n'est soins ni raisons qui m'en puissent distraire:
Mais il faut que mon sort, en se précipitant,

Rende à cette princesse un service éclatant,
Et je veux me chercher, dans cette illustre envie,
Les moyens glorieux de sortir de la vie;
Faire par un grand coup qui signale ma foi,
Qu'en expirant pour elle, elle ait regret à moi,
Et qu'elle puisse dire, en se voyant vengée :
« C'est par son trop d'amour qu'il m'avoit outragée. »
Il faut que de ma main un illustre attentat
Porte une mort trop due au sein de Mauregat;
Que j'aille prévenir, par une belle audace,
Le coup dont la Castille avec bruit le menace;
Et j'aurai des douceurs (1), dans mon instant fatal,
De ravir cette gloire à l'espoir d'un rival.

DON ALVAR.

Un service, seigneur, de cette conséquence
Auroit bien le pouvoir d'effacer votre offense;
Mais, hasarder...

DON GARCIE.

   Allons, par un juste devoir,
Faire à ce noble effort servir mon désespoir.

VARIANTE. (1) *Et j'aurai la douceur.*

FIN DU QUATRIÈME ACTE.

ACTE V.

SCÈNE PREMIÈRE.
DON ALVAR, ÉLISE.

DON ALVAR.

Oui, jamais il ne fut de si rude surprise.
Il venoit de former cette haute entreprise ;
A l'avide desir d'immoler Mauregat,
De son prompt désespoir il tournoit tout l'éclat ;
Ses soins précipités vouloient à son courage
De cette juste mort assurer l'avantage ;
Y chercher son pardon et prévenir l'ennui
Qu'un rival partageât cette gloire avec lui.
Il sortoit de ces murs, quand un bruit trop fidèle
Est venu lui porter la fâcheuse nouvelle
Que ce même rival, qu'il vouloit prévenir,
A remporté l'honneur qu'il pensoit obtenir,
L'a prévenu lui-même en immolant le traître,
Et poussé dans ce jour don Alphonse à paroître,
Qui, d'un si prompt succès, va goûter la douceur,
Et vient prendre en ces lieux la princesse sa sœur.
Et, ce qui n'a pas peine à gagner la croyance,
On entend publier que c'est la récompense
Dont il prétend payer le service éclatant
Du bras qui lui fait jour au trône qui l'attend.

ÉLISE.

Oui, done Elvire a su ces nouvelles semées,
Et du vieux don Louis les trouve confirmées,

Qui vient de lui mander que Léon, dans ce jour,
De don Alphonse et d'elle attend l'heureux retour ;
Et que c'est là qu'on doit, par un revers prospère,
Lui voir prendre un époux de la main de ce frère.
Dans ce peu qu'il en dit, il donne assez à voir
Que don Sylve est l'époux qu'elle doit recevoir.

DON ALVAR.

Ce coup au cœur du prince...

ÉLISE.

Est sans doute bien rude,
Et je le trouve à plaindre en son inquiétude.
Son intérêt pourtant, si j'en ai bien jugé,
Est encor cher au cœur qu'il a tant outragé ;
Et je n'ai point connu, qu'à ce succès qu'on vante,
La princesse ait fait voir une ame fort contente
De ce frère qui vient, et de la lettre aussi ;
Mais...

SCÈNE II.

DONE ELVIRE, DONE IGNÈS, *déguisée en homme*, ÉLISE, DON ALVAR.

DONE ELVIRE.

Faites, don Alvar, venir le prince ici.

(*Don Alvar sort.*)

Souffrez que devant vous je lui parle, madame,
Sur cet événement dont on surprend mon ame ;
Et ne m'accusez point d'un trop prompt changement,
Si je perds contre lui tout mon ressentiment.
Sa disgrace imprévue a pris droit de l'éteindre ;
Sans lui laisser ma haine, il est assez à plaindre,
Et le ciel, qui l'expose à ce trait de rigueur,
N'a que trop bien servi les sermens de mon cœur.

Un éclatant arrêt de ma gloire outragée
A jamais n'être à lui me tenoit engagée;
Mais quand par les destins il est exécuté,
J'y vois pour son amour trop de sévérité;
Et le triste succès de tout ce qu'il m'adresse
M'efface son offense et lui rend ma tendresse:
Oui, mon cœur trop vengé par de si rudes coups,
Laisse à leur cruauté désarmer son courroux,
Et cherche maintenant, par un soin pitoyable,
A consoler le sort d'un amant misérable;
Et je crois que sa flamme a bien pu mériter
Cette compassion que je lui veux prêter.

DONE IGNÈS.

Madame, on auroit tort de trouver à redire
Aux tendres sentimens qu'on voit qu'il vous inspire;
Ce qu'il a fait pour vous... Il vient, et sa pâleur
De ce coup surprenant marque assez la douleur.

SCÈNE III.

DON GARCIE, DONE ELVIRE, DONE IGNÈS,
déguisée en homme, ÉLISE.

DON GARCIE.

Madame, avec quel front faut-il que je m'avance,
Quand je viens vous offrir l'odieuse présence...

DONE ELVIRE.

Prince, ne parlons plus de mon ressentiment.
Votre sort dans mon ame a fait du changement;
Et, par le triste état où sa rigueur vous jette,
Ma colère est éteinte, et notre paix est faite.
Oui, bien que votre amour ait mérité les coups
Que fait sur lui du ciel éclater le courroux;
Bien que ces noirs soupçons aient offensé ma gloire

Par des indignités qu'on auroit peine à croire,
J'avouerai toutefois que je plains son malheur
Jusqu'à voir nos succès avec quelque douleur;
Que je hais les faveurs de ce fameux service,
Lorsqu'on veut de mon cœur lui faire un sacrifice,
Et voudrois bien pouvoir racheter les momens
Où le sort contre vous n'armoit que mes sermens;
Mais enfin vous savez comme nos destinées
Aux intérêts publics sont toujours enchaînées,
Et que l'ordre des cieux pour disposer de moi,
Dans mon frère qui vient, me va montrer mon roi.
Cédez comme moi, prince, à cette violence,
Où la grandeur soumet celles de ma naissance;
Et, si de votre amour les déplaisirs sont grands,
Qu'il se fasse un secours de la part que j'y prends,
Et ne se serve point, contre un coup qui l'étonne,
Du pouvoir qu'en ces lieux votre valeur vous donne:
Ce vous seroit, sans doute, un indigne transport
De vouloir dans vos maux lutter contre le sort;
Et, lorsque c'est en vain qu'on s'oppose à sa rage,
La soumission prompte est grandeur de courage.
Ne résistez donc point à ses coups éclatans,
Ouvrez les murs d'Astorgue au frère que j'attends,
Laissez-moi rendre aux droits qu'il peut sur moi prétendre,
Ce que mon triste cœur a résolu de rendre;
Et ce fatal hommage, où mes vœux sont forcés,
Peut-être n'ira pas si loin que vous pensez.

DON GARCIE.

C'est faire voir, madame, une bonté trop rare,
Que vouloir adoucir le coup qu'on me prépare;
Sur moi sans de tels soins vous pouvez laisser choir
Le foudre rigoureux de tout votre devoir.
En l'état où je suis je n'ai rien à vous dire.
J'ai mérité du sort tout ce qu'il a de pire;

ACTE V, SCÈNE III.

Et je sais, quelques maux qu'il me faille endurer,
Que je me suis ôté le droit d'en murmurer.
Par où pourrai-je, hélas! dans ma vaste disgrace,
Vers vous de quelque plainte autoriser l'audace?
Mon amour s'est rendu mille fois odieux,
Il n'a fait qu'outrager vos attraits glorieux,
Et, lorsque par un juste et fameux sacrifice
Mon bras à votre sang cherche à rendre un service,
Mon astre m'abandonne au déplaisir fatal
De me voir prévenu par le bras d'un rival.
Madame, après cela je n'ai rien à prétendre,
Je suis digne du coup que l'on me fait attendre;
Et je le vois venir, sans oser contre lui
Tenter de votre cœur le favorable appui.
Ce qui peut me rester dans mon malheur extrême,
C'est de chercher alors mon remède en moi-même,
Et faire que ma mort, propice à mes desirs,
Affranchisse mon cœur de tous ses déplaisirs.
Oui, bientôt dans ces lieux don Alphonse doit être,
Et déja mon rival commence de paroître;
De Léon vers ces murs il semble avoir volé
Pour recevoir le prix du tyran immolé.
Ne craignez point du tout qu'aucune résistance
Fasse valoir ici ce que j'ai de puissance;
Il n'est effort humain, que, pour vous conserver,
Si vous y consentiez, je ne pusse braver;
Mais ce n'est pas à moi, dont on hait la mémoire,
A pouvoir espérer cet aveu plein de gloire,
Et je ne voudrois pas, par des efforts trop vains,
Jeter le moindre obstacle à vos justes desseins.
Non, je ne contrains point vos sentimens, madame;
Je vais en liberté laisser toute votre ame,
Ouvrir les murs d'Astorgue à cet heureux vainqueur,
Et subir de mon sort la dernière rigueur.

SCÈNE IV.

DONE ELVIRE, DONE IGNÈS, *déguisée en homme*, ÉLISE.

DONE ELVIRE.

Madame, au désespoir où son destin l'expose,
De tous mes déplaisirs n'imputez pas la cause,
Vous me rendrez justice, en croyant que mon cœur
Fait de vos intérêts sa plus vive douleur;
Que bien plus que l'amour l'amitié m'est sensible,
Et que, si je me plains d'une disgrace horrible,
C'est de voir que du ciel le funeste courroux
Ait pris chez moi les traits qu'il lance contre vous,
Et rendu mes regards coupables d'une flamme
Qui traite indignement les bontés de votre ame.

DONE IGNÈS.

C'est un événement dont, sans doute, vos yeux
N'ont point pour moi, madame, à quereller les cieux.
Si les foibles attraits qu'étale mon visage,
M'exposoient au destin de souffrir un volage,
Le ciel ne pouvoit mieux m'adoucir de tels coups,
Quand, pour m'ôter ce cœur, il s'est servi de vous;
Et mon front ne doit point rougir d'une inconstance
Qui de vos traits aux miens marque la différence.
Si pour ce changement je pousse des soupirs,
Ils viennent de le voir fatal à vos desirs;
Et dans cette douleur que l'amitié m'excite,
Je m'accuse pour vous de mon peu de mérite,
Qui n'a pu retenir un cœur dont les tributs
Causent un si grand trouble à vos vœux combattus.

DONE ELVIRE.

Accusez-vous plutôt de l'injuste silence

Qui m'a de vos deux cœurs caché l'intelligence.
Ce secret, plus tôt su, peut-être à toutes deux
Nous auroit épargné des troubles si fâcheux;
Et mes justes froideurs, des desirs d'un volage
Au point de leur naissance ayant banni l'hommage,
Eussent pu renvoyer...

DONE IGNÈS.

Madame, le voici.

DONE ELVIRE.

Sans rencontrer ses yeux vous pouvez être ici;
Ne sortez point, madame, et, dans un tel martyre,
Veuillez être témoin de ce que je vais dire.

DONE IGNÈS.

Madame, j'y consens, quoique je sache bien
Qu'on fuiroit en ma place un pareil entretien.

DONE ELVIRE.

Son succès, si le ciel seconde ma pensée,
Madame, n'aura rien dont vous soyez blessée.

SCÈNE V.

DON ALPHONSE, *cru don Sylve*, DONE ELVIRE, DONE IGNÈS, *déguisée en homme*, ÉLISE.

DONE ELVIRE.

Avant que vous parliez, je demande instamment
Que vous daigniez, seigneur, m'écouter un moment.
Déja la renommée a jusqu'à nos oreilles
Porté de votre bras les soudaines merveilles;
Et j'admire avec tous comme en si peu de temps
Il donne à nos destins ces succès éclatans.
Je sais bien qu'un bienfait de cette conséquence
Ne sauroit demander trop de reconnoissance,
Et qu'on doit toute chose à l'exploit immortel

Qui replace mon frère au trône paternel.
Mais, quoi que de son cœur vous offrent les hommages,
Usez en généreux de tous vos avantages,
Et ne permettez pas que ce coup glorieux
Jette sur moi, seigneur, un joug impérieux;
Que votre amour, qui sait quel intérêt m'anime,
S'obstine à triompher d'un refus légitime,
Et veuille que ce frère, où l'on va m'exposer,
Commence d'être roi pour me tyranniser.
Léon a d'autres prix dont, en cette occurrence,
Il peut mieux honorer votre haute vaillance;
Et c'est à vos vertus faire un présent trop bas,
Que vous donner un cœur qui ne se donne pas.
Peut-on être jamais satisfait en soi-même,
Lorsque par la contrainte on obtient ce qu'on aime?
C'est un triste avantage, et l'amant généreux
A ces conditions refuse d'être heureux;
Il ne veut rien devoir à cette violence
Qu'exercent sur nos cœurs les droits de la naissance,
Et pour l'objet qu'il aime est toujours trop zélé,
Pour souffrir qu'en victime il lui soit immolé.
Ce n'est pas que ce cœur, au mérite d'un autre
Prétende réserver ce qu'il refuse au vôtre;
Non, seigneur, j'en réponds, et vous donne ma foi
Que personne jamais n'aura pouvoir sur moi;
Qu'une sainte retraite à toute autre poursuite...

DON ALPHONSE.

J'ai de votre discours assez souffert la suite,
Madame, et par deux mots je vous l'eusse épargné,
Si votre fausse alarme eût sur vous moins gagné.
Je sais qu'un bruit commun, qui partout se fait croire,
De la mort du tyran me veut donner la gloire;
Mais le seul peuple enfin, comme on nous fait savoir,
Laissant par don Louis échauffer son devoir,

ACTE V, SCÈNE V.

A remporté l'honneur de cet acte héroïque
Dont mon nom est chargé par la rumeur publique;
Et ce qui d'un tel bruit a fourni le sujet,
C'est que, pour appuyer son illustre projet,
Don Louis fit semer, par une feinte utile,
Que, secondé des miens, j'avois saisi la ville;
Et, par cette nouvelle, il a poussé les bras
Qui d'un usurpateur ont hâté le trépas.
Par son zèle prudent il a su tout conduire,
Et c'est par un des siens qu'il vient de m'en instruire;
Mais dans le même instant un secret m'est appris,
Qui va vous étonner autant qu'il m'a surpris.
Vous attendez un frère, et Léon, son vrai maître;
A vos yeux maintenant le ciel le fait paroître :
Oui, je suis don Alphonse, et mon sort conservé,
Et sous le nom du sang de Castille élevé,
Est un fameux effet de l'amitié sincère
Qui fut entre son prince et le roi notre père.
Don Louis du secret a toutes les clartés,
Et doit aux yeux de tous prouver ces vérités.
D'autres soins maintenant occupent ma pensée,
Non qu'à votre sujet elle soit traversée,
Que ma flamme querelle un tel événement,
Et qu'en mon cœur le frère importune l'amant.
Mes feux par ce secret ont reçu sans murmure
Le changement qu'en eux a prescrit la nature;
Et le sang qui nous joint, m'a si bien détaché
De l'amour dont pour vous mon cœur étoit touché,
Qu'il ne respire plus, pour faveur souveraine,
Que les chères douceurs de sa première chaîne,
Et le moyen de rendre à l'adorable Ignès,
Ce que de ses bontés a mérité l'excès :
Mais son sort incertain rend le mien misérable;
Et, si ce qu'on en dit se trouvoit véritable,

En vain Léon m'appelle et le trône m'attend;
La couronne n'a rien à me rendre content,
Et je n'en veux l'éclat que pour goûter la joie
D'en couronner l'objet où le ciel me renvoie,
Et pouvoir réparer, par ces justes tributs,
L'outrage que j'ai fait à ses rares vertus.
Madame, c'est de vous que j'ai raison d'attendre
Ce que de son destin mon ame peut apprendre;
Instruisez-m'en, de grace; et, par votre discours,
Hâtez mon désespoir ou le bien de mes jours.

DONE ELVIRE.

Ne vous étonnez pas si je tarde à répondre,
Seigneur, ces nouveautés ont droit de me confondre.
Je n'entreprendrai point de dire à votre amour
Si done Ignès est morte ou respire le jour;
Mais par ce cavalier, l'un de ses plus fidèles,
Vous en pourrez sans doute apprendre des nouvelles.

DON ALPHONSE, *reconnoissant done Ignès.*

Ah! madame! il m'est doux en ces perplexités
De voir ici briller vos célestes beautés.
Mais vous, avec quels yeux verrez-vous un volage
Dont le crime...

DONE IGNÈS.

Ah! gardez de me faire un outrage,
Et de vous hasarder de dire que vers moi
Un cœur dont je fais cas ait pu manquer de foi.
J'en refuse l'idée, et l'excuse me blesse;
Rien n'a pu m'offenser auprès de la princesse;
Et tout ce que d'ardeur elle vous a causé,
Par un si haut mérite est assez excusé.
Cette flamme vers moi ne vous rend point coupable.
Et, dans le noble orgueil dont je me sens capable,
Sachez, si vous l'étiez, que ce seroit en vain
Que vous présumeriez de fléchir mon dédain,

Et qu'il n'est repentir, ni suprême puissance,
Qui gagnât sur mon cœur d'oublier cette offense.

DONE ELVIRE.

Mon frère, d'un tel nom souffrez-moi la douceur,
De quel ravissement comblez-vous une sœur!
Que j'aime votre choix, et bénis l'aventure
Qui vous fait couronner une amitié si pure!
Et de deux nobles cœurs que j'aime tendrement...

SCÈNE VI.

DON GARCIE, DONE ELVIRE, DONE IGNÈS, *déguisée en homme*, DON ALPHONSE, *cru don Sylve*, ÉLISE.

DON GARCIE.

De grace, cachez-moi votre contentement,
Madame, et me laissez mourir dans la croyance
Que le devoir vous fait un peu de violence.
Je sais que de vos vœux vous pouvez disposer,
Et mon dessein n'est pas de leur rien opposer,
Vous le voyez assez, et quelle obéissance
De vos commandemens m'arrache la puissance;
Mais je vous avouerai que cette gaieté
Surprend au dépourvu toute ma fermeté,
Et qu'un pareil objet dans mon ame fait naître
Un transport dont j'ai peur que je ne sois pas maître;
Et je me punirois, s'il m'avoit pu tirer
De ce respect soumis où je veux demeurer.
Oui, vos commandemens ont prescrit à mon ame
De souffrir sans éclat le malheur de ma flamme :
Cet ordre sur mon cœur doit être tout puissant,
Et je prétends mourir en vous obéissant;
Mais, encore une fois, la joie où je vous treuve

M'expose à la rigueur d'une trop rude épreuve,
Et l'ame la plus sage, en ces occasions,
Répond malaisément de ses émotions.
Madame, épargnez-moi cette cruelle atteinte,
Donnez-moi, par pitié, deux momens de contrainte;
Et, quoi que d'un rival vous inspirent les soins,
N'en rendez pas mes yeux les malheureux témoins :
C'est la moindre faveur qu'on peut, je crois, prétendre,
Lorsque dans ma disgrace un amant peut descendre.
Je ne l'exige pas, madame, pour long-temps,
Et bientôt mon départ rendra vos vœux contens :
Je vais où de ses feux mon ame consumée
N'apprendra votre hymen que par la renommée;
Ce n'est pas un spectacle où je doive courir :
Madame, sans le voir, j'en saurai bien mourir.

DONE IGNÈS.

Seigneur, permettez-moi de blâmer votre plainte.
De vos maux la princesse a su paroître atteinte ;
Et cette joie encor, de quoi vous murmurez,
Ne lui vient que des biens qui vous sont préparés.
Elle goûte un succès à vos desirs prospère,
Et dans votre rival elle trouve son frère;
C'est don Alphonse, enfin, dont on a tant parlé,
Et ce fameux secret vient d'être dévoilé.

DON ALPHONSE.

Mon cœur, graces au ciel, après un long martyre,
Seigneur, sans vous rien prendre, a tout ce qu'il desire,
Et goûte d'autant mieux son bonheur en ce jour,
Qu'il se voit en état de servir votre amour.

DON GARCIE.

Hélas! cette bonté, seigneur, doit me confondre.
A mes plus chers desirs elle daigne répondre;
Le coup que je craignois, le ciel l'a détourné,
Et tout autre que moi se verroit fortuné;

Mais ces douces clartés d'un secret favorable
Vers l'objet adoré me découvrent coupable,
Et, tombé de nouveau dans ces traîtres soupçons,
Sur quoi l'on m'a tant fait d'inutiles leçons,
Et par qui mon ardeur, si souvent odieuse,
Doit perdre tout espoir d'être jamais heureuse;
Oui, l'on doit me haïr avec trop de raison;
Moi-même je me trouve indigne de pardon :
Et, quelque heureux succès que le sort me présente,
La mort, la seule mort est toute mon attente.

DONE ELVIRE.

Non, non; de ce transport le soumis mouvement,
Prince, jette en mon ame un plus doux sentiment.
Par lui de mes sermens je me sens détachée;
Vos plaintes, vos respects, vos douleurs m'ont touchée;
J'y vois partout briller un excès d'amitié,
Et votre maladie est digne de pitié.
Je vois, prince, je vois qu'on doit quelque indulgence
Aux défauts où du ciel fait pencher l'influence;
Et, pour tout dire enfin, jaloux ou non jaloux,
Mon roi, sans me gêner, peut me donner à vous.

DON GARCIE.

Ciel! dans l'excès des biens que cet aveu m'octroie,
Rends capable mon cœur de supporter sa joie!

DON ALPHONSE.

Je veux que cet hymen, après nos vains débats,
Seigneur, joigne à jamais nos cœurs et nos états.
Mais ici le temps presse, et Léon nous appelle;
Allons dans nos plaisirs satisfaire son zèle :
Et, par notre présence et nos soins différens,
Donner le dernier coup au parti des tyrans.

FIN DE DON GARCIE DE NAVARRE.

L'ÉCOLE DES MARIS,

COMÉDIE EN TROIS ACTES.

1661.

A MONSEIGNEUR
LE DUC D'ORLÉANS,
FRÈRE UNIQUE DU ROI.

MONSEIGNEUR,

Je fais voir ici à la France des choses bien peu proportionnées. Il n'est rien de si grand et de si superbe que le nom que je mets à la tête de ce livre, et rien de plus bas que ce qu'il contient. Tout le monde trouvera cet assemblage étrange; et quelques-uns pourront bien dire, pour en exprimer l'inégalité, que c'est poser une couronne de perles et de diamans sur une statue de terre, et faire entrer par des portiques magnifiques et des arcs triomphaux superbes dans une méchante cabane. Mais, Monseigneur, ce qui doit me servir d'excuse, c'est qu'en cette aventure je n'ai eu aucun choix à faire, et que l'honneur que j'ai d'être à Votre Altesse Royale, m'a imposé une nécessité absolue de lui dédier le premier ouvrage que je mets de moi-même au jour. Ce n'est pas un présent que je lui fais, c'est un devoir dont je m'acquitte; et les hommages ne sont jamais regardés par les choses qu'ils portent. J'ai donc osé, Monseigneur, dédier une bagatelle à Votre Altesse Royale, parce que je n'ai pu m'en dispenser; et si je me dispense ici de m'étendre sur les belles et glorieuses vérités qu'on pourroit dire d'Elle, c'est par la juste appréhension que ces grandes idées ne fissent éclater encore davantage la bassesse de mon offrande. Je me suis imposé silence pour trouver un endroit plus propre à placer de si belles choses; et tout ce que j'ai prétendu dans cette épître, c'est de justifier mon action à toute la France, et d'avoir cette gloire de vous dire à vous-même, MONSEIGNEUR, avec toute la soumission possible, que je suis,

DE VOTRE ALTESSE ROYALE,

Le très-humble, très-obéissant
et très-fidèle serviteur,

J. B. P. MOLIÈRE.

ACTEURS.

SGANARELLE, } frères.
ARISTE,
ISABELLE, } sœurs.
LÉONOR,
LISETTE, suivante de Léonor.
VALÈRE, amant d'Isabelle.
ERGASTE, valet de Valère.
UN COMMISSAIRE.
UN NOTAIRE.

La scène est à Paris.

L'ÉCOLE DES MARIS,

COMÉDIE.

ACTE PREMIER.

SCÈNE PREMIÈRE.

SGANARELLE, ARISTE.

SGANARELLE.

Mon frère, s'il vous plaît, ne discourons point tant,
Et que chacun de nous vive comme il l'entend.
Bien que sur moi des ans vous ayez l'avantage,
Et soyez assez vieux pour devoir être sage,
Je vous dirai pourtant que mes intentions
Sont de ne prendre point de vos corrections;
Que j'ai pour tout conseil ma fantaisie à suivre,
Et me trouve fort bien de ma façon de vivre.

ARISTE.

Mais chacun la condamne.

SGANARELLE.

Oui, des fous comme vous,
Mon frère.

ARISTE.

Grand merci, le compliment est doux!

SGANARELLE.

Je voudrois bien savoir, puisqu'il faut tout entendre,

Ce que ces beaux censeurs en moi peuvent reprendre.
ARISTE.
Cette farouche humeur, dont la sévérité
Fuit toutes les douceurs de la société,
A tous vos procédés inspire un air bizarre,
Et, jusques à l'habit, rend tout chez vous barbare.
SGANARELLE.
Il est vrai qu'à la mode il faut m'assujétir,
Et ce n'est pas pour moi que je me dois vêtir.
Ne voudriez-vous point, par vos belles sornettes,
Monsieur mon frère aîné, car, dieu merci, vous l'êtes
D'une vingtaine d'ans, à ne vous rien celer,
Et cela ne vaut point la peine d'en parler;
Ne voudriez-vous point, dis-je, sur ces matières,
De vos jeunes muguets m'inspirer les manières?
M'obliger à porter de ces petits chapeaux
Qui laissent éventer leurs débiles cerveaux;
Et de ces blonds cheveux, de qui la vaste enflure
Des visages humains offusque la figure?
De ces petits pourpoints sous les bras se perdans,
Et de ces grands collets jusqu'au nombril pendans?
De ces manches qu'à table on voit tâter les sauces?
Et de ces cotillons appelés hauts-de-chausses?
De ces souliers mignons de rubans revêtus,
Qui vous font ressembler à des pigeons pattus?
Et de ces grands canons où, comme en des entraves,
On met tous les matins ses deux jambes esclaves,
Et par qui nous voyons ces messieurs les galans
Marcher écarquillés ainsi que des volans?
Je vous plairois, sans doute, équipé de la sorte?
Et je vous vois porter les sottises qu'on porte.
ARISTE.
Toujours au plus grand nombre on doit s'accommoder,
Et jamais il ne faut se faire regarder.

L'un et l'autre excès choque, et tout homme bien sage
Doit faire des habits ainsi que du langage,
N'y rien trop affecter, et, sans empressement,
Suivre ce que l'usage y fait de changement.
Mon sentiment n'est pas qu'on prenne la méthode
De ceux qu'on voit toujours renchérir sur la mode;
Et qui, dans cet excès dont ils sont amoureux,
Seroient fâchés qu'un autre eût été plus loin qu'eux;
Mais je tiens qu'il est mal, sur quoi que l'on se fonde,
De fuir obstinément ce que suit tout le monde,
Et qu'il vaut mieux souffrir d'être au nombre des fous,
Que du sage parti se voir seul contre tous.

SGANARELLE.

Cela sent son vieillard, qui, pour en faire accroire,
Cache ses cheveux blancs d'une perruque noire.

ARISTE.

C'est un étrange fait du soin que vous prenez,
A me venir toujours jeter mon âge au nez;
Et qu'il faille qu'en moi sans cesse je vous voie
Blâmer l'ajustement, aussi-bien que la joie :
Comme si, condamnée à ne plus rien chérir,
La vieillesse devoit ne songer qu'à mourir,
Et d'assez de laideur n'est pas accompagnée,
Sans se tenir encor mal-propre et rechignée.

SGANARELLE.

Quoi qu'il en soit, je suis attaché fortement
A ne démordre point de mon habillement.
Je veux une coiffure, en dépit de la mode,
Sous qui toute ma tête ait un abri commode;
Un bon pourpoint bien long, et fermé comme il faut,
Qui, pour bien digérer, tienne l'estomac chaud;
Un haut-de-chausse fait justement pour ma cuisse;
Des souliers où mes pieds ne soient point au supplice,
Ainsi qu'en ont usé sagement nos aïeux :

Et qui me trouve mal, n'a qu'à fermer les yeux.

SCÈNE II.

LÉONOR, ISABELLE, LISETTE; ARISTE ET SGANARELLE, *parlant bas ensemble sur le devant du théâtre, sans être aperçus.*

LÉONOR, *à Isabelle.*

Je me charge de tout, en cas que l'on vous gronde.

LISETTE, *à Isabelle.*

Toujours dans une chambre à ne point voir le monde ?

ISABELLE.

Il est ainsi bâti.

LÉONOR.

Je vous en plains, ma sœur.

LISETTE, *à Léonor.*

Bien vous prend que son frère ait toute une autre humeur,
Madame, et le destin vous fut bien favorable,
En vous faisant tomber aux mains du raisonnable.

ISABELLE.

C'est un miracle encor qu'il ne m'ait aujourd'hui
Enfermée à la clef, ou menée avec lui.

LISETTE.

Ma foi, je l'envoierois au diable avec sa fraise,
Et...

SGANARELLE, *heurté par Lisette.*

Où donc allez-vous, qu'il ne vous en déplaise ?

LÉONOR.

Nous ne savons encore, et je pressois ma sœur
De venir du beau temps respirer la douceur :
Mais...

ACTE I, SCÈNE II.

(*montrant Lisette.*)

Vous n'avez qu'à courir, vous voilà deux ensemble.

(*à Isabelle.*)

Mais vous, je vous défends, s'il vous plaît, de sortir.

ARISTE.

Hé! laissez-les, mon frère, aller se divertir.

SGANARELLE.

Je suis votre valet, mon frère.

ARISTE.

La jeunesse
Veut...

SGANARELLE.

La jeunesse est sotte, et parfois la vieillesse.

SGANARELLE, *à Léonor*.

Pour vous, vous pouvez aller où bon vous semble,

ARISTE.

Croyez-vous qu'elle est mal d'être avec Léonor?

SGANARELLE.

Non pas; mais avec moi je la crois mieux encor.

ARISTE.

Mais...

SGANARELLE.

Mais ses actions de moi doivent dépendre,
Et je sais l'intérêt enfin que j'y dois prendre.

ARISTE.

A celles de sa sœur ai-je un moindre intérêt?

SGANARELLE.

Mon dieu! chacun raisonne et fait comme il lui plaît.
Elles sont sans parens, et notre ami leur père
Nous commit leur conduite à son heure dernière;
Et nous chargeant tous deux, ou de les épouser,
Ou, sur notre refus, un jour d'en disposer,
Sur elles, par contrat, nous sut, dès leur enfance,

Et de père et d'époux donner pleine puissance :
D'élever celle-là vous prîtes le souci,
Et moi, je me chargeai du soin de celle-ci ;
Selon vos volontés vous gouvernez la vôtre,
Laissez-moi, je vous prie, à mon gré régir l'autre.

ARISTE.

Il me semble...

SGANARELLE.

Il me semble, et je le dis tout haut,
Que sur un tel sujet c'est parler comme il faut.
Vous souffrez que la vôtre aille leste et pimpante,
Je le veux bien : qu'elle ait et laquais et suivante,
J'y consens : qu'elle coure, aime l'oisiveté,
Et soit des damoiseaux fleurée en liberté, (1)
J'en suis fort satisfait : mais j'entends que la mienne
Vive à ma fantaisie, et non pas à la sienne ;
Que d'une serge honnête elle ait son vêtement,
Et ne porte le noir qu'aux bons jours seulement ;
Qu'enfermée au logis, en personne bien sage,
Elle s'applique toute aux choses du ménage,
A recoudre mon linge aux heures de loisir,
Ou bien à tricotter quelques bas par plaisir ;
Qu'aux discours des muguets elle ferme l'oreille,
Et ne sorte jamais sans avoir qui la veille.
Enfin la chair est foible, et j'entends tous les bruits.
Je ne veux point porter de cornes si je puis ;
Et, comme à m'épouser sa fortune l'appelle,
Je prétends, corps pour corps, pouvoir répondre d'elle.

ISABELLE.

Vous n'avez pas sujet, que je crois...

SGANARELLE.

Taisez-vous.
Je vous apprendrai bien s'il faut sortir sans nous.

VARIANTE. (1) *Flairée en liberté.*

ACTE I, SCÈNE II.

LÉONOR.

Quoi donc, monsieur?

SGANARELLE.

Mon dieu! madame, sans langage,
Je ne vous parle pas, car vous êtes trop sage.

LÉONOR.

Voyez-vous Isabelle avec nous à regret?

SGANARELLE.

Oui, vous me la gâtez, puisqu'il faut parler net.
Vos visites ici ne font que me déplaire,
Et vous m'obligerez de ne nous en plus faire.

LÉONOR.

Voulez-vous que mon cœur vous parle net aussi?
J'ignore de quel œil elle voit tout ceci :
Mais je sais ce qu'en moi feroit la défiance;
Et, quoiqu'un même sang nous ait donné naissance,
Nous sommes bien peu sœurs, s'il faut que chaque jour
Vos manières d'agir lui donnent de l'amour.

LISETTE.

En effet, tous ces soins sont des choses infâmes.
Sommes-nous chez les Turcs, pour renfermer les femmes?
Car on dit qu'on les tient esclaves en ce lieu,
Et que c'est pour cela qu'ils sont maudits de Dieu.
Notre honneur est, monsieur, bien sujet à foiblesse,
S'il faut qu'il ait besoin qu'on le garde sans cesse.
Pensez-vous, après tout, que ces précautions
Servent de quelque obstacle à nos intentions?
Et, quand nous nous mettons quelque chose à la tête,
Que l'homme le plus fin ne soit pas une bête?
Toutes ces gardes-là sont visions de fous;
Le plus sûr est, ma foi, de se fier en nous;
Qui nous gêne, se met en un péril extrême,
Et toujours notre honneur veut se garder lui-même.
C'est nous inspirer presque un desir de pécher,

Que montrer tant de soins de nous en empêcher;
Et, si par un mari je me voyois contrainte,
J'aurois fort grande pente à confirmer sa crainte.
SGANARELLE, *à Ariste.*
Voilà, beau précepteur, votre éducation :
Et vous souffrez cela sans nulle émotion?
ARISTE.
Mon frère, son discours ne doit que faire rire,
Elle a quelque raison en ce qu'elle veut dire.
Leur sexe aime à jouir d'un peu de liberté;
On le retient fort mal par tant d'austérité;
Et les soins défians, les verroux et les grilles
Ne font pas la vertu des femmes ni des filles :
C'est l'honneur qui les doit tenir dans le devoir,
Non la sévérité que nous leur faisons voir.
C'est une étrange chose, à vous parler sans feinte,
Qu'une femme qui n'est sage que par contrainte.
En vain sur tous ses pas nous prétendons régner,
Je trouve que le cœur est ce qu'il faut gagner;
Et je ne tiendrois, moi, quelque soin qu'on se donne,
Mon honneur guère sûr aux mains d'une personne
A qui, dans les desirs qui pourroient l'assaillir,
Il ne manqueroit rien qu'un moyen de faillir.
SGANARELLE.
Chansons que tout cela.
ARISTE.
      Soit; mais je tiens sans cesse
Qu'il nous faut en riant instruire la jeunesse,
Reprendre ses défauts avec grande douceur,
Et du nom de vertu ne lui point faire peur.
Mes soins pour Léonor ont suivi ces maximes;
Des moindres libertés je n'ai point fait des crimes,
A ses jeunes desirs j'ai toujours consenti,
Et je ne m'en suis point, grace au ciel, repenti.

ACTE I, SCÈNE II.

J'ai souffert qu'elle ait vu les belles compagnies,
Les divertissemens, les bals, les comédies;
Ce sont choses, pour moi, que je tiens de tout temps
Fort propres à former l'esprit des jeunes gens;
Et l'école du monde, en l'air dont il faut vivre,
Instruit mieux à mon gré que ne fait aucun livre.
Elle aime à dépenser en habits, linge et nœuds;
Que voulez-vous? Je tâche à contenter ses vœux;
Et ce sont des plaisirs qu'on peut, dans nos familles,
Lorsque l'on a du bien, permettre aux jeunes filles.
Un ordre paternel l'oblige à m'épouser;
Mais mon dessein n'est pas de la tyranniser.
Je sais bien que nos ans ne se rapportent guère,
Et je laisse à son choix liberté toute entière.
Si quatre mille écus de rente bien venans,
Une grande tendresse et des soins complaisans,
Peuvent, à son avis, pour un tel mariage,
Réparer entre nous l'inégalité d'âge,
Elle peut m'épouser; sinon, choisir ailleurs.
Je consens que sans moi ses destins soient meilleurs;
Et j'aime mieux la voir sous un autre hyménée,
Que si contre son gré sa main m'étoit donnée.

SGANARELLE.

Hé! qu'il est doucereux, c'est tout sucre et tout miel!

ARISTE.

Enfin, c'est mon humeur, et j'en rends grace au ciel.
Je ne suivrois jamais ces maximes sévères,
Qui font que les enfans comptent les jours des pères.

SGANARELLE.

Mais ce qu'en la jeunesse on prend de liberté,
Ne se retranche pas avec facilité;
Et tous ses sentimens suivront mal votre envie,
Quand il faudra changer sa manière de vie.

ARISTE.

Et pourquoi la changer?

SGANARELLE.

Pourquoi?

ARISTE.

Oui.

SGANARELLE.

Je ne sai.

ARISTE.

Y voit-on quelque chose où l'honneur soit blessé?

SGANARELLE.

Quoi! si vous l'épousez, elle pourra prétendre
Les mêmes libertés que fille on lui voit prendre?

ARISTE.

Pourquoi non?

SGANARELLE.

Vos desirs lui seront complaisans,
Jusques à lui laisser et mouches et rubans?

ARISTE.

Sans doute.

SGANARELLE.

A lui souffrir, en cervelle troublée,
De courir tous les bals et les lieux d'assemblée?

ARISTE.

Oui, vraiment.

SGANARELLE.

Et chez vous iront les damoiseaux?

ARISTE.

Et quoi donc?

SGANARELLE.

Qui joueront et donneront cadeaux?

ARISTE.

D'accord.

SGANARELLE.

Et votre femme entendra les fleurettes?

ARISTE.

Fort bien.

SGANARELLE.

Et vous verrez ces visites muguettes
D'un œil à témoigner de n'en être point saoul?

ARISTE.

Cela s'entend.

SGANARELLE.

Allez, vous êtes un vieux fou.
(à Isabelle.)
Rentrez, pour n'ouïr point cette pratique infâme.

SCÈNE III.

ARISTE, SGANARELLE, LÉONOR, LISETTE.

ARISTE.

Je veux m'abandonner à la foi de ma femme,
Et prétends toujours vivre ainsi que j'ai vécu.

SGANARELLE.

Que j'aurai de plaisir si l'on le fait cocu! (1)

ARISTE.

J'ignore pour quel sort mon astre m'a fait naître;
Mais je sais que pour vous, si vous manquez de l'être,
On ne vous en doit point imputer le défaut,
Car vos soins pour cela font bien tout ce qu'il faut.

SGANARELLE.

Riez donc, beau rieur. Oh! que cela doit plaire
De voir un goguenard presque sexagénaire!

LÉONOR.

Du sort dont vous parlez, je le garantis, moi,
S'il faut que par l'hymen il reçoive ma foi;
Il s'y peut assurer (2); mais sachez que mon ame
Ne répondroit de rien, si j'étois votre femme.

VARIANTES. (1) *Quand il sera cocu!* — (2) *Il s'en peut assurer.*

LISETTE.

C'est conscience à ceux qui s'assurent en nous ;
Mais c'est pain béni, certe, à des gens comme vous.

SGANARELLE.

Allez, langue maudite, et des plus mal apprises.

ARISTE.

Vous vous êtes, mon frère, attiré ces sottises.
Adieu. Changez d'humeur, et soyez averti
Que renfermer sa femme est le mauvais parti : [1]
Je suis votre valet.

SGANARELLE.

Je ne suis pas le vôtre.

SCÈNE IV.

SGANARELLE, *seul*.

Oh! que les voilà bien tous formés l'un pour l'autre !
Quelle belle famille ! Un vieillard insensé
Qui fait le dameret dans un corps tout cassé ;
Une fille maîtresse et coquette suprême ;
Des valets impudens : non, la Sagesse même
N'en viendroit pas à bout, perdroit sens et raison
A vouloir corriger une telle maison.
Isabelle pourroit perdre dans ces hantises
Les semences d'honneur qu'avec nous elle a prises ;
Et, pour l'en empêcher, dans peu nous prétendons
Lui faire aller revoir nos choux et nos dindons.

VARIANTE. (1) *Est un mauvais parti.*

SCÈNE V.

VALÈRE, SGANARELLE, ERGASTE.

VALÈRE, *dans le fond du théâtre.*
Ergaste, le voilà cet argus que j'abhorre,
Le sévère tuteur de celle que j'adore.

SGANARELLE, *se croyant seul.*
N'est-ce pas quelque chose enfin de surprenant
Que la corruption des mœurs de maintenant!

VALÈRE.
Je voudrois l'accoster, s'il est en ma puissance,
Et tâcher de lier avec lui connoissance.

SGANARELLE, *se croyant seul.*
Au lieu de voir régner cette sévérité
Qui composoit si bien l'ancienne honnêteté,
La jeunesse en ces lieux, libertine, absolue,
Ne prend...
(*Valère salue Sganarelle de loin.*)

VALÈRE.
Il ne voit pas que c'est lui qu'on salue.

ERGASTE.
Son mauvais œil peut-être est de ce côté-ci.
Passons du côté droit.

SGANARELLE, *se croyant seul.*
Il faut sortir d'ici.
Le séjour de la ville en moi ne peut produire
Que des...

VALÈRE, *en s'approchant peu à peu.*
Il faut chez lui tâcher de m'introduire.

SGANARELLE, *entendant quelque bruit.*
Hé! j'ai cru qu'on parloit.
(*se croyant seul.*)
Aux champs, graces aux cieux,

Les sottises du temps ne blessent point mes yeux.

ERGASTE, *à Valère.*

Abordez-le.

SGANARELLE, *entendant encore du bruit.*

Plaît-il?
(*n'entendant plus rien.*)
Les oreilles me cornent.
(*se croyant seul.*)

Là, tous les passe-temps de nos filles se bornent...
(*Il aperçoit Valère qui le salue.*)

Est-ce à nous?

ERGASTE, *à Valère.*

Approchez.

SGANARELLE, *sans prendre garde à Valère.*

Là, nul godelureau
(*Valère le salue encore.*)

Ne vient... Que diable!...
(*Il se retourne, et voit Ergaste qui le salue de l'autre côté.*)

Encor? Que de coups de chapeau!

VALÈRE.

Monsieur, un tel abord vous interrompt peut-être?

SGANARELLE.

Cela se peut.

VALÈRE.

Mais quoi! l'honneur de vous connoître
Est un si grand bonheur, est un si doux plaisir, (1)
Que de vous saluer j'avois un grand desir.

SGANARELLE.

Soit.

VALÈRE.

Et de vous venir, mais sans nul artifice,
Assurer que je suis tout à votre service.

VARIANTE. (1) *M'est un si grand bonheur, m'est un si doux plaisir.*

SGANARELLE.
Je le crois.
VALÈRE.
J'ai le bien d'être de vos voisins,
Et j'en dois rendre grace à mes heureux destins.
SGANARELLE.
C'est bien fait.
VALÈRE.
Mais, monsieur, savez-vous les nouvelles
Que l'on dit à la cour, et qu'on tient pour fidèles?
SGANARELLE.
Que m'importe?
VALÈRE.
Il est vrai; mais pour les nouveautés,
On peut avoir parfois des curiosités.
Vous irez voir, monsieur, cette magnificence
Que de notre dauphin prépare la naissance?
SGANARELLE.
Si je veux.
VALÈRE.
Avoüons que Paris nous fait part
De cent plaisirs charmans qu'on n'a point autre part.
Les provinces auprès sont des lieux solitaires.
A quoi donc passez-vous le temps?
SGANARELLE.
A mes affaires.
VALÈRE.
L'esprit veut du relâche, et succombe parfois
Par trop d'attachement aux sérieux emplois.
Que faites-vous les soirs avant qu'on se retire?
SGANARELLE.
Ce qui me plaît.
VALÈRE.
Sans doute : on ne peut pas mieux dire.

Cette réponse est juste, et le bon sens paroît
A ne vouloir jamais faire que ce qui plaît.
Si je ne vous croyois l'ame trop occupée,
J'irois parfois chez vous passer l'après-soupée.

SGANARELLE.

Serviteur.

SCÈNE VI.

VALÈRE, ERGASTE.

VALÈRE.

Que dis-tu de ce bizarre fou?

ERGASTE.

Il a le repart brusque, et l'accueil loup-garou.

VALÈRE.

Ah! j'enrage!

ERGASTE.

Et de quoi?

VALÈRE.

De quoi? C'est que j'enrage
De voir celle que j'aime au pouvoir d'un sauvage;
D'un dragon surveillant, dont la sévérité
Ne lui laisse jouir d'aucune liberté.

ERGASTE.

C'est ce qui fait pour vous, et sur ces conséquences
Votre amour doit fonder de grandes espérances.
Apprenez, pour avoir votre esprit raffermi, [1]
Qu'une femme qu'on garde est gagnée à demi,
Et que les noirs chagrins des maris ou des pères
Ont toujours du galant avancé les affaires.
Je coquette fort peu, c'est mon moindre talent,
Et de profession je ne suis point galant:

VARIANTE. (1) *Votre esprit affermi.*

ACTE I, SCÈNE VI.

Mais j'en ai servi vingt de ces chercheurs de proie,
Qui disoient fort souvent que leur plus grande joie
Étoit de rencontrer de ces maris fâcheux,
Qui jamais sans gronder ne reviennent chez eux;
De ces brutaux fieffés, qui, sans raison ni suite,
De leurs femmes en tout contrôlent la conduite,
Et, du nom de mari fièrement se parans,
Leur rompent en visière aux yeux des soupirans.
On en sait, disent-ils, prendre ses avantages;
Et l'aigreur de la dame à ces sortes d'outrages,
Dont la plaint doucement le complaisant témoin,
Est un champ à pousser les choses assez loin;
En un mot, ce vous est une attente assez belle,
Que la sévérité du tuteur d'Isabelle.

VALÈRE.

Mais depuis quatre mois que je l'aime ardemment,
Je n'ai pour lui parler pu trouver un moment.

ERGASTE.

L'amour rend inventif; mais vous ne l'êtes guère,
Et si j'avois été...

VALÈRE.

Mais qu'aurois-tu pu faire,
Puisque sans ce brutal on ne la voit jamais;
Et qu'il n'est là-dedans servantes ni valets
Dont, par l'appât flatteur de quelque récompense,
Je puisse pour mes feux ménager l'assistance?

ERGASTE.

Elle ne sait donc pas encor que vous l'aimez?

VALÈRE.

C'est un point dont mes vœux ne sont pas informés.
Partout où ce farouche a conduit cette belle,
Elle m'a toujours vu comme une ombre après elle,
Et mes regards aux siens ont tâché chaque jour
De pouvoir expliquer l'excès de mon amour.

Mes yeux ont fort parlé; mais qui me peut apprendre
Si leur langage enfin a pu se faire entendre?

ERGASTE.

Ce langage, il est vrai, peut être obscur parfois,
S'il n'a pour truchement l'écriture ou la voix.

VALÈRE.

Que faire pour sortir de cette peine extrême,
Et savoir si la belle a connu que je l'aime?
Dis-m'en quelque moyen.

ERGASTE.

      C'est ce qu'il faut trouver :
Entrons un peu chez vous afin d'y mieux rêver.

FIN DU PREMIER ACTE.

ACTE II.

SCÈNE PREMIÈRE.

ISABELLE, SGANARELLE.

SGANARELLE.

Va, je sais la maison, et connois la personne
Aux marques seulement que ta bouche me donne.

ISABELLE, *à part*.

O ciel! sois-moi propice, et seconde en ce jour
Le stratagême adroit d'une innocente amour. [1]

SGANARELLE.

Dis-tu pas qu'on t'a dit qu'il s'appelle Valère?

ISABELLE.

Oui.

SGANARELLE.

Va, sois en repos, rentre et me laisse faire;
Je vais parler sur l'heure à ce jeune étourdi.

ISABELLE, *en s'en allant*.

Je fais, pour une fille, un projet bien hardi;
Mais l'injuste rigueur dont envers moi l'on use,
Dans tout esprit bien fait me servira d'excuse.

VARIANTE. (1) *D'un innocent amour.*

SCÈNE II.

SGANARELLE, seul.

(*Il va frapper à sa porte, croyant que c'est celle de Valère.*)

Ne perdons point de temps; c'est ici. Qui va là?
Bon, je rêve. Holà! dis-je, holà, quelqu'un! holà!
Je ne m'étonne pas, après cette lumière,
S'il y venoit tantôt de si douce manière:
Mais je veux me hâter, et de son fol espoir...

SCÈNE III.

VALÈRE, SGANARELLE, ERGASTE.

SGANARELLE, *à Ergaste qui est sorti brusquement.*

Peste soit du gros bœuf, qui, pour me faire choir,
Se vient devant mes pas planter comme une perche!

VALÈRE.

Monsieur, j'ai du regret...

SGANARELLE.

Ah! c'est vous que je cherche.

VALÈRE.

Moi, monsieur?

SGANARELLE.

Vous. Valère est-il pas votre nom?

VALÈRE.

Oui.

SGANARELLE.

Je viens vous parler, si vous le trouvez bon.

VALÈRE.

Puis-je être assez heureux pour vous rendre service?

SGANARELLE.

Non. Mais je prétends, moi, vous rendre un bon office;
Et c'est ce qui chez vous prend droit de m'amener.

VALÈRE.

Chez moi, monsieur?

SGANARELLE.

Chez vous. Faut-il tant s'étonner?

VALÈRE.

J'en ai bien du sujet, et mon ame ravie
De l'honneur...

SGANARELLE.

Laissons là cet honneur, je vous prie.

VALÈRE.

Voulez-vous pas entrer?

SGANARELLE.

Il n'en est pas besoin.

VALÈRE.

Monsieur, de grace.

SGANARELLE.

Non, je n'irai pas plus loin.

VALÈRE.

Tant que vous serez là, je ne puis vous entendre.

SGANARELLE.

Moi, je n'en veux bouger.

VALÈRE.

Hé bien! il faut se rendre:
Vîte, puisque monsieur à cela se résout,
Donnez un siége ici.

SGANARELLE.

Je veux parler debout.

VALÈRE.

Vous souffrir de la sorte!...

SGANARELLE.

Ah! contrainte effroyable!

VALÈRE.

Cette incivilité seroit trop condamnable.

SGANARELLE.

C'en est une que rien ne sauroit égaler,
De n'ouïr pas les gens qui veulent nous parler.

VALÈRE.

Je vous obéis donc.

SGANARELLE.

Vous ne sauriez mieux faire.

(*Ils font de grandes cérémonies pour se couvrir.*)

Tant de cérémonie est fort peu nécessaire.
Voulez-vous m'écouter?

VALÈRE.

Sans doute, et de grand cœur.

SGANARELLE.

Savez-vous, dites-moi, que je suis le tuteur
D'une fille assez jeune et passablement belle,
Qui loge en ce quartier, et qu'on nomme Isabelle?

VALÈRE.

Oui.

SGANARELLE.

Si vous le savez, je ne vous l'apprends pas.
Mais, savez-vous aussi, lui trouvant des appas,
Qu'autrement qu'en tuteur sa personne me touche,
Et qu'elle est destinée à l'honneur de ma couche?

VALÈRE.

Non.

SGANARELLE.

Je vous l'apprends donc; et qu'il est à propos
Que vos feux, s'il vous plaît, la laissent en repos.

VALÈRE.

Qui? moi, monsieur?

SGANARELLE.

Oui, vous. Mettons bas toute feinte.

VALÈRE.

Qui vous a dit que j'ai pour elle l'ame atteinte?

SGANARELLE.

Des gens à qui l'on peut donner quelque crédit.

VALÈRE.

Mais encore?

SGANARELLE.

Elle-même.

VALÈRE.

Elle?

SGANARELLE.

Elle. Est-ce assez dit?
Comme une fille honnête, et qui m'aime d'enfance,
Elle vient de m'en faire entière confidence;
Et, de plus, m'a chargé de vous donner avis
Que, depuis que par vous tous ses pas sont suivis,
Son cœur, qu'avec excès votre poursuite outrage,
N'a que trop de vos yeux entendu le langage;
Que vos secrets desirs lui sont assez connus,
Et que c'est vous donner des soucis superflus
De vouloir davantage expliquer une flamme
Qui choque l'amitié que me garde son ame.

VALÈRE.

C'est elle, dites-vous, qui de sa part vous fait...

SGANARELLE.

Oui, vous venir donner cet avis franc et net;
Et qu'ayant vu l'ardeur dont votre ame est blessée,
Elle vous eût plutôt fait savoir sa pensée,
Si son cœur avoit eu, dans son émotion,
A qui pouvoir donner cette commission;
Mais qu'enfin les douleurs d'une contrainte extrême

L'ont réduite à vouloir se servir de moi-même, [1]
Pour vous rendre averti, comme je vous ai dit,
Qu'à tout autre que moi son cœur est interdit,
Que vous avez assez joué de la prunelle,
Et que, si vous avez tant soit peu de cervelle,
Vous prendrez d'autres soins. Adieu, jusqu'au revoir.
Voilà ce que j'avois à vous faire savoir.

VALÈRE, *bas.*

Ergaste, que dis-tu d'une telle aventure?

SGANARELLE, *bas, à part.*

Le voilà bien surpris!

ERGASTE, *bas, à Valère.*

Selon ma conjecture,
Je tiens qu'elle n'a rien de déplaisant pour vous,
Qu'un mystère assez fin est caché là-dessous,
Et qu'enfin cet avis n'est pas d'une personne
Qui veuille voir cesser l'amour qu'elle vous donne.

SGANARELLE, *à part.*

Il en tient comme il faut.

VALÈRE, *bas, à Ergaste.*

Tu crois mystérieux...

ERGASTE, *bas.*

Oui... Mais il nous observe, ôtons-nous de ses yeux.

SCÈNE IV.

SGANARELLE, *seul.*

Que sa confusion paroît sur son visage!
Il ne s'attendoit pas, sans doute, à ce message.
Appelons Isabelle, elle montre le fruit
Que l'éducation dans une ame produit.
La vertu fait ses soins, et son cœur s'y consomme

VARIANTE. (1) *Et qu'enfin la douleur d'une contrainte extrême,
L'a réduite,* etc.

Jusques à s'offenser des seuls regards d'un homme.

SCÈNE V.

ISABELLE, SGANARELLE.

ISABELLE, *bas, en entrant.*

J'ai peur que cet amant [1], plein de sa passion,
N'ait pas de mon avis compris l'intention;
Et j'en veux, dans les fers où je suis prisonnière,
Hasarder un qui parle avec plus de lumière.

SGANARELLE.

Me voilà de retour.

ISABELLE.

Hé bien?

SGANARELLE.

Un plein effet
A suivi tes discours, et ton homme a son fait.
Il me vouloit nier que son cœur fût malade;
Mais, lorsque de ta part j'ai marqué l'ambassade,
Il est resté d'abord et muet et confus,
Et je ne pense pas qu'il y revienne plus.

ISABELLE.

Ah! que me dites-vous? J'ai bien peur du contraire,
Et qu'il ne nous prépare encor plus d'une affaire.

SGANARELLE.

Et sur quoi fondes-tu cette peur que tu dis?

ISABELLE.

Vous n'avez pas été plutôt hors du logis,
Qu'ayant, pour prendre l'air, la tête à ma fenêtre,
J'ai vu dans ce détour un jeune homme paroître,
Qui d'abord, de la part de cet impertinent,

VARIANTE. (1) *J'ai peur que mon amant.*

Est venu me donner un bonjour surprenant,
Et m'a, droit dans ma chambre, une boîte jetée
Qui renferme une lettre en poulet cachetée.
J'ai voulu sans tarder lui rejeter le tout;
Mais ses pas de la rue avoient gagné le bout,
Et je m'en sens le cœur tout gros de fâcherie.

SGANARELLE.

Voyez un peu la ruse et la friponnerie !

ISABELLE.

Il est de mon devoir de faire promptement
Reporter boîte et lettre à ce maudit amant;
Et j'aurois pour cela besoin d'une personne...
Car, d'oser à vous-même...

SGANARELLE.

Au contraire, mignonne,
C'est me faire mieux voir ton amour et ta foi,
Et mon cœur avec joie accepte cet emploi;
Tu m'obliges par-là plus que je ne puis dire.

ISABELLE.

Tenez donc.

SGANARELLE.

Bon. Voyons ce qu'il a pu t'écrire.

ISABELLE.

Ah! ciel! gardez-vous bien de l'ouvrir.

SGANARELLE.

Et pourquoi ?

ISABELLE.

Lui voulez-vous donner à croire que c'est moi?
Une fille d'honneur doit toujours se défendre
De lire les billets qu'un homme lui fait rendre.
La curiosité qu'on fait lors éclater
Marque un secret plaisir de s'en ouïr conter :
Et je trouve à propos que, toute cachetée,
Cette lettre lui soit promptement reportée,

ACTE II, SCÈNE VI. 391

Afin que d'autant mieux il connoisse aujourd'hui
Le mépris éclatant que mon cœur fait de lui ;
Que ses feux désormais perdent toute espérance,
Et n'entreprennent plus pareille extravagance.

SGANARELLE.

Certes, elle a raison lorsqu'elle parle ainsi.
Va, ta vertu me charme, et ta prudence aussi :
Je vois que mes leçons ont germé dans ton ame,
Et tu te montres digne enfin d'être ma femme.

ISABELLE.

Je ne veux pas pourtant gêner votre desir.
La lettre est en vos mains (1), et vous pouvez l'ouvrir.

SGANARELLE.

Non, je n'ai garde ; hélas ! tes raisons sont trop bonnes,
Et je vais m'acquitter du soin que tu me donnes ;
A quatre pas de là dire ensuite deux mots,
Et revenir ici te remettre en repos.

SCÈNE VI.

SGANARELLE, seul.

Dans quel ravissement est-ce que mon cœur nage,
Lorsque je vois en elle une fille si sage !
C'est un trésor d'honneur que j'ai dans ma maison.
Prendre un regard d'amour pour une trahison !
Recevoir un poulet comme une injure extrême,
Et le faire au galant reporter par moi-même !
Je voudrois bien savoir, en voyant tout ceci,
Si celle de mon frère en useroit ainsi.
Ma foi ! les filles sont ce que l'on les fait être.
Holà !

(*Il frappe à la porte de Valère.*)

VARIANTE. (1) *La lettre est dans vos mains.*

SCÈNE VII.

SGANARELLE, ERGASTE.

ERGASTE.

Qu'est-ce?

SGANARELLE.

Tenez, dites à votre maître
Qu'il ne s'ingère pas d'oser écrire encor
Des lettres qu'il envoie avec des boëtes d'or,
Et qu'Isabelle en est puissamment irritée.
Voyez, on ne l'a pas au moins décachetée;
Il connoîtra l'état que l'on fait de ses feux,
Et quel heureux succès il doit espérer d'eux.

SCÈNE VIII.

VALÈRE, ERGASTE.

VALÈRE.

Que vient de te donner cette farouche bête?

ERGASTE.

Cette lettre, monsieur, qu'avecque cette boëte
On prétend qu'ait reçue Isabelle de vous,
Et dont elle est, dit-il, en un fort grand courroux.
C'est sans vouloir l'ouvrir qu'elle vous la fait rendre:
Lisez vîte, et voyons si je me puis méprendre.

VALÈRE *lit.*

Cette lettre vous surprendra sans doute, et l'on peut trouver bien hardi pour moi, et le dessein de vous l'écrire et la manière de vous la faire tenir; mais je me vois dans un état à ne plus garder de mesure. La juste horreur d'un mariage dont je suis menacée dans six jours, me fait hasarder toutes choses; et, dans la résolution de m'en affranchir par quelque voie que ce soit, j'ai cru que je devois plutôt vous choisir que le désespoir. Ne croyez pas pourtant que vous soyez redevable de tout à ma mauvaise destinée; ce n'est pas la contrainte où je me trouve qui a fait naître les sentimens que j'ai pour vous; mais c'est elle qui en précipite le témoignage, et qui me fait passer sur des formalités où la bienséance du sexe oblige. Il ne tiendra qu'à vous que je sois à vous bientôt, et j'attends seulement que vous m'ayez marqué les intentions de votre amour, pour vous faire savoir la résolution que j'ai prise; mais, surtout, songez que le temps presse, et que deux cœurs qui s'aiment doivent s'entendre à demi-mot.

ERGASTE.

Hé bien! monsieur, le tour est-il d'original?
Pour une jeune fille elle n'en sait pas mal!
De ces ruses d'amour la croiroit-on capable?

VALÈRE.

Ah! je la trouve là tout-à-fait adorable.
Ce trait de son esprit et de son amitié
Accroît pour elle encor mon amour de moitié;
Et joint aux sentimens que sa beauté m'inspire...

ERGASTE.

La dupe vient; songez à ce qu'il vous faut dire.

SCÈNE IX.

SGANARELLE, VALÈRE, ERGASTE.

SGANARELLE, *se croyant seul.*

Oh! trois et quatre fois béni soit cet édit
Par qui des vêtemens le luxe est interdit!
Les peines des maris ne seront plus si grandes,
Et les femmes auront un frein à leurs demandes.

Oh! que je sais au roi bon gré de ces décris!
Et que, pour le repos de ces mêmes maris,
Je voudrois bien qu'on fît de la coquetterie
Comme de la guipure et de la broderie!
J'ai voulu l'acheter, l'édit, expressément,
Afin que d'Isabelle il soit lu hautement;
Et ce sera tantôt, n'étant plus occupée,
Le divertissement de notre après-soupée.

(apercevant Valère.)

Envoierez-vous encor, monsieur aux blonds cheveux,
Avec des boîtes d'or des billets amoureux?
Vous pensiez bien trouver quelque jeune coquette,
Friande de l'intrigue, et tendre à la fleurette?
Vous voyez de quel air on reçoit vos joyaux?
Croyez-moi, c'est tirer votre poudre aux moineaux.
Elle est sage, elle m'aime, et votre amour l'outrage;
Prenez visée ailleurs, et troussez-moi bagage.

VALÈRE.

Oui, oui, votre mérite, à qui chacun se rend,
Est à mes vœux, monsieur, un obstacle trop grand;
Et c'est folie à moi, dans mon ardeur fidèle,
De prétendre avec vous à l'amour d'Isabelle.

SGANARELLE.

Il est vrai, c'est folie.

VALÈRE.

Aussi n'aurois-je pas
Abandonné mon cœur à suivre ses appas,
Si j'avois pu savoir [1] que ce cœur misérable
Dût trouver un rival comme vous redoutable.

SGANARELLE.

Je le crois.

VALÈRE.

Je n'ai garde à présent d'espérer;

VARIANTE. (1) *Si j'avois pu prévoir.*

ACTE II, SCÈNE IX.

Je vous cède, monsieur, et c'est sans murmurer.

SGANARELLE.

Vous faites bien.

VALÈRE.

Le droit de la sorte l'ordonne;
Et de tant de vertus brille votre personne,
Que j'aurois tort de voir d'un regard de courroux
Les tendres sentimens qu'Isabelle a pour vous.

SGANARELLE.

Cela s'entend.

VALÈRE.

Oui, oui, je vous quitte la place :
Mais je vous prie au moins, et c'est la seule grace,
Monsieur, que vous demande un misérable amant
Dont vous seul aujourd'hui causez tout le tourment,
Je vous conjure donc d'assurer Isabelle
Que, si depuis trois mois mon cœur brûle pour elle,
Cette amour est sans tache [1], et n'a jamais pensé
A rien dont son honneur ait lieu d'être offensé.

SGANARELLE.

Oui.

VALÈRE.

Que, ne dépendant que du choix de mon ame,
Tous mes desseins étoient de l'obtenir pour femme,
Si les destins, en vous qui captivez son cœur,
N'opposoient un obstacle à cette juste ardeur.

SGANARELLE.

Fort bien.

VALÈRE.

Que, quoi qu'on fasse, il ne lui faut pas croire
Que jamais ses appas sortent de ma mémoire ;
Que, quelque arrêt des cieux qu'il me faille subir,
Mon sort est de l'aimer jusqu'au dernier soupir ;

VARIANTE. (1) *Cet amour est sans tache.*

Et que, si quelque chose étouffe mes poursuites,
C'est le juste respect que j'ai pour vos mérites.

SGANARELLE.

C'est parler sagement ; et je vais de ce pas
Lui faire ce discours qui ne la choque pas ;
Mais, si vous me croyez, tâchez de faire en sorte
Que de votre cerveau cette passion sorte.
Adieu.

ERGASTE, *à Valère.*

La dupe est bonne!

SCÈNE X.

SGANARELLE, *seul.*

Il me fait grand' pitié,
Ce pauvre malheureux trop rempli d'amitié ; [1]
Mais c'est un mal pour lui de s'être mis en tête
De vouloir prendre un fort qui se voit ma conquête.

(*Sganarelle heurte à sa porte.*)

SCÈNE XI.

SGANARELLE, ISABELLE.

SGANARELLE.

Jamais amant n'a fait tant de trouble éclater,
Au poulet renvoyé sans le décacheter :
Il perd toute espérance enfin, et se retire ;
Mais il m'a tendrement conjuré de te dire :
« Que du moins en t'aimant, il n'a jamais pensé
« A rien dont ton honneur ait lieu d'être offensé,
« Et que, ne dépendant que du choix de son ame,
« Tous ses desirs étoient de t'obtenir pour femme,

VARIANTE. (1) *Tout rempli d'amitié.*

« Si les destins, en moi qui captive ton cœur,
« N'opposoient un obstacle à cette juste ardeur;
« Que, quoi qu'on puisse faire, il ne te faut pas croire
« Que jamais tes appas sortent de sa mémoire;
« Que, quelque arrêt des cieux qu'il lui faille subir,
« Son sort est de t'aimer jusqu'au dernier soupir;
« Et que, si quelque chose étouffe sa poursuite,
« C'est le juste respect qu'il a pour mon mérite. »
Ce sont ses propres mots; et, loin de le blâmer,
Je le trouve honnête homme, et le plains de t'aimer.

ISABELLE, *bas*.

Ses feux ne trompent point ma secrète croyance,
Et toujours ses regards m'en ont dit l'innocence.

SGANARELLE.

Que dis-tu?

ISABELLE.

Qu'il m'est dur que vous plaigniez si fort
Un homme que je hais à l'égal de la mort;
Et que, si vous m'aimiez autant que vous le dites,
Vous sentiriez l'affront que me font ses poursuites.

SGANARELLE.

Mais il ne savoit pas tes inclinations;
Et, par l'honnêteté de ses intentions,
Son amour ne mérite...

ISABELLE.

Est-ce les avoir bonnes,
Dites-moi, de vouloir enlever les personnes?
Est-ce être homme d'honneur de former des desseins
Pour m'épouser de force en m'ôtant de vos mains?
Comme si j'étois fille à supporter la vie
Après qu'on m'auroit fait une telle infamie!

SGANARELLE.

Comment?

ISABELLE.

Oui, oui; j'ai su que ce traître d'amant

Parle de m'obtenir par un enlèvement;
Et j'ignore, pour moi, les pratiques secrètes
Qui l'ont instruit sitôt du dessein que vous faites
De me donner la main dans huit jours au plus tard,
Puisque ce n'est que d'hier que vous m'en fîtes part;
Mais il veut prévenir, dit-on, cette journée
Qui doit à votre sort unir ma destinée.

SGANARELLE.

Voilà qui ne vaut rien.

ISABELLE.

Oh! que pardonnez-moi!
C'est un fort honnête homme, et qui ne sent pour moi...

SGANARELLE.

Il a tort; et ceci passe la raillerie.

ISABELLE.

Allez, votre douceur entretient sa folie;
S'il vous eût vu tantôt lui parler vertement,
Il craindroit vos transports et mon ressentiment,
Car c'est encor depuis sa lettre méprisée,
Qu'il a dit ce dessein qui m'a scandalisée;
Et son amour conserve, ainsi que je l'ai su,
La croyance qu'il est dans mon cœur bien reçu,
Que je fuis votre hymen, quoi que le monde en croie,
Et me verrois tirer de vos mains avec joie.

SGANARELLE.

Il est fou.

ISABELLE.

Devant vous il sait se déguiser,
Et son intention est de vous amuser.
Croyez par ces beaux mots que le traître vous joue.
Je suis bien malheureuse, il faut que je l'avoue,
Qu'avecque tous mes soins pour vivre dans l'honneur
Et rebuter les vœux d'un lâche suborneur,
Il faille être exposée aux fâcheuses surprises
De voir faire sur moi d'infâmes entreprises!

ACTE II, SCÈNE XI.

SGANARELLE.

Va, ne redoute rien.

ISABELLE.

Pour moi, je vous le di,
Si vous n'éclatez fort contre un trait si hardi,
Et ne trouvez bientôt moyen de me défaire
Des persécutions d'un pareil téméraire,
J'abandonnerai tout, et renonce à l'ennui
De souffrir les affronts que je reçois de lui.

SGANARELLE.

Ne t'afflige point tant; va, ma petite femme,
Je m'en vais le trouver et lui chanter sa gamme.

ISABELLE.

Dites-lui bien au moins qu'il le nieroit en vain,
Que c'est de bonne part qu'on m'a dit son dessein;
Et qu'après cet avis, quoi qu'il puisse entreprendre,
J'ose le défier de me pouvoir surprendre;
Enfin, que sans plus perdre et soupirs et momens,
Il doit savoir pour vous quels sont mes sentimens;
Et que, si d'un malheur il ne veut être cause,
Il ne se fasse pas deux fois dire une chose.

SGANARELLE.

Je dirai ce qu'il faut.

ISABELLE.

Mais tout cela d'un ton
Qui marque que mon cœur lui parle tout de bon.

SGANARELLE.

Va, je n'oublierai rien, je t'en donne assurance.

ISABELLE.

J'attends votre retour avec impatience;
Hâtez-le, s'il vous plaît, de tout votre pouvoir.
Je languis quand je suis un moment sans vous voir.

SGANARELLE.

Va, pouponne, mon cœur, je reviens tout-à-l'heure.

SCÈNE XII.

SGANARELLE, seul.

Est-il une personne et plus sage et meilleure?
Ah! que je suis heureux! et que j'ai de plaisir
De trouver une femme au gré de mon desir!
Oui, voilà comme il faut que les femmes soient faites;
Et non, comme j'en sais, de ces franches coquettes,
Qui s'en laissent conter, et font dans tout Paris
Montrer au bout du doigt leurs honnêtes maris.

(*Il frappe à la porte de Valère.*)

Holà! notre galant aux belles entreprises!

SCÈNE XIII.

VALÈRE, SGANARELLE, ERGASTE.

VALÈRE.

Monsieur, qui vous ramène en ces lieux?

SGANARELLE.

Vos sottises.

VALÈRE.

Comment?

SGANARELLE.

Vous savez bien de quoi je veux parler.
Je vous croyois plus sage, à ne vous rien celer.
Vous venez m'amuser de vos belles paroles,
Et conservez sous main des espérances folles.
Voyez-vous? j'ai voulu doucement vous traiter;
Mais vous m'obligerez à la fin d'éclater.
N'avez-vous point de honte, étant ce que vous êtes,
De faire en votre esprit les projets que vous faites?
De prétendre enlever une fille d'honneur,

Et troubler un hymen qui fait tout son bonheur?
VALÈRE.
Qui vous a dit, monsieur, cette étrange nouvelle?
SGANARELLE.
Ne dissimulons point, je la tiens d'Isabelle,
Qui vous mande par moi, pour la dernière fois,
Qu'elle vous a fait voir assez quel est son choix;
Que son cœur, tout à moi, d'un tel projet s'offense;
Qu'elle mourroit plutôt qu'en souffrir l'insolence;
Et que vous causerez de terribles éclats,
Si vous ne mettez fin à tout cet embarras.
VALÈRE.
S'il est vrai qu'elle ait dit ce que je viens d'entendre,
J'avouerai que mes feux n'ont plus rien à prétendre;
Par ces mots assez clairs je vois tout terminé,
Et je dois révérer l'arrêt qu'elle a donné.
SGANARELLE.
Si... Vous en doutez donc, et prenez pour des feintes
Tout ce que de sa part je vous ai fait de plaintes?
Voulez-vous qu'elle-même elle explique son cœur?
J'y consens volontiers pour vous tirer d'erreur.
Suivez-moi, vous verrez s'il est rien que j'avance,
Et si son jeune cœur entre nous deux balance.

(*Il va frapper à sa porte.*)

SCÈNE XIV.

ISABELLE, SGANARELLE, VALÈRE, ERGASTE.

ISABELLE.
Quoi! vous me l'amenez! Quel est votre dessein?
Prenez-vous contre moi ses intérêts en main?
Et voulez-vous, charmé de ses rares mérites,
M'obliger à l'aimer, et souffrir ses visites?

SGANARELLE.

Non, ma mie, et ton cœur pour cela m'est trop cher:
Mais il prend mes avis pour des contes en l'air,
Croit que c'est moi qui parle, et te fais, par adresse,
Pleine pour lui de haine, et pour moi de tendresse;
Et par toi-même enfin j'ai voulu, sans retour,
Le tirer d'une erreur qui nourrit son amour.

ISABELLE, *à Valère.*

Quoi! mon ame à vos yeux ne se montre pas toute,
Et de mes vœux encor vous pouvez être en doute?

VALÈRE.

Oui, tout ce que monsieur de votre part m'a dit,
Madame, a bien pouvoir de surprendre un esprit:
J'ai douté, je l'avoue; et cet arrêt suprême
Qui décide du sort de mon amour extrême,
Doit m'être assez touchant, pour ne pas s'offenser
Que mon cœur par deux fois le fasse prononcer.

ISABELLE.

Non, non, un tel arrêt ne doit pas vous surprendre:
Ce sont mes sentimens qu'il vous a fait entendre;
Et je les tiens fondés sur assez d'équité,
Pour en faire éclater toute la vérité.
Oui, je veux bien qu'on sache, et j'en dois être crue,
Que le sort offre ici deux objets à ma vue,
Qui, m'inspirant pour eux différens sentimens,
De mon cœur agité font tous les mouvemens.
L'un, par un juste choix où l'honneur m'intéresse,
A toute mon estime et toute ma tendresse;
Et l'autre, pour le prix de son affection,
A toute ma colère et mon aversion.
La présence de l'un m'est agréable et chère,
J'en reçois dans mon ame une alégresse entière;
Et l'autre, par sa vue, inspire dans mon cœur
De secrets mouvemens et de haine et d'horreur.

ACTE II, SCÈNE XIV.

Me voir femme de l'un est toute mon envie;
Et plutôt qu'être à l'autre on m'ôteroit la vie.
Mais c'est assez montrer mes justes sentimens,
Et trop long-temps languir dans ces rudes tourmens;
Il faut que ce que j'aime, usant de diligence,
Fasse à ce que je hais perdre toute espérance,
Et qu'un heureux hymen affranchisse mon sort
D'un supplice pour moi plus affreux que la mort.

SGANARELLE.

Oui, mignonne, je songe à remplir ton attente.

ISABELLE.

C'est l'unique moyen de me rendre contente.

SGANARELLE.

Tu la seras dans peu. [1]

ISABELLE.

Je sais qu'il est honteux
Aux filles d'expliquer si librement leurs vœux.

SGANARELLE.

Point, point.

ISABELLE.

Mais en l'état où sont mes destinées,
De telles libertés doivent m'être données;
Et je puis, sans rougir, faire un aveu si doux
A celui que déja je regarde en époux.

SGANARELLE.

Oui, ma pauvre fanfan, poupunne de mon ame.

ISABELLE.

Qu'il songe donc, de grace, à me prouver sa flamme.

SGANARELLE.

Oui, tiens, baise ma main.

ISABELLE.

Que sans plus de soupirs

VARIANTE. (1) *Tu le seras dans peu.*

Il conclue un hymen qui fait tous mes desirs,
Et reçoive en ce lieu la foi que je lui donne
De n'écouter jamais les vœux d'autre personne.
(*Elle fait semblant d'embrasser Sganarelle et donne sa
main à baiser à Valère.*)

SGANARELLE.

Hai! hai! mon petit nez, pauvre petit bouchon,
Tu ne languiras pas long-temps, je t'en répond.
(*à Valère.*)
Va, chut. Vous le voyez, je ne lui fais pas dire,
Ce n'est qu'après moi seul que son ame respire.

VALÈRE.

Hé bien! madame, hé bien! c'est s'expliquer assez,
Je vois, par ce discours, de quoi vous me pressez,
Et je saurai dans peu vous ôter la présence
De celui qui vous fait si grande violence.

ISABELLE.

Vous ne me sauriez faire un plus charmant plaisir;
Car enfin cette vue est fâcheuse à souffrir,
Elle m'est odieuse, et l'horreur est si forte...

SGANARELLE.

Hé! hé!

ISABELLE.

Vous offensé-je en parlant de la sorte?
Fais-je...

SGANARELLE.

Mon dieu! nenni, je ne dis pas cela;
Mais je plains, sans mentir, l'état où le voilà,
Et c'est trop hautement que ta haine se montre.

ISABELLE.

Je n'en puis trop montrer en pareille rencontre.

VALÈRE.

Oui, vous serez contente; et, dans trois jours, vos yeux
Ne verront plus l'objet qui vous est odieux.

ISABELLE.

A la bonne heure. Adieu.

SGANARELLE, *à Valère.*

Je plains votre infortune;
Mais...

VALÈRE.

Non, vous n'entendrez de mon cœur plainte aucune;
Madame, assurément, rend justice à tous deux,
Et je vais travailler à contenter ses vœux.
Adieu.

SGANARELLE.

Pauvre garçon! sa douleur est extrême;
Tenez, embrassez-moi [1]; c'est un autre elle-même.

(*Il embrasse Valère.*)

SCÈNE XV.

ISABELLE, SGANARELLE.

SGANARELLE.

Je le tiens fort à plaindre.

ISABELLE.

Allez, il ne l'est point.

SGANARELLE.

Au reste, ton amour me touche au dernier point,
Mignonnette, et je veux qu'il ait sa récompense.
C'est trop que de huit jours pour ton impatience;
Dès demain je t'épouse, et n'y veux appeler...

ISABELLE.

Dès demain?

SGANARELLE.

Par pudeur tu feins d'y reculer :

VARIANTE. (1) *Venez, embrassez-moi.*

Mais je sais bien la joie où ce discours te jette,
Et tu voudrois déja que la chose fût faite.

ISABELLE.

Mais...

SGANARELLE.

Pour ce mariage allons tout préparer.

ISABELLE, *à part*.

O ciel! inspire-moi [1] ce qui peut le parer.

VARIANTE. (1) *O ciel! inspirez-moi.*

FIN DU SECOND ACTE.

ACTE III.

SCÈNE PREMIÈRE.

ISABELLE, *seule*.

Oui, le trépas cent fois me semble moins à craindre
Que cet hymen fatal où l'on veut me contraindre;
Et tout ce que je fais pour en fuir les rigueurs
Doit trouver quelque grace auprès de mes censeurs.
Le temps presse, il fait nuit; allons, sans crainte aucune,
A la foi d'un amant commettre ma fortune.

SCÈNE II.

SGANARELLE, ISABELLE.

SGANARELLE, *parlant à ceux qui sont dans sa maison*.
Je reviens, et l'on va pour demain de ma part...

ISABELLE.
O ciel!

SGANARELLE.
C'est toi, mignonne! Où vas-tu donc si tard?
Tu disois qu'en ta chambre, étant un peu lassée,
Tu t'allois renfermer, lorsque je t'ai laissée;
Et tu m'avois prié même que mon retour
T'y souffrît en repos jusques à demain jour.

ISABELLE.
Il est vrai; mais...

SGANARELLE.
Hé quoi?

ISABELLE.

Vous me voyez confuse,
Et je ne sais comment vous en dire l'excuse.

SGANARELLE.

Quoi donc? Que pourroit-ce être?

ISABELLE.

Un secret surprenant;
C'est ma sœur qui m'oblige à sortir maintenant,
Et qui, pour un dessein dont je l'ai fort blâmée,
M'a demandé ma chambre, où je l'ai renfermée.

SGANARELLE.

Comment?

ISABELLE.

L'eût-on pu croire? Elle aime cet amant
Que nous avons banni.

SGANARELLE.

Valère?

ISABELLE.

Éperdument.
C'est un transport si grand, qu'il n'en est point de même;
Et vous pouvez juger de sa puissance extrême,
Puisque seule, à cette heure, elle est venue ici
Me découvrir à moi son amoureux souci,
Me dire absolument qu'elle perdra la vie
Si son ame n'obtient l'effet de son envie;
Que, depuis plus d'un an, d'assez vives ardeurs
Dans un secret commerce entretenoient leurs cœurs;
Et que même ils s'étoient, leur flamme étant nouvelle,
Donné de s'épouser une foi mutuelle...

SGANARELLE.

La vilaine!

ISABELLE.

Qu'ayant appris le désespoir
Où j'ai précipité celui qu'elle aime à voir,

ACTE III, SCÈNE II.

Elle vient me prier de souffrir que sa flamme
Puisse rompre un départ qui lui perceroit l'ame;
Entretenir ce soir cet amant sous mon nom
Par la petite rue où ma chambre répond;
Lui peindre, d'une voix qui contrefait la mienne,
Quelques doux sentimens dont l'appât le retienne,
Et ménager enfin pour elle adroitement
Ce que pour moi l'on sait qu'il a d'attachement.

SGANARELLE.
Et tu trouves cela...

ISABELLE.
Moi? J'en suis courroucée.
Quoi! ma sœur, ai-je dit, êtes-vous insensée?
Ne rougissez-vous point d'avoir pris tant d'amour
Pour ces sortes de gens qui changent chaque jour,
D'oublier votre sexe, et tromper l'espérance
D'un homme dont le ciel vous donnoit l'alliance?

SGANARELLE.
Il le mérite bien; et j'en suis fort ravi.

ISABELLE.
Enfin de cent raisons mon dépit s'est servi
Pour lui bien reprocher des bassesses si grandes,
Et pouvoir cette nuit rejeter ses demandes;
Mais elle m'a fait voir de si pressans desirs,
A tant versé de pleurs, tant poussé de soupirs,
Tant dit qu'au désespoir je porterois son ame
Si je lui refusois ce qu'exige sa flamme,
Qu'à céder malgré moi mon cœur s'est vu réduit;
Et, pour justifier cette intrigue de nuit,
Où me faisoit du sang relâcher la tendresse,
J'allois faire avec moi venir coucher Lucrèce,
Dont vous me vantez tant les vertus chaque jour;
Mais vous m'avez surprise avec ce prompt retour.

SGANARELLE.

Non, non, je ne veux point chez moi tout ce mystère.
J'y pourrois consentir à l'égard de mon frère ;
Mais on peut être vu de quelqu'un du dehors ;
Et celle que je dois honorer de mon corps,
Non seulement doit être et pudique et bien née,
Il ne faut pas que même elle soit soupçonnée.
Allons chasser l'infâme; et de sa passion...

ISABELLE.

Ah! vous lui donneriez trop de confusion ;
Et c'est avec raison qu'elle pourroit se plaindre
Du peu de retenue où j'ai su me contraindre :
Puisque de son dessein je dois me départir,
Attendez que du moins je la fasse sortir.

SGANARELLE.

Hé bien! fais.

ISABELLE.

Mais surtout cachez-vous, je vous prie,
Et, sans lui dire rien, daignez voir sa sortie.

SGANARELLE.

Oui, pour l'amour de toi je retiens mes transports ;
Mais, dès le même instant qu'elle sera dehors,
Je veux, sans différer, aller trouver mon frère :
J'aurai joie à courir lui dire cette affaire.

ISABELLE.

Je vous conjure donc de ne me point nommer.
Bonsoir ; car tout d'un temps je vais me renfermer.

SGANARELLE, *seul*.

Jusqu'à demain, ma mie... En quelle impatience
Suis-je de voir mon frère, et lui conter sa chance!
Il en tient, le bonhomme, avec tout son phébus,
Et je n'en voudrois pas tenir vingt bons écus. [1]

VARIANTE. (1) *Tenir cent bons écus.*

ACTE III, SCÈNE III.

ISABELLE, *dans la maison.*

Oui, de vos déplaisirs l'atteinte m'est sensible;
Mais ce que vous voulez, ma sœur, m'est impossible;
Mon honneur, qui m'est cher, y court trop de hasard.
Adieu. Retirez-vous avant qu'il soit plus tard.

SGANARELLE.

La voilà qui, je crois, peste de belle sorte :
De peur qu'elle revînt, fermons à clef la porte.

ISABELLE, *en sortant.*

O ciel! dans mes desseins ne m'abandonnez pas!

SGANARELLE.

Où pourra-t-elle aller? Suivons un peu ses pas.

ISABELLE, *à part.*

Dans mon trouble, du moins la nuit me favorise.

SGANARELLE, *à part.*

Au logis du galant! Quelle est son entreprise?

SCÈNE III.

VALÈRE, ISABELLE, SGANARELLE.

VALÈRE, *sortant brusquement.*

Oui, oui, je veux tenter quelque effort cette nuit
Pour parler... Qui va là?

ISABELLE, *à Valère.*

                        Ne faites point de bruit,
Valère; on vous prévient, et je suis Isabelle.

SGANARELLE.

Vous en avez menti, chienne; ce n'est pas elle.
De l'honneur que tu fuis elle suit trop les lois;
Et tu prends faussement et son nom et sa voix.

ISABELLE, *à Valère.*

Mais à moins de vous voir par un saint hyménée...

VALÈRE.

Oui, c'est l'unique but où tend ma destinée;
Et je vous donne ici ma foi que dès demain
Je vais où vous voudrez recevoir votre main.

SGANARELLE, *à part.*

Pauvre sot qui s'abuse!

VALÈRE.

Entrez en assurance :
De votre Argus dupé je brave la puissance;
Et, devant qu'il vous pût ôter à mon ardeur,
Mon bras de mille coups lui perceroit le cœur.

SCÈNE IV.

SGANARELLE, *seul.*

Ah! je te promets bien que je n'ai pas envie
De te l'ôter, l'infâme à ses feux asservie, (1)
Que du don de sa foi je ne suis point jaloux,
Et que, si j'en suis cru, tu seras son époux.
Oui, faisons-le surprendre avec cette effrontée :
La mémoire du père à bon droit respectée,
Jointe au grand intérêt que je prends à la sœur,
Veut que du moins on tâche à lui rendre l'honneur.
Holà!
(*Il frappe à la porte d'un commissaire.*)

VARIANTE. (1) *A tes feux asservie.*

SCÈNE V.

SGANARELLE, UN COMMISSAIRE, UN NOTAIRE,
UN LAQUAIS, *avec un flambeau.*

LE COMMISSAIRE.

Qu'est-ce?

SGANARELLE.

Salut, monsieur le commissaire.
Votre présence en robe est ici nécessaire;
Suivez-moi, s'il vous plaît, avec votre clarté.

LE COMMISSAIRE.

Nous sortions...

SGANARELLE.

Il s'agit d'un fait assez hâté.

LE COMMISSAIRE.

Quoi?

SGANARELLE.

D'aller là-dedans, et d'y surprendre ensemble
Deux personnes qu'il faut qu'un bon hymen assemble:
C'est une fille à nous, que, sous un don de foi,
Un Valère a séduite et fait entrer chez soi.
Elle sort de famille et noble et vertueuse,
Mais...

LE COMMISSAIRE.

Si c'est pour cela, la rencontre est heureuse,
Puisque ici nous avons un notaire.

SGANARELLE.

Monsieur?

LE NOTAIRE.

Oui, notaire royal.

LE COMMISSAIRE.

De plus homme d'honneur.

SGANARELLE.

Cela s'en va sans dire. Entrez dans cette porte,
Et, sans bruit, ayez l'œil que personne n'en sorte :
Vous serez pleinement contentés de vos soins ;
Mais ne vous laissez point graisser la patte, au moins.

LE COMMISSAIRE.

Comment! vous croyez donc qu'un homme de justice...

SGANARELLE.

Ce que j'en dis n'est pas pour taxer votre office.
Je vais faire venir mon frère promptement :
Faites que le flambeau m'éclaire seulement.

(*à part.*)

Je vais le réjouir cet homme sans colère.
Holà !

(*Il frappe à la porte d'Ariste.*)

SCÈNE VI.

ARISTE, SGANARELLE.

ARISTE.

Qui frappe? Ah! ah! que voulez-vous, mon frère?

SGANARELLE.

Venez, beau directeur, suranné damoiseau,
On veut vous faire voir quelque chose de beau.

ARISTE.

Comment?

SGANARELLE.

Je vous apporte une bonne nouvelle.

ARISTE.

Quoi?

SGANARELLE.

Votre Léonor, où, je vous prie, est-elle?

ARISTE.

Pourquoi cette demande? Elle est, comme je croi,
Au bal chez son amie.

SGANARELLE.

Eh! oui, oui; suivez-moi,
Vous verrez à quel bal la donzelle est allée.

ARISTE.

Que voulez-vous conter?

SGANARELLE.

Vous l'avez bien stylée :
Il n'est pas bon de vivre en sévère censeur;
On gagne les esprits par beaucoup de douceur;
Et les soins défians, les verroux et les grilles,
Ne font pas la vertu des femmes ni des filles;
Nous les portons au mal par tant d'austérité,
Et leur sexe demande un peu de liberté.
Vraiment! elle en a pris tout son soûl, la rusée;
Et la vertu chez elle est fort humanisée.

ARISTE.

Où veut donc aboutir un pareil entretien?

SGANARELLE.

Allez, mon frère aîné, cela vous sied fort bien;
Et je ne voudrois pas pour vingt bonnes pistoles
Que vous n'eussiez ce fruit de vos maximes folles :
On voit ce qu'en deux sœurs nos leçons ont produit;
L'une fuit le galant, et l'autre le poursuit. [1]

ARISTE.

Si vous ne me rendez cette énigme plus claire...

SGANARELLE.

L'énigme est que son bal est chez monsieur Valère;
Que, de nuit, je l'ai vue y conduire ses pas,
Et qu'à l'heure présente elle est entre ses bras.

VARIANTE. (1) *L'une fuit les galans, et l'autre les poursuit.*

ARISTE.

Qui?

SGANARELLE.

Léonor.

ARISTE.

Cessons de railler, je vous prie.

SGANARELLE.

Je raille... Il est fort bon avec sa raillerie!
Pauvre esprit! Je vous dis, et vous redis encor
Que Valère chez lui tient votre Léonor,
Et qu'ils s'étoient promis une foi mutuelle
Avant qu'il eût songé de poursuivre Isabelle.

ARISTE.

Ce discours d'apparence est si fort dépourvu...

SGANARELLE.

Il ne le croira pas encore en l'ayant vu :
J'enrage. Par ma foi! l'âge ne sert de guère
Quand on n'a pas cela.

(*Il met le doigt sur son front.*)

ARISTE.

Quoi! voulez-vous, mon frère?...

SGANARELLE.

Mon dieu! je ne veux rien. Suivez-moi seulement;
Votre esprit tout-à-l'heure aura contentement;
Vous verrez si j'impose, et si leur foi donnée
N'avoit pas joint leurs cœurs depuis plus d'une année.

ARISTE.

L'apparence qu'ainsi, sans m'en faire avertir,
A cet engagement elle eût pu consentir?
Moi, qui dans toute chose ai, depuis son enfance,
Montré toujours pour elle entière complaisance,
Et qui cent fois ai fait des protestations
De ne jamais gêner ses inclinations!

SGANARELLE.

Enfin vos propres yeux jugeront de l'affaire.
J'ai fait venir déja commissaire et notaire :
Nous avons intérêt que l'hymen prétendu
Répare sur-le-champ l'honneur qu'elle a perdu;
Car je ne pense pas que vous soyez si lâche
De vouloir l'épouser avecque cette tache,
Si vous n'avez encor quelques raisonnemens
Pour vous mettre au-dessus de tous les bernemens.

ARISTE.

Moi? Je n'aurai jamais cette foiblesse extrême
De vouloir posséder un cœur malgré lui-même.
Mais je ne saurois croire enfin...

SGANARELLE.

                    Que de discours!
Allons, ce procès-là continueroit toujours.

SCÈNE VII.

SGANARELLE, ARISTE, UN COMMISSAIRE,
UN NOTAIRE.

LE COMMISSAIRE.

Il ne faut mettre ici nulle force en usage,
Messieurs; et, si vos vœux ne vont qu'au mariage,
Vos transports en ce lieu se peuvent appaiser.
Tous deux également tendent à s'épouser;
Et Valère-déja, sur ce qui vous regarde,
A signé que pour femme il tient celle qu'il garde.

ARISTE.

La fille?...

LE COMMISSAIRE.

        Est renfermée, et ne veut point sortir
Que vos desirs aux leurs ne veuillent consentir.

SCÈNE VIII.

VALÈRE, UN COMMISSAIRE, UN NOTAIRE, SGANARELLE, ARISTE.

VALÈRE, *à la fenêtre de sa maison.*

Non, messieurs; et personne ici n'aura l'entrée
Que cette volonté ne m'ait été montrée.
Vous savez qui je suis, et j'ai fait mon devoir
En vous signant l'aveu qu'on peut vous faire voir.
Si c'est votre dessein d'approuver l'alliance,
Votre main peut aussi m'en signer l'assurance;
Sinon, faites état de m'arracher le jour,
Plutôt que de m'ôter l'objet de mon amour.

SGANARELLE.

Non, nous ne songeons pas à vous séparer d'elle.
(*bas, à part.*)
Il ne s'est point encor détrompé d'Isabelle:
Profitons de l'erreur.

ARISTE, *à Valère.*

Mais est-ce Léonor?

SGANARELLE, *à Ariste.*

Taisez-vous.

ARISTE.

Mais...

SGANARELLE.

Paix donc.

ARISTE.

Je veux savoir...

SGANARELLE.

Encor?

Vous tairez-vous? vous dis-je.

VALÈRE.

Enfin, quoi qu'il avienne,
Isabelle a ma foi; j'ai de même la sienne,
Et ne suis point un choix, à tout examiner,
Que vous soyez reçus à faire condamner.

ARISTE, *à Sganarelle.*

Ce qu'il dit là n'est pas...

SGANARELLE.

Taisez-vous, et pour cause;
(*à Valère.*)
Vous saurez le secret. Oui, sans dire autre chose,
Nous consentons tous deux que vous soyez l'époux
De celle qu'à présent on trouvera chez vous.

LE COMMISSAIRE.

C'est dans ces termes-là que la chose est conçue,
Et le nom est en blanc pour ne l'avoir point vue.
Signez. La fille après vous mettra tous d'accord.

VALÈRE.

J'y consens de la sorte.

SGANARELLE.

Et moi, je le veux fort.
(*à part.*) (*haut.*)
Nous rirons bien tantôt. Là, signez donc, mon frère,
L'honneur vous appartient.

ARISTE.

Mais quoi! tout ce mystère...

SGANARELLE.

Diantre! que de façons! Signez, pauvre butor.

ARISTE.

Il parle d'Isabelle, et vous de Léonor.

SGANARELLE.

N'êtes-vous pas d'accord, mon frère, si c'est elle,
De les laisser tous deux à leur foi mutuelle?

27.

ARISTE.

Sans doute.

SGANARELLE.

Signez donc; j'en fais de même aussi.

ARISTE.

Soit. Je n'y comprends rien.

SGANARELLE.

Vous serez éclairci.

LE COMMISSAIRE.

Nous allons revenir.

SGANARELLE, *à Ariste.*

Or çà, je vais vous dire
La fin de cette intrigue.

(*Ils se retirent dans le fond du théâtre.*)

SCÈNE IX.

LÉONOR, SGANARELLE, ARISTE, LISETTE.

LÉONOR.

O l'étrange martyre!
Que tous ces jeunes fous me paroissent fâcheux!
Je me suis dérobée au bal pour l'amour d'eux.

LISETTE.

Chacun d'eux près de vous veut se rendre agréable.

LÉONOR.

Et moi, je n'ai rien vu de plus insupportable;
Et je préférerois le plus simple entretien
A tous les contes bleus de ces diseurs de rien.
Ils croyent que tout cède à leur perruque blonde,
Et pensent avoir dit le meilleur mot du monde,
Lorsqu'ils viennent, d'un ton de mauvais goguenard,
Vous railler sottement sur l'amour d'un vieillard;
Et moi, d'un tel vieillard je prise plus le zèle,
Que tous les beaux transports d'une jeune cervelle.
Mais n'aperçois-je pas?...

ACTE III, SCÈNE IX.

SGANARELLE, à *Ariste.*

Oui, l'affaire est ainsi.
(*apercevant Léonor.*)
Ah! je la vois paroître, et sa suivante aussi.

ARISTE.

Léonor, sans courroux, j'ai sujet de me plaindre.
Vous savez si jamais j'ai voulu vous contraindre,
Et si plus de cent fois je n'ai pas protesté
De laisser à vos vœux leur pleine liberté :
Cependant votre cœur, méprisant mon suffrage,
De foi comme d'amour à mon insu s'engage.
Je ne me repens pas de mon doux traitement;
Mais votre procédé me touche assurément;
Et c'est une action que n'a pas méritée
Cette tendre amitié que je vous ai portée.

LÉONOR.

Je ne sais pas sur quoi vous tenez ce discours;
Mais croyez que je suis de même que toujours, [1]
Que rien ne peut pour vous altérer mon estime,
Que toute autre amitié me paroîtroit un crime,
Et que, si vous voulez satisfaire mes vœux,
Un saint nœud dès demain nous unira tous deux.

ARISTE.

Dessus quel fondement venez-vous donc, mon frère?...

SGANARELLE.

Quoi! vous ne sortez pas du logis de Valère?
Vous n'avez point conté vos amours aujourd'hui?
Et vous ne brûlez pas depuis un an pour lui?

LÉONOR.

Qui vous a fait de moi de si belles peintures,
Et prend soin de forger de telles impostures?

VARIANTE. (1) *La même que toujours.*

SCÈNE X.

ISABELLE, VALÈRE, LÉONOR, ARISTE, SGANARELLE, UN COMMISSAIRE, UN NOTAIRE, LISETTE, ERGASTE.

ISABELLE.

Ma sœur, je vous demande un généreux pardon,
Si de mes libertés j'ai taché votre nom.
Le pressant embarras d'une surprise extrême
M'a tantôt inspiré ce honteux stratagême :
Votre exemple condamne un tel emportement;
Mais le sort nous traita nous deux diversement. [1]

(à Sganarelle.)

Pour vous, je ne veux point, monsieur, vous faire excuse,
Je vous sers beaucoup plus que je ne vous abuse.
Le ciel pour être joints ne nous fit pas tous deux :
Je me suis reconnue indigne de vos vœux; [2]
Et j'ai bien mieux aimé me voir aux mains d'un autre,
Que ne pas mériter un cœur comme le vôtre.

VALÈRE, *à Sganarelle.*

Pour moi, je mets ma gloire et mon bien souverain
A la pouvoir, monsieur, tenir de votre main.

ARISTE.

Mon frère, doucement il faut boire la chose :
D'une telle action vos procédés sont cause;
Et je vois votre sort malheureux à ce point,
Que, vous sachant dupé, l'on ne vous plaindra point.

LISETTE.

Par ma foi! je lui sais bon gré de cette affaire;
Et ce prix de ses soins est un trait exemplaire.

VARIANTES. (1) *Tous deux diversement.* — (2) *Indigne de vos feux.*

LÉONOR.

Je ne sais si ce trait se doit faire estimer;
Mais je sais bien qu'au moins je ne le puis blâmer.

ERGASTE.

Au sort d'être cocu son ascendant l'expose;
Et ne l'être qu'en herbe est pour lui douce chose.

SGANARELLE, *sortant de l'accablement dans lequel il étoit plongé.*

Non, je ne puis sortir de mon étonnement.
Cette déloyauté ⁽¹⁾ confond mon jugement;
Et je ne pense pas que Satan en personne
Puisse être si méchant qu'une telle friponne.
J'aurois pour elle au feu mis la main que voilà.
Malheureux qui se fie à femme après cela!
La meilleure est toujours en malice féconde;
C'est un sexe engendré pour damner tout le monde.
J'y renonce à jamais, à ce sexe trompeur, ⁽²⁾
Et je le donne tout au diable de bon cœur.

ERGASTE.

Bon.

ARISTE.

Allons tous chez moi. Venez, seigneur Valère;
Nous tâcherons demain d'appaiser sa colère.

LISETTE, *au parterre.*

Vous, si vous connoissez des maris loups-garous,
Envoyez-les au moins à l'école chez nous.

VARIANTE. (1) *Cette ruse d'enfer.*
— (2) *Je renonce à jamais à ce sexe trompeur.*

FIN DE L'ÉCOLE DES MARIS.

LES FACHEUX,

COMÉDIE-BALLET EN TROIS ACTES.

1661.

AU ROI.

SIRE,

J'AJOUTE une scène à la comédie; et c'est une espèce de Fâcheux assez insupportable, qu'un homme qui dédie un livre. VOTRE MAJESTÉ en sait des nouvelles plus que personne de son royaume, et ce n'est pas d'aujourd'hui qu'ELLE se voit en butte à la furie des épîtres dédicatoires. Mais bien que je suive l'exemple des autres, et me mette moi-même au rang de ceux que j'ai joués, j'ose dire toutefois à VOTRE MAJESTÉ, que ce que j'en ai fait, n'est pas tant pour lui présenter un livre, que pour avoir lieu de lui rendre graces du succès de cette comédie. Je le dois, SIRE, ce succès qui a passé mon attente, non-seulement à cette glorieuse approbation dont VOTRE MAJESTÉ honora d'abord la pièce, et qui a entraîné si hautement celle de tout le monde, mais encore à l'ordre qu'ELLE me donna d'y ajouter un caractère de Fâcheux, dont elle eut la bonté de m'ouvrir les idées ELLE-MÊME, et qui a été trouvé partout le plus beau morceau de l'ouvrage. Il faut avouer, SIRE, que je n'ai jamais rien fait avec tant de facilité, ni si promptement que cet endroit où Votre Majesté me commanda de travailler. J'avois une joie à lui obéir, qui me valoit bien mieux qu'Apollon et toutes les Muses; et je conçois par-là ce que je serois capable d'exécuter pour une comédie entière, si j'étois inspiré par de pareils commandemens. Ceux qui sont nés en un rang élevé, peuvent se proposer l'honneur de servir Votre Majesté dans les grands emplois; mais, pour moi, toute la gloire où je puis aspirer, c'est de la réjouir. Je borne là l'ambition de mes souhaits; et je crois qu'en quelque façon ce n'est pas être inutile à la France que de contribuer quelque chose au divertissement de son roi [1]. Quand je n'y réussirai pas, ce ne sera jamais par un défaut de zèle ni d'étude, mais seulement par un mauvais destin qui suit assez souvent les meilleures intentions, et qui sans doute affligeroit sensiblement,

SIRE,

De Votre Majesté,

Le très-humble, très-obéissant,
et très-fidèle serviteur et sujet,
J.-B. P. Molière.

Variante. (1) *Contribuer en quelque chose au divertissement de son roi.*

AVERTISSEMENT.

Jamais entreprise au théâtre ne fut si précipitée que celle-ci; et c'est une chose, je crois, toute nouvelle, qu'une comédie ait été conçue, faite, apprise et représentée en quinze jours. Je ne dis pas cela pour me piquer de l'*impromptu*, et en prétendre de la gloire, mais seulement pour prévenir certaines gens, qui pourroient trouver à redire que je n'aie pas mis ici toutes les espèces de fâcheux qui se trouvent. Je sais que le nombre en est grand, et à la cour et dans la ville; et que, sans épisodes, j'eusse bien pu en composer une comédie de cinq actes bien fournis, et avoir encore de la matière de reste. Mais dans le peu de temps qui me fut donné, il m'étoit impossible de faire un grand dessein, et de rêver beaucoup sur le choix de mes personnages, et sur la disposition de mon sujet. Je me réduisis donc à ne toucher qu'un petit nombre d'importuns; et je pris ceux qui s'offrirent d'abord à mon esprit, et que je crus les plus propres à réjouir les augustes personnes devant qui j'avois à paroître; et, pour lier promptement toutes ces choses ensemble, je me servis du premier nœud que je pus trouver. Ce n'est pas mon dessein d'examiner maintenant si tout cela pouvoit être mieux, et si tous ceux qui s'y sont divertis, ont ri selon les règles. Le temps viendra de faire imprimer mes remarques sur les pièces que j'aurai faites, et je ne désespère pas de faire voir un jour, en grand auteur, que je puis citer Aristote et Horace. En attendant cet examen, qui peut-être ne viendra point, je m'en remets assez aux décisions de la multitude, et je tiens aussi difficile de combattre un ouvrage que le public approuve, que d'en défendre un qu'il condamne.

Il n'y a personne qui ne sache pour quelle réjouissance la pièce fut composée; et cette fête a fait un tel éclat, qu'il n'est pas nécessaire d'en parler; mais il ne sera pas hors de propos de dire deux paroles des ornemens qu'on a mêlés avec la comédie.

Le dessein étoit de donner un ballet aussi; et comme il n'y avoit qu'un petit nombre choisi de danseurs excellens, on fut contraint de séparer les entrées de ce ballet, et l'avis fut de les jeter dans les entr'actes de la comédie, afin que ces intervalles donnassent temps aux mêmes baladins de revenir sous d'autres habits [1]. De sorte que, pour ne point rompre aussi le fil de la pièce par ces manières d'intermèdes, on s'avisa de les coudre au sujet du mieux que l'on put, et de ne faire qu'une seule chose du ballet et de la comédie; mais comme le temps étoit fort précipité, et que tout cela ne fut pas réglé entièrement par une même tête, on trouvera peut-être quelques endroits du ballet qui n'entrent pas dans la comédie aussi naturellement que d'autres. Quoi qu'il en soit, c'est un mélange qui est nouveau pour nos théâtres, et dont on pourroit chercher quelques autorités dans l'antiquité; et comme tout le monde l'a trouvé agréa-

VARIANTE. (1) *De venir sous d'autres habits.*

ble, il peut servir d'idée à d'autres choses, qui pourroient être méditées avec plus de loisir.

D'abord que la toile fut levée, un des acteurs, comme vous pourriez dire, moi, parut sur le théâtre en habit de ville, et s'adressant au Roi avec le visage d'un homme surpris, fit des excuses en désordre sur ce qu'il se trouvoit là seul [1], et manquoit de temps et d'acteurs pour donner à Sa Majesté le divertissement qu'elle sembloit attendre. En même temps, au milieu de vingt jets-d'eau naturels, s'ouvrit cette coquille que tout le monde a vue; et l'agréable Nayade qui parut dedans, s'avança au bord du théâtre, et d'un air héroïque prononça les vers que M. Pellisson avoit faits, et qui servent de prologue.

VARIANTE. * *De ce qu'il se trouvoit là seul.*

PROLOGUE.

Le théâtre représente un jardin orné de termes et de plusieurs jets-d'eau.

UNE NAYADE, *sortant des eaux dans une coquille.*

Pour voir en ces beaux lieux le plus grand roi du monde,
Mortels, je viens à vous de ma grotte profonde.
Faut-il, en sa faveur, que la terre ou que l'eau
Produisent à vos yeux un spectacle nouveau?
Qu'il parle ou qu'il souhaite, il n'est rien d'impossible;
Lui-même n'est-il pas un miracle visible?
Son règne, si fertile en miracles divers,
N'en demande-t-il pas à tout cet univers?
Jeune, victorieux, sage, vaillant, auguste,
Aussi doux que sévère, aussi puissant que juste:
Régler et ses états et ses propres désirs;
Joindre aux nobles travaux les plus nobles plaisirs;
En ses justes projets jamais ne se méprendre;
Agir incessamment, tout voir et tout entendre,
Qui peut cela, peut tout : il n'a qu'à tout oser,
Et le ciel à ses vœux ne peut rien refuser.
Ces termes marcheront, et, si Louis l'ordonne,
Ces arbres parleront mieux que ceux de Dodone.
Hôtesses de leurs troncs, moindres divinités,
C'est Louis qui le veut, sortez, Nymphes, sortez,
Je vous montre l'exemple, il s'agit de lui plaire.
Quittez pour quelque temps votre forme ordinaire,
Et paroissons ensemble aux yeux des spectateurs,
Pour ce nouveau théâtre, autant de vrais acteurs.

PROLOGUE. 433

(*Plusieurs Dryades, accompagnées de Faunes et de Satyres, sortent des arbres et des termes.*)

Vous, soin de ses sujets, sa plus charmante étude,
Héroïque souci, royale inquiétude,
Laissez-le respirer, et souffrez qu'un moment
Son grand cœur s'abandonne au divertissement :
Vous le verrez demain, d'une force nouvelle,
Sous le fardeau pénible où votre voix l'appelle,
Faire obéir les lois, partager les bienfaits,
Par ses propres conseils prévenir nos souhaits,
Maintenir l'univers dans une paix profonde,
Et s'ôter le repos pour le donner au monde.
Qu'aujourd'hui tout lui plaise, et semble consentir
A l'unique dessein de le bien divertir.
Fâcheux, retirez-vous, ou s'il faut qu'il vous voie,
Que ce soit seulement pour exciter sa joie.

(*La Nayade emmène avec elle, pour la comédie, une partie des gens qu'elle a fait paroître, pendant que le reste se met à danser au son des hauts-bois, qui se joignent aux violons.*)

ACTEURS.

DAMIS, tuteur d'Orphise.
ORPHISE.
ÉRASTE, amoureux d'Orphise.
ALCIDOR,
LISANDRE,
ALCANDRE,
ALCIPPE,
ORANTE,
CLIMÈNE, } fâcheux.
DORANTE,
CARITIDÈS,
ORMIN,
FILINTE,
LA MONTAGNE, valet d'Éraste.
L'ÉPINE, valet de Damis.
LA RIVIÈRE, et deux camarades.

La scène est à Paris.

LES FACHEUX,

COMÉDIE-BALLET.

ACTE PREMIER.

SCÈNE PREMIÈRE.

ÉRASTE, LA MONTAGNE.

ÉRASTE.

Sous quel astre, bon dieu! faut-il que je sois né,
Pour être de fâcheux toujours assassiné!
Il semble que partout le sort me les adresse,
Et j'en vois chaque jour quelque nouvelle espèce;
Mais il n'est rien d'égal au fâcheux d'aujourd'hui;
J'ai cru n'être jamais débarrassé de lui,
Et cent fois j'ai maudit cette innocente envie
Qui m'a pris à dîner de voir la comédie,
Où, pensant m'égayer, j'ai misérablement
Trouvé de mes péchés le rude châtiment.
Il faut que je te fasse un récit de l'affaire,
Car je m'en sens encor tout ému de colère.
J'étois sur le théâtre en humeur d'écouter
La pièce, qu'à plusieurs j'avois ouï vanter;
Les acteurs commençoient, chacun prêtoit silence;
Lorsque d'un air bruyant et plein d'extravagance,
Un homme à grands canons est entré brusquement
En criant : Holà! ho! un siége promptement!

Et, de son grand fracas surprenant l'assemblée,
Dans le plus bel endroit a la pièce troublée.
Hé! mon dieu! nos François, si souvent redressés,
Ne prendront-ils jamais un air de gens sensés,
Ai-je dit, et faut-il sur nos défauts extrêmes,
Qu'en théâtre public nous nous jouïons nous-mêmes,
Et confirmions ainsi, par des éclats de fous,
Ce que chez nos voisins on dit partout de nous?
Tandis que là-dessus je haussois les épaules,
Les acteurs ont voulu continuer leurs rôles;
Mais l'homme pour s'asseoir a fait nouveau fracas,
Et traversant encor le théâtre à grands pas,
Bien que dans les côtés il pût être à son aise,
Au milieu du devant il a planté sa chaise,
Et de son large dos morguant les spectateurs,
Aux trois quarts du parterre a caché les acteurs.
Un bruit s'est élevé, dont un autre eût eu honte;
Mais lui, ferme et constant, n'en a fait aucun compte,
Et se seroit tenu comme il s'étoit posé,
Si, pour mon infortune, il ne m'eût avisé.
Ah! marquis! m'a-t-il dit, prenant près de moi place,
Comment te portes-tu? Souffre que je t'embrasse.
Au visage, sur l'heure, un rouge m'est monté,
Que l'on me vît connu d'un pareil éventé.
Je l'étois peu pourtant; mais on en voit paroître,
De ces gens qui de rien veulent fort vous connoître,
Dont il faut au salut les baisers essuyer,
Et qui sont familiers jusqu'à vous tutoyer.
Il m'a fait à l'abord cent questions frivoles,
Plus haut que les acteurs élevant ses paroles.
Chacun le maudissoit; et moi, pour l'arrêter,
Je serois, ai-je dit, bien aise d'écouter.
—Tu n'as point vu ceci, marquis? Ah! dieu me damne!
Je le trouve assez drôle, et je n'y suis pas âne;

Je sais par quelles lois un ouvrage est parfait,
Et Corneille me vient lire tout ce qu'il fait.
Là-dessus de la pièce il m'a fait un sommaire,
Scène à scène averti de ce qui s'alloit faire,
Et jusques à des vers qu'il en savoit par cœur,
Il me les récitoit tout haut avant l'acteur.
J'avois beau m'en défendre, il a poussé sa chance,
Et s'est devers la fin levé long-temps d'avance;
Car les gens du bel air, pour agir galamment,
Se gardent bien surtout d'ouïr le dénouement.
Je rendois grace au ciel, et croyois de justice,
Qu'avec la comédie eût fini mon supplice;
Mais, comme si c'en eût été trop bon marché,
Sur nouveaux frais mon homme à moi s'est attaché,
M'a conté ses exploits, ses vertus non communes,
Parlé de ses chevaux, de ses bonnes fortunes,
Et de ce qu'à la cour il avoit de faveur,
Disant qu'à m'y servir il s'offroit de grand cœur.
Je le remerciois doucement de la tête,
Minutant à tous coups quelque retraite honnête;
Mais lui, pour le quitter, me voyant ébranlé:
Sortons, ce m'a-t-il dit, le monde est écoulé:
Et, sortis de ce lieu, me la donnant plus sèche,
Marquis, allons au Cours faire voir ma galèche, (1)
Elle est bien entendue, et plus d'un duc et pair
En fait à mon faiseur faire une du même air.
Moi, de lui rendre grace, et, pour mieux m'en défendre,
De dire que j'avois certain repas à rendre.
— Ah! parbleu! j'en veux être, étant de tes amis,
Et manque au maréchal à qui j'avois promis.
De la chère, ai-je fait (2), la dose est trop peu forte
Pour oser y prier des gens de votre sorte.

VARIANTES. (1) *Faire voir ma calèche.* — (2) *De la chère, ai-je dit.*

Non, m'a-t-il répondu, je suis sans compliment,
Et j'y vais pour causer avec toi seulement;
Je suis des grands repas fatigué, je te jure.
Mais si l'on vous attend, ai-je dit, c'est injure.
— Tu te moques, marquis; nous nous connoissons tous,
Et je trouve avec toi des passe-temps plus doux.
Je pestois contre moi, l'ame triste et confuse
Du funeste succès qu'avoit eu mon excuse,
Et ne savois à quoi je devois recourir,
Pour sortir d'une peine à me faire mourir;
Lorsqu'un carrosse fait de superbe manière,
Et comblé de laquais et devant et derrière,
S'est, avec un grand bruit, devant nous arrêté,
D'où sautant un jeune homme amplement ajusté,
Mon importun et lui, courant à l'embrassade,
Ont surpris les passans de leur brusque incartade;
Et tandis que tous deux étoient précipités
Dans les convulsions de leurs civilités,
Je me suis doucement esquivé sans rien dire;
Non sans avoir long-temps gémi d'un tel martyre,
Et maudit le fâcheux, dont le zèle obstiné
M'ôtoit au rendez-vous qui m'est ici donné.

LA MONTAGNE.

Ce sont chagrins mêlés aux plaisirs de la vie.
Tout ne va pas, monsieur, au gré de notre envie.
Le ciel veut qu'ici-bas chacun ait ses fâcheux,
Et les hommes seroient sans cela trop heureux.

ÉRASTE.

Mais de tous mes fâcheux (1), le plus fâcheux encore
C'est Damis, le tuteur de celle que j'adore,
Qui rompt ce qu'à mes vœux elle donne d'espoir,
Et fait qu'en sa présence elle n'ose me voir. (2)

VARIANTES. (1) *Mais de tous les fâcheux.*
— (2) *Et malgré ses bontés lui défend de me voir.*

ACTE I, SCÈNE I.

Je crains d'avoir déja passé l'heure promise,
Et c'est dans cette allée où devoit être Orphise.

LA MONTAGNE.

L'heure d'un rendez-vous d'ordinaire s'étend,
Et n'est pas resserrée aux bornes d'un instant.

ÉRASTE.

Il est vrai; mais je tremble, et mon amour extrême
D'un rien se fait un crime envers celle que j'aime.

LA MONTAGNE.

Si ce parfait amour, que vous prouvez si bien,
Se fait vers votre objet un grand crime de rien,
Ce que son cœur pour vous sent de feux légitimes,
En revanche, lui fait un rien de tous vos crimes.

ÉRASTE.

Mais, tout de bon, crois-tu que je sois d'elle aimé?

LA MONTAGNE.

Quoi! vous doutez encor d'un amour confirmé?

ÉRASTE.

Ah! c'est mal-aisément qu'en pareille matière
Un cœur bien enflammé prend assurance entière;
Il craint de se flatter; et, dans ses divers soins,
Ce que plus il souhaite est ce qu'il croit le moins;
Mais songeons à trouver une beauté si rare.

LA MONTAGNE.

Monsieur, votre rabat par-devant se sépare.

ÉRASTE.

N'importe.

LA MONTAGNE.

Laissez-moi l'ajuster, s'il vous plaît.

ÉRASTE.

Ouf! tu m'étrangles; fat, laisse-le comme il est.

LA MONTAGNE.

Souffrez qu'on peigne un peu...

ÉRASTE.

Sottise sans pareille!
Tu m'as d'un coup de dent presque emporté l'oreille.

LA MONTAGNE.

Vos canons...

ÉRASTE.

Laisse-les, tu prends trop de souci.

LA MONTAGNE.

Ils sont tout chiffonnés.

ÉRASTE.

Je veux qu'ils soient ainsi.

LA MONTAGNE.

Accordez-moi du moins, pour grace singulière, (1)
De frotter ce chapeau, qu'on voit plein de poussière.

ÉRASTE.

Frotte donc, puisqu'il faut que j'en passe par-là.

LA MONTAGNE.

Le voulez-vous porter fait comme le voilà?

ÉRASTE.

Mon dieu! dépêche-toi.

LA MONTAGNE.

Ce seroit conscience.

ÉRASTE, *après avoir attendu.*

C'est assez.

LA MONTAGNE.

Donnez-vous un peu de patience.

ÉRASTE.

Il me tue.

LA MONTAGNE.

En quel lieu vous êtes-vous fourré?

ÉRASTE.

T'es-tu de ce chapeau pour toujours emparé?

VARIANTE. (1) *Par grace singulière.*

ACTE I, SCÈNE II.

LA MONTAGNE.

C'est fait.

ÉRASTE.

Donne-moi donc.

LA MONTAGNE, *laissant tomber le chapeau.*

Haï!

ÉRASTE.

Le voilà par terre!
Je suis fort avancé. Que la fièvre te serre!

LA MONTAGNE.

Permettez qu'en deux coups j'ôte...

ÉRASTE.

Il ne me plaît pas.
Au diantre tout valet qui vous est sur les bras,
Qui fatigue son maître, et ne fait que déplaire
A force de vouloir trancher du nécessaire.

SCÈNE II.

ORPHISE, ALCIDOR, ÉRASTE, LA MONTAGNE.

(*Orphise traverse le fond du théâtre, Alcidor lui donne la main.*)

ÉRASTE.

Mais vois-je pas Orphise? Oui, c'est elle qui vient.
Où va-t-elle si vîte, et quel homme la tient?
(*Il la salue comme elle passe, et elle en passant détourne la tête.*)

SCÈNE III.

ÉRASTE, LA MONTAGNE.

ÉRASTE.

Quoi! me voir en ces lieux devant elle paroître,
Et passer en feignant de ne me pas connoître!
Que croire? Qu'en dis-tu? Parle donc, si tu veux.

LA MONTAGNE.

Monsieur, je ne dis rien, de peur d'être fâcheux.

ÉRASTE.

Et c'est l'être en effet que de ne me rien dire
Dans les extrémités d'un si cruel martyre.
Fais donc quelque réponse à mon cœur abattu.
Que dois-je présumer? Parle, qu'en penses-tu?
Dis-moi ton sentiment.

LA MONTAGNE.

            Monsieur, je veux me taire,
Et ne desire point trancher du nécessaire.

ÉRASTE.

Peste l'impertinent! Va-t'en suivre leurs pas,
Vois ce qu'ils deviendront, et ne les quitte pas.

LA MONTAGNE, *revenant sur ses pas.*

Il faut suivre de loin?

ÉRASTE.

      Oui.

LA MONTAGNE, *revenant sur ses pas.*

            Sans que l'on me voie,
Ou faire aucun semblant qu'après eux on m'envoie?

ÉRASTE.

Non, tu feras bien mieux de leur donner avis
Que par mon ordre exprès ils sont de toi suivis.

LA MONTAGNE, *revenant sur ses pas.*

Vous trouverai-je ici ?

ÉRASTE.

Que le ciel te confonde,
Homme, à mon sentiment, le plus fâcheux du monde!

SCÈNE IV.

ÉRASTE, *seul.*

Ah! que je sens de trouble, et qu'il m'eût été doux
Qu'on me l'eût fait manquer, ce fatal rendez-vous!
Je pensois y trouver toutes choses propices,
Et mes yeux pour mon cœur y trouvent des supplices.

SCÈNE V.

LISANDRE, ÉRASTE.

LISANDRE.

Sous ces arbres de loin mes yeux t'ont reconnu,
Cher marquis, et d'abord je suis à toi venu.
Comme à de mes amis, il faut que je te chante
Certain air que j'ai fait de petite courante,
Qui de toute la cour contente les experts,
Et sur qui plus de vingt ont déja fait des vers.
J'ai le bien, la naissance, et quelque emploi passable,
Et fais figure en France assez considérable;
Mais je ne voudrois pas, pour tout ce que je suis,
N'avoir point fait cet air qu'ici je te produis.

(*Il prélude.*)

La, la, hem, hem, écoute avec soin, je te prie.

(*Il chante sa courante.*)

N'est-elle pas belle ?

ÉRASTE.
Ah!

LISANDRE.
Cette fin est jolie.
(*Il rechante la fin quatre ou cinq fois de suite.*)
Comment la trouves-tu?

ÉRASTE.
Fort belle, assurément.

LISANDRE.
Les pas que j'en ai faits, n'ont pas moins d'agrément,
Et surtout la figure a merveilleuse grace.

(*Il chante, parle et danse tout ensemble, et fait faire
à Eraste les figures de la femme.*)

Tiens, l'homme passe ainsi; puis la femme repasse:
Ensemble; puis on quitte, et la femme vient là.
Vois-tu ce petit trait de feinte que voilà?
Ce fleuret? ces coupés courant après la belle?
Dos à dos, face à face, en se pressant sur elle.
Que t'en semble, marquis?

ÉRASTE.
Tous ces pas-là sont fins.

LISANDRE.
Je me moque, pour moi, des maîtres baladins.

ÉRASTE.
On le voit.

LISANDRE.
Les pas donc?

ÉRASTE.
N'ont rien qui ne surprenne.

LISANDRE.
Veux-tu, par amitié, que je te les apprenne?

ÉRASTE.
Ma foi, pour le présent, j'ai certain embarras...

LISANDRE.

Hé bien donc! ce sera lorsque tu le voudras.
Si j'avois dessus moi ces paroles nouvelles,
Nous les lirions ensemble, et verrions les plus belles.

ÉRASTE.

Une autre fois.

LISANDRE.

Adieu. Baptiste le très-cher
N'a point vu ma courante, et je le vais chercher :
Nous avons pour les airs de grandes sympathies,
Et je veux le prier d'y faire des parties.

(*Il s'en va toujours en chantant.*)

SCÈNE VI.

ÉRASTE, *seul*.

Ciel! faut-il que le rang dont on veut tout couvrir,
De cent sots tous les jours nous oblige à souffrir,
Et nous fasse abaisser jusques aux complaisances
D'applaudir bien souvent à leurs impertinences!

SCÈNE VII.

ÉRASTE, LA MONTAGNE.

LA MONTAGNE.

Monsieur, Orphise est seule, et vient de ce côté.

ÉRASTE.

Ah! d'un trouble bien grand je me sens agité!
J'ai de l'amour encor pour la belle inhumaine,
Et ma raison voudroit que j'eusse de la haine.

LA MONTAGNE.

Monsieur, votre raison ne sait ce qu'elle veut,

Ni ce que sur un cœur une maîtresse peut.
Bien que de s'emporter on ait de justes causes,
Une belle, d'un mot, rajuste bien des choses.

ÉRASTE.

Hélas! je te l'avoue, et déja cet aspect
A toute ma colère imprime le respect!

SCÈNE VIII.

ORPHISE, ÉRASTE, LA MONTAGNE.

ORPHISE.

Votre front à mes yeux montre peu d'allégresse;
Seroit-ce ma présence, Éraste, qui vous blesse?
Qu'est-ce donc? Qu'avez-vous? Et sur quels déplaisirs,
Lorsque vous me voyez, poussez-vous des soupirs?

ÉRASTE.

Hélas! pouvez-vous bien me demander, cruelle!
Ce qui fait de mon cœur la tristesse mortelle?
Et d'un esprit méchant n'est-ce pas un effet,
Que feindre d'ignorer ce que vous m'avez fait?
Celui dont l'entretien vous a fait à ma vue
Passer...

ORPHISE, *riant*.

C'est de cela que votre ame est émue?

ÉRASTE.

Insultez, inhumaine, encore à mon malheur;
Allez, il vous sied mal de railler ma douleur,
Et d'abuser, ingrate, à maltraiter ma flamme,
Du foible que pour vous vous savez qu'a mon ame.

ORPHISE.

Certes, il en faut rire, et confesser ici
Que vous êtes bien fou de vous troubler ainsi.
L'homme dont vous parlez, loin qu'il puisse me plaire,

ACTE I, SCÈNE VIII.

Est un homme fâcheux dont j'ai su me défaire ;
Un de ces importuns et sots officieux
Qui ne sauroient souffrir qu'on soit seule en des lieux,
Et viennent aussitôt, avec un doux langage,
Vous donner une main contre qui l'on enrage.
J'ai feint de m'en aller pour cacher mon dessein,
Et jusqu'à mon carrosse il m'a prêté la main.
Je m'en suis promptement défaite de la sorte ;
Et j'ai, pour vous trouver, rentré par l'autre porte.

ÉRASTE.

A vos discours, Orphise, ajouterai-je foi,
Et votre cœur est-il tout sincère pour moi ?

ORPHISE.

Je vous trouve fort bon de tenir ces paroles,
Quand je me justifie à vos plaintes frivoles.
Je suis bien simple encore, et ma sotte bonté...

ÉRASTE.

Ah ! ne vous fâchez pas, trop sévère beauté,
Je veux croire en aveugle, étant sous votre empire,
Tout ce que vous aurez la bonté de me dire.
Trompez, si vous voulez, un malheureux amant ;
J'aurai pour vous respect jusques au monument...
Maltraitez mon amour, refusez-moi le vôtre,
Exposez à mes yeux le triomphe d'un autre ;
Oui, je souffrirai tout de vos divins appas.
J'en mourrai ; mais enfin je ne m'en plaindrai pas.

ORPHISE.

Quand de tels sentimens régneront dans votre ame,
Je saurai de ma part...

SCÈNE IX.

ALCANDRE, ORPHISE, ÉRASTE, LA MONTAGNE.

ALCANDRE.

(*à Orphise.*)
Marquis, un mot. Madame,
De grace, pardonnez si je suis indiscret,
En osant, devant vous, lui parler en secret.

(*Orphise sort.*)

SCÈNE X.

ALCANDRE, ÉRASTE, LA MONTAGNE.

ALCANDRE.
Avec peine, marquis, je te fais la prière;
Mais un homme vient là de me rompre en visière,
Et je souhaite fort, pour ne rien reculer,
Qu'à l'heure, de ma part, tu l'ailles appeler.
Tu sais qu'en pareil cas ce seroit avec joie
Que je te le rendrois en la même monnoie.

ÉRASTE, *après avoir été quelque temps sans parler.*
Je ne veux point ici faire le capitan;
Mais on m'a vu soldat avant que courtisan :
J'ai servi quatorze ans, et je crois être en passe
De pouvoir d'un tel pas me tirer avec grace,
Et de ne craindre point qu'à quelque lâcheté
Le refus de mon bras me puisse être imputé.
Un duel met les gens en mauvaise posture;
Et notre roi n'est pas un monarque en peinture.
Il sait faire obéir les plus grands de l'État,
Et je trouve qu'il fait en digne potentat.

ACTE I, SCÈNE XI.

Quand il faut le servir, j'ai du cœur pour le faire;
Mais je ne m'en sens point quand il faut lui déplaire.
Je me fais de son ordre une suprême loi;
Pour lui désobéir, cherche un autre que moi.
Je te parle, vicomte, avec franchise entière,
Et suis ton serviteur en toute autre matière.
Adieu.

SCÈNE XI.

ÉRASTE, LA MONTAGNE.

ÉRASTE.

Cinquante fois au diable les fâcheux!
Où donc s'est retiré cet objet de mes vœux?

LA MONTAGNE.

Je ne sais.

ÉRASTE.

Pour savoir où la belle est allée,
Va-t'en chercher partout : j'attends dans cette allée.

FIN DU PREMIER ACTE.

BALLET DU PREMIER ACTE.

PREMIÈRE ENTRÉE.

Des joueurs de mail, en criant gare, l'obligent à se retirer, et comme il veut revenir lorsqu'ils ont fait,

SECONDE ENTRÉE.

Des curieux viennent qui tournent autour de lui pour le connoître, et font qu'il se retire encore pour un moment.

ACTE II.

SCÈNE PREMIÈRE.

ÉRASTE.

Les fâcheux à la fin se sont-ils écartés?
Je pense qu'il en pleut ici de tous côtés.
Je les fuis, et les trouve; et, pour second martyre,
Je ne saurois trouver celle que je desire.
Le tonnerre et la pluie ont promptement passé,
Et n'ont point de ces lieux le beau monde chassé.
Plût au ciel, dans les dons que ses soins y prodiguent,
Qu'ils en eussent chassé tous les gens qui fatiguent!
Le soleil baisse fort, et je suis étonné
Que mon valet encor ne soit point retourné.

SCÈNE II.

ALCIPPE, ÉRASTE.

ALCIPPE.

Bonjour.

ÉRASTE, *à part.*

Hé quoi! toujours ma flamme divertie!

ALCIPPE.

Console-moi, marquis, d'une étrange partie
Qu'au piquet je perdis hier contre un Saint-Bouvain,
A qui je donnerois quinze points et la main.
C'est un coup enragé, qui depuis hier m'accable,

Et qui feroit donner tous les joueurs au diable;
Un coup assurément à se pendre en public.
Il ne m'en faut que deux, l'autre a besoin d'un pic:
Je donne, il en prend six, et demande à refaire;
Moi, me voyant de tout, je n'en voulus rien faire.
Je porte l'as de trèfle (admire mon malheur!)
L'as, le roi, le valet, le huit et dix de cœur,
Et quitte, comme au point alloit la politique,
Dame et roi de carreau, dix et dame de pique.
Sur mes cinq cœurs portés la dame arrive encor,
Qui me fait justement une quinte major;
Mais mon homme avec l'as, non sans surprise extrême,
Des bas carreaux sur table étale une sixième.
J'en avois écarté la dame avec le roi;
Mais lui fallant un pic, je sortis hors d'effroi,
Et croyois bien du moins faire deux points uniques.
Avec les sept carreaux il avoit quatre piques,
Et, jetant le dernier, m'a mis dans l'embarras
De ne savoir lequel garder de mes deux as.
J'ai jeté l'as de cœur, avec raison, me semble;
Mais il avoit quitté quatre trèfles ensemble,
Et par un six de cœur je me suis vu capot,
Sans pouvoir, de dépit, proférer un seul mot.
Morbleu! fais-moi raison de ce coup effroyable;
A moins que l'avoir vu, peut-il être croyable?

ÉRASTE.

C'est dans le jeu qu'on voit les plus grands coups du sort.

ALCIPPE.

Parbleu! tu jugeras toi-même si j'ai tort,
Et si c'est sans raison que ce coup me transporte;
Car voici nos deux jeux, qu'exprès sur moi je porte.
Tiens, c'est ici mon port, comme je te l'ai dit,
Et voici...

ÉRASTE.

J'ai compris le tout par ton récit,

ACTE II, SCÈNE III.

Et vois de la justice au transport qui t'agite ;
Mais pour certaine affaire il faut que je te quitte.
Adieu. Console-toi pourtant de ton malheur.

ALCIPPE.

Qui, moi ? J'aurai toujours ce coup-là sur le cœur ;
Et c'est, pour ma raison, pis qu'un coup de tonnerre.
Je le veux faire, moi, voir à toute la terre.

(*Il s'en va, et rentre en disant :*)

Un six de cœur ! Deux points !

ÉRASTE.

En quel lieu sommes-nous ?
De quelque part qu'on tourne, on ne voit que des fous.

SCÈNE III.

ÉRASTE, LA MONTAGNE.

ÉRASTE.

Ah ! que tu fais languir ma juste impatience !

LA MONTAGNE.

Monsieur, je n'ai pu faire une autre diligence.

ÉRASTE.

Mais me rapportes-tu quelque nouvelle, enfin ?

LA MONTAGNE.

Sans doute ; et de l'objet qui fait votre destin,
J'ai, par un ordre exprès, quelque chose à vous dire. [1]

ÉRASTE.

Et quoi ? Déja mon cœur après ce mot soupire.
Parle.

LA MONTAGNE.

Souhaitez-vous de savoir ce que c'est ?

VARIANTE. (1) *Sans doute, et de l'objet qui fait votre destin.*
J'ai par son ordre exprès quelque chose à vous dire.

ÉRASTE.

Oui, dis vîte.

LA MONTAGNE.

Monsieur, attendez, s'il vous plaît.
Je me suis, à courir, presque mis hors d'haleine.

ÉRASTE.

Prends-tu quelque plaisir à me tenir en peine?

LA MONTAGNE.

Puisque vous desirez de savoir promptement
L'ordre que j'ai reçu de cet objet charmant,
Je vous dirai... Ma foi! sans vous vanter mon zèle,
J'ai bien fait du chemin pour trouver cette belle;
Et si...

ÉRASTE.

Peste soit fait de tes digressions! (1)

LA MONTAGNE.

Ah! il faut modérer un peu ses passions;
Et Sénèque...

ÉRASTE.

Sénèque est un sot dans ta bouche,
Puisqu'il ne me dit rien de tout ce qui me touche.
Dis-moi ton ordre, tôt.

LA MONTAGNE.

Pour contenter vos vœux,
Votre Orphise... Une bête est là dans vos cheveux.

ÉRASTE.

Laisse.

LA MONTAGNE.

Cette beauté, de sa part, vous fait dire...

ÉRASTE.

Quoi?

LA MONTAGNE.

Devinez.

VARIANTE. (1) *Peste soit, fat, de tes digressions!*

ÉRASTE.

Sais-tu que je ne veux pas rire?

LA MONTAGNE.

Son ordre est qu'en ce lieu vous devez vous tenir,
Assuré que dans peu vous l'y verrez venir,
Lorsqu'elle aura quitté quelques provinciales,
Aux personnes de cour fâcheuses animales.

ÉRASTE.

Tenons-nous donc au lieu qu'elle a voulu choisir.
Mais, puisque l'ordre ici m'offre quelque loisir,
Laisse-moi méditer.   (*La Montagne sort.*)
J'ai dessein de lui faire
Quelques vers sur un air où je la vois se plaire.

(*Il rêve.*)

SCÈNE IV.

ORANTE, CLIMÈNE, ÉRASTE, *dans un coin du théâtre, sans être aperçu.*

ORANTE.

Tout le monde sera de mon opinion.

CLIMÈNE.

Croyez-vous l'emporter par obstination?

ORANTE.

Je pense mes raisons meilleures que les vôtres.

CLIMÈNE.

Je voudrois qu'on ouït les unes et les autres.

ORANTE, *apercevant Éraste.*

J'avise un homme ici qui n'est pas ignorant;
Il pourra nous juger sur notre différent.
Marquis, de grace, un mot, souffrez qu'on vous appelle
Pour être entre nous deux juge d'une querelle,
D'un débat qu'ont ému nos divers sentimens

Sur ce qui peut marquer les plus parfaits amans.

ÉRASTE.

C'est une question à vider difficile,
Et vous devez chercher un juge plus habile.

ORANTE.

Non : vous nous dites là d'inutiles chansons.
Votre esprit fait du bruit, et nous vous connoissons;
Nous savons que chacun vous donne à juste titre...

ÉRASTE.

Hé! de grace...

ORANTE.

En un mot, vous serez notre arbitre,
Et ce sont deux momens qu'il vous faut nous donner.

CLIMÈNE, *à Orante.*

Vous retenez ici qui vous doit condamner;
Car enfin, s'il est vrai ce que j'en ose croire,
Monsieur à mes raisons donnera la victoire.

ÉRASTE, *à part.*

Que ne puis-je à mon traître inspirer le souci
D'inventer quelque chose à me tirer d'ici!

ORANTE, *à Climène.*

Pour moi, de son esprit j'ai trop bon témoignage,
Pour craindre qu'il prononce à mon désavantage.

(*à Éraste.*)

Enfin, ce grand débat qui s'allume entre nous,
Est de savoir s'il faut qu'un amant soit jaloux.

CLIMÈNE.

Ou, pour mieux expliquer ma pensée et la vôtre,
Lequel doit plaire plus d'un jaloux ou d'un autre.

ORANTE.

Pour moi, sans contredit, je suis pour le dernier.

CLIMÈNE.

Et, dans mon sentiment, je tiens pour le premier.

ORANTE.
Je crois que notre cœur doit donner son suffrage
A qui fait éclater du respect davantage.
CLIMÈNE.
Et moi, que si nos vœux doivent paroître au jour,
C'est pour celui qui fait éclater plus d'amour.
ORANTE.
Oui; mais on voit l'ardeur dont une ame est saisie,
Bien mieux dans le respect (1) que dans la jalousie.
CLIMÈNE.
Et c'est mon sentiment, que qui s'attache à nous,
Nous aime d'autant plus, qu'il se montre jaloux.
ORANTE.
Fi! ne me parlez point, pour être amans, Climène,
De ces gens dont l'amour est fait comme la haine,
Et qui, pour tous respects et toute offre de vœux,
Ne s'appliquent jamais qu'à se rendre fâcheux;
Dont l'ame que sans cesse un noir transport anime,
Des moindres actions cherche à nous faire un crime,
En soumet l'innocence à son aveuglement,
Et veut sur un coup-d'œil un éclaircissement;
Qui, de quelque chagrin nous voyant l'apparence,
Se plaignent aussitôt qu'il naît de leur présence,
Et, lorsque dans nos yeux brille un peu d'enjouement,
Veulent que leurs rivaux en soient le fondement;
Enfin, qui, prenant droit des fureurs de leur zèle,
Ne nous parlent jamais que pour faire querelle,
Osent défendre à tous l'approche de nos cœurs,
Et se font les tyrans de leurs propres vainqueurs.
Moi, je veux des amans que le respect inspire,
Et leur soumission marque mieux notre empire.
CLIMÈNE.
Fi! ne me parlez point, pour être vrais amans,

VARIANTE. (1) *Bien mieux dans les respects.*

De ces gens qui pour nous n'ont nuls emportemens ;
De ces tièdes galans, de qui les cœurs paisibles
Tiennent déja pour eux les choses infaillibles,
N'ont point peur de nous perdre, et laissent, chaque jour,
Sur trop de confiance, endormir leur amour ;
Sont avec leurs rivaux en bonne intelligence,
Et laissent un champ libre à leur persévérance.
Un amour si tranquille excite mon courroux.
C'est aimer froidement, que n'être point jaloux ;
Et je veux qu'un amant, pour me prouver sa flamme,
Sur d'éternels soupçons laisse flotter son ame,
Et, par de prompts transports, donne un signe éclatant
De l'estime qu'il fait de celle qu'il prétend.
On s'applaudit alors de son inquiétude ;
Et, s'il nous fait parfois un traitement trop rude,
Le plaisir de le voir, soumis à nos genoux,
S'excuser de l'éclat qu'il a fait contre nous,
Ses pleurs, son désespoir d'avoir pu nous déplaire,
Est un charme à calmer ⁽¹⁾ toute notre colère.

ORANTE.

Si, pour vous plaire, il faut beaucoup d'emportement,
Je sais qui vous pourroit donner contentement ;
Et je connois des gens dans Paris plus de quatre,
Qui, comme ils le font voir, aiment jusques à battre.

CLIMÈNE.

Si, pour vous plaire, il faut n'être jamais jaloux,
Je sais certaines gens fort commodes pour vous ;
Des hommes en amour d'une humeur si souffrante,
Qu'ils vous verroient sans peine entre les bras de trente.

ORANTE.

Enfin, par votre arrêt, vous devez déclarer
Celui de qui l'amour vous semble à préférer.

VARIANTE. (1) *Sont un charme à calmer.*

ACTE II, SCÈNE V.

(Orphise paroît dans le fond du théâtre, et voit Éraste entre Orante et Climène.)

ÉRASTE.

Puisqu'à moins d'un arrêt je ne m'en puis défaire,
Toutes deux à la fois je vous veux satisfaire ;
Et, pour ne point blâmer ce qui plaît à vos yeux,
Le jaloux aime plus, et l'autre aime bien mieux.

CLIMÈNE.

L'arrêt est plein d'esprit ; mais...

ÉRASTE.

Suffit. J'en suis quitte.
Après ce que j'ai dit, souffrez que je vous quitte.

SCÈNE V.

ORPHISE, ÉRASTE.

ÉRASTE, *apercevant Orphise, et allant au-devant d'elle.*

Que vous tardez, madame, et que j'éprouve bien...

ORPHISE.

Non, non, ne quittez pas un si doux entretien.
A tort vous m'accusez d'être trop tard venue,
(montrant Orante et Climène, qui viennent de sortir.)
Et vous avez de quoi vous passer de ma vue.

ÉRASTE.

Sans sujet contre moi voulez-vous vous aigrir,
Et me reprochez-vous ce qu'on me fait souffrir ?
Ah ! de grace, attendez...

ORPHISE.

Laissez-moi, je vous prie,
Et courez vous rejoindre à votre compagnie.

SCÈNE VI.

ÉRASTE, *seul*.

Ciel! faut-il qu'aujourd'hui fâcheuses et fâcheux
Conspirent à troubler les plus chers de mes vœux!
Mais allons sur ses pas, malgré sa résistance,
Et faisons à ses yeux briller notre innocence.

SCÈNE VII.

DORANTE, ÉRASTE.

DORANTE.

Ah! marquis! que l'on voit de fâcheux tous les jours
Venir de nos plaisirs interrompre le cours!
Tu me vois enragé d'une assez belle chasse
Qu'un fat... C'est un récit qu'il faut que je te fasse.

ÉRASTE.

Je cherche ici quelqu'un, et ne puis m'arrêter.

DORANTE.

Parbleu! chemin faisant, je te le veux conter.
Nous étions une troupe assez bien assortie,
Qui, pour courir un cerf, avions hier fait partie;
Et nous fûmes coucher sur le pays exprès,
C'est-à-dire, mon cher, en fin fond de forêts.
Comme cet exercice est mon plaisir suprême,
Je voulus, pour bien faire, aller au bois moi-même,
Et nous conclûmes tous d'attacher nos efforts
Sur un cerf, qu'un chacun nous disoit cerf dix-cors;
Mais, moi, mon jugement, sans qu'aux marques j'arrête,
Fut qu'il n'étoit que cerf à sa seconde tête.
Nous avions, comme il faut, séparé nos relais,
Et déjeûnions en hâte, avec quelques œufs frais,

Lorsqu'un franc campagnard, avec longue rapière,
Montant superbement sa jument poulinière,
Qu'il honoroit du nom de sa bonne jument,
S'en est venu nous faire un mauvais compliment,
Nous présentant aussi, pour surcroît de colère,
Un grand benêt de fils aussi sot que son père.
Il s'est dit grand chasseur, et nous a priés tous
Qu'il pût avoir le bien de courir avec nous.
Dieu préserve, en chassant, toute sage personne
D'un porteur de huchet, qui mal à propos sonne;
De ces gens qui, suivis de dix hourets galeux,
Disent, ma meute, et font les chasseurs merveilleux!
Sa demande reçue, et ses vertus prisées,
Nous avons été tous frapper à nos brisées.
A trois longueurs de trait, tayaut! voilà d'abord
Le cerf donné aux chiens. J'appuie, et sonne fort.
Mon cerf débûche, et passe une assez longue plaine,
Et mes chiens après lui, mais si bien en haleine,
Qu'on les auroit couverts tous d'un seul justaucorps.
Il vient à la forêt. Nous lui donnons alors
La vieille meute; et moi, je prends en diligence
Mon cheval alezan. Tu l'as vu?

ÉRASTE.

Non, je pense.

DORANTE.

Comment! C'est un cheval aussi bon qu'il est beau,
Et que, ces jours passés, j'achetai de Gaveau. (1)
Je te laisse à penser si, sur cette matière,
Il voudroit me tromper, lui qui me considère :
Aussi je m'en contente; et jamais, en effet,
Il n'a vendu cheval, ni meilleur, ni mieux fait.
Une tête de barbe, avec l'étoile nette,

(1) *Gaveau*, marchand de chevaux, célèbre à la cour.

L'encolure d'un cygne, effilée et bien droite ;
Point d'épaules non plus qu'un lièvre, court-jointé,
Et qui fait, dans son port, voir sa vivacité ;
Des pieds, morbleu! des pieds! le rein double : à vrai dire,
J'ai trouvé le moyen, moi seul, de le réduire ;
Et sur lui, quoique aux yeux il montrât beau semblant,
Petit-Jean de Gaveau ne montoit qu'en tremblant.
Une croupe, en largeur à nulle autre pareille,
Et des gigots, dieu sait! Bref, c'est une merveille ;
Et j'en ai refusé cent pistoles, crois-moi,
Au retour d'un cheval amené pour le roi.
Je monte donc dessus, et ma joie étoit pleine,
De voir filer de loin les coupeurs dans la plaine ;
Je pousse, et je me trouve en un fort à l'écart,
A la queue de nos chiens, moi seul avec Drécar. (1)
Une heure là-dedans notre cerf se fait battre.
J'appuie alors mes chiens, et fais le diable à quatre ;
Enfin jamais chasseur ne se vit plus joyeux.
Je le relance seul, et tout alloit des mieux,
Lorsque d'un jeune cerf s'accompagne le nôtre ;
Une part de mes chiens se sépare de l'autre ;
Et je les vois, marquis, comme tu peux penser,
Chasser tous avec crainte, et Finaut balancer :
Il se rabat soudain, dont j'eus l'ame ravie ;
Il empaume la voie ; et moi, je sonne et crie :
A Finaut! à Finaut! j'en revois à plaisir
Sur une taupinière, et re-sonne à loisir.
Quelques chiens revenoient à moi, quand, pour disgrace,
Le jeune cerf, marquis, à mon campagnard passe.
Mon étourdi se met à sonner comme il faut,
Et crie à pleine voix : tayaut! tayaut! tayaut!
Mes chiens me quittent tous, et vont à ma pécore ;

(1) *Drécar*, piqueur renommé.

J'y pousse, et j'en revois dans le chemin encore ;
Mais à terre, mon cher, je n'eus pas jeté l'œil,
Que je connus le change et sentis un grand deuil.
J'ai beau lui faire voir toutes les différences
Des pinces de mon cerf et de ses connoissances,
Il me soutient toujours, en chasseur ignorant,
Que c'est le cerf de meute ; et, par ce différend,
Il donne temps aux chiens d'aller loin. J'en enrage,
Et, pestant de bon cœur contre le personnage,
Je pousse mon cheval et par haut et par bas,
Qui plioit des gaulis aussi gros que les bras : (1)
Je ramène les chiens à ma première voie,
Qui vont, en me donnant une excessive joie,
Requérir notre cerf, comme s'ils l'eussent vu.
Ils le relancent ; mais ce coup est-il prévu ?
A te dire le vrai, cher marquis, il m'assomme ;
Notre cerf relancé va passer à notre homme,
Qui, croyant faire un trait (2) de chasseur fort vanté,
D'un pistolet d'arçon qu'il avoit apporté,
Lui donne justement au milieu de la tête,
Et de fort loin me crie : Ah ! j'ai mis bas la bête !
A-t-on jamais parlé de pistolets, bon dieu !
Pour courre un cerf ? Pour moi, venant dessus le lieu,
J'ai trouvé l'action tellement hors d'usage,
Que j'ai donné des deux à mon cheval, de rage,
Et m'en suis revenu chez moi toujours courant,
Sans vouloir dire un mot à ce sot ignorant.

ÉRASTE.

Tu ne pouvois mieux faire, et ta prudence est rare :
C'est ainsi des fâcheux qu'il faut qu'on se sépare.
Adieu.

VARIANTES. (1) *Aussi gros que le bras.* — (2) *Qui, croyant faire un coup.*

DORANTE.

Quand tu voudras nous irons quelque part,
Où nous ne craindrons point de chasseur campagnard.

ÉRASTE, *seul*.

Fort bien. Je crois qu'enfin je perdrai patience.
Cherchons à m'excuser avecque diligence.

FIN DU SECOND ACTE.

BALLET DU SECOND ACTE.

PREMIÈRE ENTRÉE.

)es joueurs de boule l'arrêtent pour mesurer un coup dont ils sont en dispute. Il se défait d'eux avec peine, et leur laisse danser un pas composé de toutes les postures qui sont ordinaires à ce jeu.

SECONDE ENTRÉE.

De petits frondeurs les viennent interrompre, qui sont chassés ensuite

TROISIÈME ENTRÉE.

Par des savetiers et des savetières, leurs pères, et autres qui sont aussi chassés à leur tour

QUATRIÈME ENTRÉE.

Par un jardinier qui danse seul, et se retire pour faire place au troisième acte.

ACTE III.

SCÈNE PREMIÈRE.

ÉRASTE, LA MONTAGNE.

ÉRASTE.

Il est vrai, d'un côté, mes soins ont réussi,
Cet adorable objet enfin s'est adouci;
Mais, d'un autre, on m'accable, et les astres sévères
Ont contre mon amour redoublé leurs colères.
Oui, Damis son tuteur, mon plus rude fâcheux,
Tout de nouveau s'oppose au plus doux de mes vœux,
A son aimable nièce a défendu ma vue,
Et veut d'un autre époux la voir demain pourvue.
Orphise toutefois, malgré son désaveu,
Daigne accorder ce soir une grace à mon feu;
Et j'ai fait consentir l'esprit de cette belle
A souffrir qu'en secret je la visse chez elle.
L'amour aime surtout les secrètes faveurs.
Dans l'obstacle qu'on force il trouve des douceurs;
Et le moindre entretien de la beauté qu'on aime,
Lorsqu'il est défendu, devient grace suprême.
Je vais au rendez-vous; c'en est l'heure à peu près.
Puis je veux m'y trouver plutôt avant qu'après.

LA MONTAGNE.

Suivrai-je vos pas?

ÉRASTE.

     Non. Je craindrois que peut-être
A quelques yeux suspects tu me fisses connoître.

ACTE III, SCÈNE II.

LA MONTAGNE.

Mais...

ÉRASTE.

Je ne le veux pas.

LA MONTAGNE.

Je dois suivre vos lois :
Mais au moins si de loin...

ÉRASTE.

Te tairas-tu, vingt fois?
Et ne veux-tu jamais quitter cette méthode,
De te rendre à toute heure un valet incommode?

SCÈNE II.

CARITIDÈS, ÉRASTE.

CARITIDÈS.

Monsieur, le temps répugne à l'honneur de vous voir,
Le matin est plus propre à rendre un tel devoir;
Mais de vous rencontrer il n'est pas bien facile,
Car vous dormez toujours, ou vous êtes en ville :
Au moins, messieurs vos gens me l'assurent ainsi;
Et j'ai, pour vous trouver, pris l'heure que voici.
Encore est-ce un grand heur dont le destin m'honore,
Car, deux momens plus tard, je vous manquois encore.

ÉRASTE.

Monsieur, souhaitez-vous quelque chose de moi?

CARITIDÈS.

Je m'acquitte, monsieur, de ce que je vous doi;
Et vous viens... Excusez l'audace qui m'inspire,
Si...

ÉRASTE.

Sans tant de façons, qu'avez-vous à me dire?

CARITIDÈS.

Comme le rang, l'esprit, la générosité,
Que chacun vante en vous...

ÉRASTE.

Oui, je suis fort vanté.
Passons, monsieur.

CARITIDÈS.

Monsieur, c'est une peine extrême
Lorsqu'il faut à quelqu'un se produire soi-même;
Et toujours près des grands on doit être introduit
Par des gens qui de nous fassent un peu de bruit,
Dont la bouche écoutée avecque poids débite
Ce qui peut faire voir notre petit mérite.
Enfin, j'aurois voulu [1] que des gens bien instruits
Vous eussent pu, monsieur, dire ce que je suis.

ÉRASTE.

Je vois assez, monsieur, ce que vous pouvez être,
Et votre seul abord le peut faire connoître.

CARITIDÈS.

Oui, je suis un savant charmé de vos vertus,
Non pas de ces savans dont le nom n'est qu'en *us*,
Il n'est rien si commun qu'un nom à la latine :
Ceux qu'on habille en grec ont bien meilleure mine;
Et, pour en avoir un qui se termine en *ès*,
Je me fais appeler monsieur Caritidès.

ÉRASTE.

Monsieur Caritidès soit. Qu'avez-vous à dire?

CARITIDÈS.

C'est un placet, monsieur, que je voudrois vous lire,
Et que, dans la posture où vous met votre emploi,
J'ose vous conjurer de présenter au roi.

VARIANTE. (1) *Pour moi, j'aurois voulu.*

ÉRASTE.

Hé! monsieur, vous pouvez le présenter vous-même.

CARITIDÈS.

Il est vrai que le roi fait cette grace extrême;
Mais par ce même excès de ses rares bontés,
Tant de méchans placets, monsieur, sont présentés,
Qu'ils étouffent les bons; et l'espoir où je fonde,
Est qu'on donne le mien quand le prince est sans monde.

ÉRASTE.

Hé bien! vous le pouvez, et prendre votre temps.

CARITIDÈS.

Ah! monsieur, les huissiers sont de terribles gens!
Ils traitent les savans de faquins à nasardes,
Et je n'en puis venir qu'à la salle des gardes.
Les mauvais traitemens qu'il me faut endurer,
Pour jamais de la cour me feroient retirer,
Si je n'avois conçu l'espérance certaine,
Qu'auprès de notre roi vous serez mon Mécène.
Oui, votre crédit m'est un moyen assuré...

ÉRASTE.

Hé bien! donnez-moi donc, je le présenterai.

CARITIDÈS.

Le voici. Mais au moins oyez-en la lecture.

ÉRASTE.

Non...

CARITIDÈS.

C'est pour être instruit, monsieur, je vous conjure.

AU ROI.

SIRE,

Votre très-humble, très-obéissant, très-fidèle et très-savant sujet et serviteur, Caritidès, François de nation, Grec de profession, ayant considéré les grands et notables abus qui se commettent aux inscriptions des enseignes des maisons, boutiques, cabarets, jeux de boule, et autres lieux de votre bonne ville de Paris, en ce que certains ignorans, compositeurs desdites inscriptions, renversent, par une barbare, pernicieuse et détestable orthographe, toute sorte de sens et raison [1], sans aucun égard d'étymologie, analogie, énergie, ni allégorie quelconque, au grand scandale de la république des lettres, et de la nation françoise, qui se décrie et déshonore [2] par lesdits abus et fautes grossières, envers les étrangers, et notamment envers les Allemands, curieux lecteurs et inspectateurs desdites inscriptions... [3]

ÉRASTE.

Ce placet est fort long, et pourroit bien fâcher...

CARITIDÈS.

Ah! monsieur, pas un mot ne s'en peut retrancher.

ÉRASTE.

Achevez promptement. [4]

CARITIDÈS, *continue.*

Supplie humblement VOTRE MAJESTÉ *de créer, pour le bien de son État et la gloire de son empire, une charge de contrôleur, intendant, correcteur, réviseur, et restaurateur général desdites inscriptions, et d'icelle honorer le suppliant, tant en considération de son rare et éminent savoir, que des grands et signalés services qu'il a rendus à l'État et à* VOTRE MAJESTÉ, *en faisant l'anagramme de* VOTRE DITE MAJESTÉ, *en françois, latin, grec, hébreu, syriaque, chaldéen, arabe...*

ÉRASTE, *l'interrompant.*

Fort bien. Donnez-le vîte, et faites la retraite :

VARIANTES. (1) *Toute sorte de sens et de raison.* — (2) *Qui se décrie et se déshonore.* — (3) *Et spectateurs desdites inscriptions.* — (4) Cet hémistiche, qui n'est pas dans l'édition de 1682, a été omis dans toutes les éditions suivantes.

Il sera vu du roi; c'est une affaire faite.
CARITIDÈS.
Hélas! monsieur, c'est tout que montrer mon placet.
Si le roi le peut voir, je suis sûr de mon fait;
Car, comme sa justice en toute chose est grande,
Il ne pourra jamais refuser ma demande.
Au reste, pour porter au ciel votre renom;
Donnez-moi par écrit votre nom et surnom,
J'en veux faire un poëme en forme d'acrostiche
Dans les deux bouts du vers et dans chaque hémistiche.
ÉRASTE.
Oui, vous l'aurez demain, monsieur Caritidès.
(seul.)
Ma foi! de tels savans sont des ânes bien faits.
J'aurois dans d'autres temps bien ri de sa sottise.

SCÈNE III.

ORMIN, ÉRASTE.

ORMIN.

Bien qu'une grande affaire en ce lieu me conduise,
J'ai voulu qu'il sortît avant que vous parler.
ÉRASTE.
Fort bien. Mais dépêchons; car je veux m'en aller.
ORMIN.
Je me doute à peu près que l'homme qui vous quitte
Vous a fort ennuyé, monsieur, par sa visite.
C'est un vieux importun, qui n'a pas l'esprit sain,
Et pour qui j'ai toujours quelque défaite en main.
Au Mail, à Luxembourg [1] et dans les Tuileries,
Il fatigue le monde avec ses rêveries.

VARIANTE. (1) *Au Mail, au Luxembourg.*

Et des gens comme vous doivent fuir l'entretien
De tous ces savantas qui ne sont bons à rien.
Pour moi, je ne crains pas que je vous importune,
Puisque je viens, monsieur, faire votre fortune.

ÉRASTE, *bas, à part.*

Voici quelque souffleur, de ces gens qui n'ont rien,
Et vous viennent toujours [1] promettre tant de bien.
(*haut.*)
Vous avez fait, monsieur, cette bénite pierre,
Qui peut seule enrichir tous les rois de la terre?

ORMIN.

La plaisante pensée, hélas! où vous voilà!
Dieu me garde, monsieur, d'être de ces fous-là!
Je ne me repais point de visions frivoles,
Et je vous porte ici les solides paroles
D'un avis que par vous je veux donner au roi,
Et que tout cacheté je conserve sur moi:
Non de ces sots projets, de ces chimères vaines,
Dont les surintendans ont les oreilles pleines :
Non de ces gueux d'avis, dont les prétentions
Ne parlent que de vingt ou trente millions;
Mais un qui, tous les ans, à si peu qu'on le monte,
En peut donner au roi quatre cents de bon compte.
Avec facilité, sans risque, ni soupçon,
Et sans fouler le peuple en aucune façon;
Enfin c'est un avis d'un gain inconcevable,
Et que du premier mot on trouvera faisable.
Oui, pourvu que par vous je puisse être poussé...

ÉRASTE.

Soit; nous en parlerons. Je suis un peu pressé.

ORMIN.

Si vous me promettiez de garder le silence,

VARIANTE. (1) *Et nous viennent toujours.*

ACTE III, SCÈNE III.

Je vous découvrirois cet avis d'importance.
ÉRASTE.
Non, non, je ne veux point savoir votre secret.
ORMIN.
Monsieur, pour le trahir, je vous crois trop discret,
Et veux, avec franchise, en deux mots vous l'apprendre.
Il faut voir si quelqu'un ne peut point nous entendre.

(*Après avoir regardé si personne ne l'écoute, il s'approche de l'oreille d'Éraste.*)

Cet avis merveilleux dont je suis l'inventeur,
Est que...
ÉRASTE.
D'un peu plus loin, et pour cause, monsieur.
ORMIN.
Vous voyez le grand gain, sans qu'il faille le dire,
Que de ses ports de mer le roi tous les ans tire.
Or l'avis, dont encor nul ne s'est avisé,
Est qu'il faut de la France, et c'est un coup aisé,
En fameux ports de mer mettre toutes les côtes.
Ce seroit pour monter à des sommes très-hautes,
Et si...
ÉRASTE.
L'avis est bon, et plaira fort au roi.
Adieu. Nous nous verrons.
ORMIN.
     Au moins, appuyez-moi
Pour en avoir ouvert les premières paroles.
ÉRASTE.
Oui, oui.
ORMIN.
Si vous vouliez me prêter deux pistoles,
Que vous reprendriez sur le droit de l'avis,
Monsieur...

ÉRASTE.

(*Il donne de l'argent à Ormin.*) (*seul.*)

Oui, volontiers. Plût à dieu qu'à ce prix
De tous les importuns je pusse me voir quitte!
Voyez quel contre-temps prend ici leur visite!
Je pense qu'à la fin je pourrai bien sortir.
Viendra-t-il point quelqu'un encor me divertir?

SCÈNE IV.

FILINTE, ÉRASTE.

FILINTE.

Marquis, je viens d'apprendre une étrange nouvelle.

ÉRASTE.

Quoi?

FILINTE.

Qu'un homme tantôt t'a fait une querelle.

ÉRASTE.

A moi?

FILINTE.

Que te sert-il de le dissimuler?
Je sais de bonne part qu'on t'a fait appeler;
Et comme ton ami, quoi qu'il en réussisse,
Je te viens contre tous faire offre de service.

ÉRASTE.

Je te suis obligé; mais crois que tu me fais...

FILINTE.

Tu ne l'avoueras pas : mais tu sors sans valets.
Demeure dans la ville, ou gagne la campagne,
Tu n'iras nulle part que je ne t'accompagne.

ÉRASTE, *à part*.

Ah! j'enrage!

ACTE III, SCÈNE IV.

FILINTE.

A quoi bon de te cacher de moi?

ÉRASTE.

Je te jure, marquis, qu'on s'est moqué de toi.

FILINTE.

En vain tu t'en défends.

ÉRASTE.

Que le ciel me foudroie,
Si d'aucun démêlé...

FILINTE.

Tu penses qu'on te croie?

ÉRASTE.

Hé! mon dieu! je te dis, et ne déguise point
Que...

FILINTE.

Ne me crois pas dupe, et crédule à ce point.

ÉRASTE.

Veux-tu m'obliger?

FILINTE.

Non.

ÉRASTE.

Laisse-moi, je te prie.

FILINTE.

Point d'affaire, marquis.

ÉRASTE.

Une galanterie
En certain lieu ce soir...

FILINTE.

Je ne te quitte pas.
En quel lieu que ce soit, je veux suivre tes pas.

ÉRASTE.

Parbleu! puisque tu veux que j'aie une querelle,
Je consens à l'avoir pour contenter ton zèle;
Ce sera contre toi, qui me fais enrager,

Et dont je ne me puis par douceur dégager.

FILINTE.

C'est fort mal d'un ami recevoir le service;
Mais puisque je vous rends un si mauvais office,
Adieu. Videz sans moi tout ce que vous aurez.

ÉRASTE.

Vous serez mon ami quand vous me quitterez.

(*seul*.)

Mais voyez quels malheurs suivent ma destinée!
Ils m'auront fait passer l'heure qu'on m'a donnée.

SCÈNE V.

DAMIS, L'ÉPINE, ÉRASTE, LA RIVIÈRE, ET SES COMPAGNONS.

DAMIS, *à part*.

Quoi! malgré moi le traître espère l'obtenir!
Ah! mon juste courroux le saura prévenir.

ÉRASTE, *à part*.

J'entrevois-là quelqu'un sur la porte d'Orphise.
Quoi! toujours quelque obstacle aux feux qu'elle autorise!

DAMIS, *à l'Épine*.

Oui, j'ai su que ma nièce, en dépit de mes soins,
Doit voir ce soir chez elle Éraste sans témoins.

LA RIVIÈRE, *à ses compagnons*.

Qu'entends-je à ces gens-là dire de notre maître?
Approchons doucement, sans nous faire connoître.

DAMIS, *à l'Épine*.

Mais avant qu'il ait lieu d'achever son dessein,
Il faut de mille coups percer son traître sein.
Va-t'en faire venir ceux que je viens de dire
Pour les mettre en embûche aux lieux que je desire,

ACTE III, SCÈNE V.

Afin qu'au nom d'Éraste on soit prêt à venger
Mon honneur que ses feux ont l'orgueil d'outrager,
A rompre un rendez-vous qui dans ce lieu l'appelle,
Et noyer dans son sang sa flamme criminelle.

LA RIVIÈRE, *attaquant Damis avec ses compagnons.*

Avant qu'à tes fureurs on puisse l'immoler,
Traître! tu trouveras en nous à qui parler.

ÉRASTE.

Bien qu'il m'ait voulu perdre, un point d'honneur me presse
De secourir ici l'oncle de ma maîtresse.

(*à Damis.*)

Je suis à vous, monsieur.

(*Il met l'épée à la main contre La Rivière et ses compagnons qu'il met en fuite.*)

DAMIS.

     O ciel! par quel secours,
D'un trépas assuré vois-je sauver mes jours?
A qui suis-je obligé d'un si rare service?

ÉRASTE, *revenant.*

Je n'ai fait, vous servant, qu'un acte de justice.

DAMIS.

Ciel! puis-je à mon oreille ajouter quelque foi?
Est-ce la main d'Éraste?...

ÉRASTE.

     Oui, oui, monsieur, c'est moi.
Trop heureux que ma main vous ait tiré de peine,
Trop malheureux d'avoir mérité votre haine.

DAMIS.

Quoi! celui dont j'avois résolu le trépas,
Est celui qui pour moi vient d'employer son bras!
Ah! c'en est trop; mon cœur est contraint de se rendre:
Et, quoi que votre amour ce soir ait pu prétendre,
Ce trait si surprenant de générosité

Doit étouffer en moi toute animosité.
Je rougis de ma faute, et blâme mon caprice.
Ma haine trop long-temps vous a fait injustice;
Et, pour la condamner par un éclat fameux,
Je vous joins dès ce soir à l'objet de vos vœux.

SCÈNE VI.

ORPHISE, DAMIS, ÉRASTE.

ORPHISE, *sortant de chez elle avec un flambeau.*
Monsieur, quelle aventure a d'un trouble effroyable...
DAMIS.
Ma nièce, elle n'a rien que de très-agréable,
Puisqu'après tant de vœux que j'ai blâmés en vous,
C'est elle qui vous donne Éraste pour époux.
Son bras a repoussé le trépas que j'évite,
Et je veux envers lui que votre main m'acquitte.
ORPHISE.
Si c'est pour lui payer ce que vous lui devez,
J'y consens, devant tout aux jours qu'il a sauvés.
ÉRASTE.
Mon cœur est si surpris d'une telle merveille,
Qu'en ce ravissement je doute si je veille.
DAMIS.
Célébrons l'heureux sort dont vous allez jouir,
Et que nos violons viennent nous réjouir.

(*On frappe à la porte de Damis.*)
ÉRASTE.
Qui frappe là si fort?

SCÈNE VII.

DAMIS, ORPHISE, ÉRASTE, L'ÉPINE.

L'ÉPINE.

Monsieur, ce sont des masques,
Qui portent des crin-crins et des tambours de basques.

(*Les masques entrent qui occupent toute la place.*)

ÉRASTE.

Quoi! toujours des fâcheux! Holà! Suisses, ici;
Qu'on me fasse sortir ces gredins que voici.

FIN DU TROISIÈME ACTE.

BALLET DU TROISIÈME ACTE.

PREMIÈRE ENTRÉE.

Des Suisses, avec des hallebardes, chassent tous les masques fâcheux, et se retirent ensuite pour laisser danser à leur aise

DERNIÈRE ENTRÉE.

Quatre bergers et une bergère, qui, au sentiment de tous ceux qui l'ont vue, ferme le divertissement d'assez bonne grace.

FIN DES FACHEUX.

www.ingramcontent.com/pod-product-compliance
Lightning Source LLC
Chambersburg PA
CBHW050236230426
43664CB00012B/1715